W0217655

VITAGES-VERLAG

ANDRZEJ WÓJCIEKIEWICZ

Ist Direktor der Kurse für Selbstkontrolle des Geistes nach der Silva–Methode in Polen, Absolvent der Warschauer Sportakademie und Sportpsychologe (Ottawa University in Kanada). Mit dem Cheops–Projekt kam er Ende des Jahres 2000 durch ein „zufälliges“ Treffen mit Lucyna Łobos in Kontakt. Seit Juni 2001 führte er mit ihr eine Reihe hypnotischer Rückführungen zu den Zeiten des Baus der Großen Pyramide durch, die das so genannte „Projekt zur Rettung der Erde – Mission Cheops“ initiierten. Heute leitet er auf dem Gebiet Polens die mit diesem Projekt verbundenen Aktivitäten. Er ist Vorsitzender der im Januar 2005 gegründeten Stiftung zur Unterstützung der Archäologischen Untersuchungen DAR SWIATOWIDA, deren Ziel die Suche und Ausgrabung des Grabes des Erbauers der Großen Pyramide ist.

Andrzej Wójciekiewicz ist außerdem Autor einer Reihe wissenschaftlicher und populärer Artikel aus dem Bereich der Sportpsychologie und eines Buches unter dem Titel GOLĘBICA (Taube). Er übersetzte zudem eine Reihe von Büchern über die Selbstkontrolle des Geistes aus dem Englischen.

www.projekt–cheops.com

ANDRZEJ WÓJCIEKIEWICZ

DIE ERWECKUNG DES PHARAO

DER SCHLÜSSEL FÜR DAS GOLDENE ZEITALTER

VITAGES-VERLAG

Titel der Originalausgabe:
PRZEBUDZENIE CHEOPSA
CZYLI JAK URATOWAĆ LUDZI I ZIEMIĘ
Copyright © by Andrzej Wójcikiewicz, 2005
Copyright © for the Polish edition by Wydawnictwo KOS, 2005

Übersetzt aus dem Polnischen
www.transleo.com

Bild auf der Rückseite von:
Margit Rothaupt, Esslingen

1. Auflage
Copyright © Vitages-Verlag, Tübingen, 2006
vitagesverlag@online.de
Alle Rechte vorbehalten

ISBN.3-9811160-0-3
978-3-9811160-0-7

Gedruckt in Polen
UNIDRUK Kraków
drukarnia@unidruk.com.pl

INHALTSVERZEICHNIS

VORWORT

Das natürliche Gleichgewicht gerät aus den Fugen. Schmelzende Gletscher, Hitzewellen, Wasserknappheit und jedes Jahr Temperaturrekorde zeigen deutlich, dass unsere Welt sich verändert. Die Prognosen für die nächsten Jahre sind nicht gerade ermutigend.

Wir Menschen sind maßgeblich an dieser Entwicklung beteiligt mit unseren Gedanken, Worten und Taten, denn alles ist eine Form der Energie, welche das Bestreben hat, sich zu manifestieren

Alle leben wir mit Emotionen. Diese Emotionen, bei welchen man die Lebensfreude tief spürt, ist die beste Medizin für das, geistige seelische und körperliche Wohlbefinden.

WIR ALLE KÖNNEN DAZU BEITRAGEN, DASS SICH UNSERE ERDE VERWANDELT

IN EINEN PLANET DER LIEBE.

Als vor einiger Zeit die polnische Ausgabe des Buches in unsere Hände fiel, erkannten wir, dass dies allen Menschen zugänglich gemacht werden sollte. So entschlossen wir uns die deutsche Version zu verlegen.

Vielen Dank Emilio Russo, für Deine Begleitung und Hilfe bei der Korrektur des Buches.

Paulette und Heinz, Anton, Marguerite, Doris und Margit, sowie alle Freunde und Bekannte die bei der Entstehung dieses Buches mitgeholfen haben, herzlichen Dank.

Unser besonderer Dank gilt unseren Kindern, Julia, Frédéric, Alexandre und unseren Enkelkindern Jérémie und Jolie, für ihre Geduld und Verständnis.

Maria Janina und Joachim Xaver Gritsch
www.vitages-verlag.com
vitagesverlag@online.de

EINLEITUNG

Lieber Leser,

ich denke, es ist kein Zufall, dass gerade dieses Buch in Deine Hände gefallen ist. Diese so genannten „Zufälle“ sind oftmals ein Weg, auf dem uns das Leben führt – daher ändert sich vielleicht auch Dein Leben nach dem Studium dieses Buches.

In diesem Buch sind die Geschichten von Menschen beschrieben, die im Verlauf von nur ein paar Jahren eine solch riesige Anzahl von überraschenden Zusammentreffen und Ereignissen durchlebten, dass sie sich plötzlich im Klaren darüber waren, dass all das, was um sie herum geschieht, kein Ergebnis des Zufalls sein kann.

Hauptfigur des Buches ist eine Einwohnerin von Wrocław (Breslau) – Lucyna, die auf den nachstehenden Seiten als **Diejenige, Deren Namen Das Leben Ist** auftritt. Ihr wirklicher Name ist Lucyna Łobos. Mit ihr begann die hier beschriebene Geschichte über die „**Erweckung des Pharao**“. Lucyna verfügt über ungewöhnliche Fähigkeiten, deren Entwicklung bei ihr nach ihrem klinischen Tod und der „Rückkehr von der anderen Seite“ begannen. Im Buch sind authentische Fragmente von Übertragungen enthalten, die auf dem Weg hypnotischer Rückführung und telepathischen Channelings in der Zeit zwischen Mai 2001 und Juli 2005 erhalten wurden.

Die Hypnose wird im Buch als „Traum“ beschrieben, das telepatische Channeling als „Tagestraum“. Im Verlauf ihrer hypnotischen Rückführungen wurde Lucyna in die Zeit des Baus der Großen Pyramide zurückversetzt und beschrieb das, was sie durch die Augen einer ägyptischen Priesterin sah. Während einiger Sessionen war sie zudem in der Lage, durch Zeit und Raum zu reisen. Das Channeling erforderte keine Änderung des Bewusstseinszustands bei Lucyna. Nach kurzer Konzentrationsphase war sie in der Lage, sich mit ihrem geistigen Führer „zu verbinden“, seine Stimme telepatisch zu hören und die von ihm gesprochenen Worte zu wiederholen. Die Sessionen wurden auf Audiokassetten aufgenommen, weshalb ich sie mit Lucynas Einwilligung beim Schreiben dieses Buches verwenden konnte.

Die Metaphern „Traum“ und „Tagtraum“ (an Stelle von Hypnose und Channeling) wurden gewählt, um dem Leser das Verständnis dieser ungewöhnlichen Phänomene zu erleichtern. Dies ermöglicht die Übermittlung vieler schockierender Informationen auf einfache Art, weniger „esoterisch“ und leichter verständlich, vor allem für all jene, die solche Erscheinungen nicht kennen, nicht verstehen oder ganz einfach nicht akzeptieren.

Zweck der Übertragungen von Lucyna ist das Auffinden der Begräbnisstätte des Pharaos, der die große Pyramide gebaut hat. Im Buch wird er Cheops genannt, obwohl sein wahrer Name Khufu war. Das Auffinden seines Grabes könnte die größte archäologische Sensation aller Zeiten werden, bei welcher die Entdeckung des Grabes von Tutenchamun wie ein Tropfen im Ozean der Sensationen aussieht. Das wichtigste Ziel des gesamten Projektes ist jedoch die Rettung der Erde und der Menschen vor den Bedrohungen des Jahres 2012.

Alle im Buch beschriebenen Personen sind authentisch und nehmen am „**Projekt Cheops**“ teil. Einige von ihnen werden mit Nachnamen erwähnt, andere nur mit Vornamen, ganz wenige sind hinter Pseudonymen versteckt.

Die Quelle der durch Lucyna strömenden Informationen wurde im Buch als „**Kosmos**" bezeichnet. Er ist es, der Lucyna und andere Personen führt, er redet mit ihnen direkt oder indirekt. Tatsächlich symbolisiert der **Kosmos** im Buch ein konkretes Geistiges Wesen, das über Lucyna mit unserer materiellen Welt kommuniziert und durch sie Informationen weitergibt. Der Name dieses Geistigen Wesens wird am Ende des Buches angegeben.

Die beschriebenen Ereignisse sind tatsächlich geschehen. In den einzelnen Kapiteln kann der Leser Schritt für Schritt die Umstände nachverfolgen, die zu den archäologischen Ausgrabungen auf dem **Berg Ślęża (Zobten)** bei Wrocław (Breslau) führten. Diese Ausgrabungen werden seit August des Jahres 2004 bis heute (August 2006) vom Institut für Archäologie der Universität Wrocław durchgeführt. Diese Etappe beweist die Authentizität der dank Lucyna erhaltenen Informationen. Sie führte auch vielen Wissenschaftlern und Archäologen vor Augen, dass die Sessionen mit ihr nicht einfach eine Projektion ihrer Phantasie darstellen oder mit der Absicht durchgeführt werden, Aufsehen zu erregen, sondern physisch überprüfbare Wirklichkeit sind. Die nächste Etappe besteht in Untersuchungen in Ägypten, die durch die Abreise des Teams nach Kairo im Juni 2005 eingeleitet wurden.

Das Buch ist eine Metapher und zugleich eine Warnung. Es soll unsere Aufmerksamkeit auf die aktuelle Situation der Erde lenken, auf die globale Erwärmung und die externen Gefahren seitens der sich verändernden Sonnenaktivität und des so genannten „Planeten X", über welchen Wissenschaftler Berichte an das Pentagon schreiben. Es stellt auch eine Warnung vor den Ereignissen des Jahres 2012 dar, die bereits in den Schriften der Maja und der antiken Ägypter erwähnt werden.

Die letzten Kapitel sind eine „Projektion in die Zukunft“ – die dort dargestellten Ereignisse sind noch nicht geschehen, wurden aber in den Sessionen („Schlafphasen“) mit Lucyna vorhergesagt. Ob sie so eintreten – das wird das Leben zeigen.

Andrzej Wójcikiewicz

KAPITEL 1

ES BEGANN MIT EINEM LÄCHELN

Seit vielen Jahren, seit ich mich erinnern kann, war ich ein **Wanderer**... Ich wanderte von Stadt zu Stadt und lehrte die Menschen, Ihre Eigene Stimme in sich zu erkennen und den für sich **Besten Weg** zu finden. Ich lehrte sie, mit der Stimme zu reden und von ihr zu lernen. Viele beneideten mich, weil ich durch das ganze Land, die ganze Welt reisen konnte, an keinen Ort gebunden war – und mir selbst kam es so vor, als ob dies mein Bester Weg sei. Jeder Mensch sucht seinen Weg und es gibt Momente, wo er glaubt, dass er Das, Was Er Sucht, bereits gefunden hat – nur um nach einer gewissen Zeit festzustellen, dass das doch noch nicht das Richtige war. Mir aber kam es so vor, als hätte ich es bereits gefunden...

Eben damals, an einem Nachmittag im März des Jahres 1997, traf ich auf meinem Weg **Diejenige, Welche Jeder Morgen Anlächelt**, und langsam änderte sich meine ganze, so gut geordnete Welt. Seit unserem ersten Treffen wurde sie von einem Lächeln begleitet. Und selbst, wenn sie nicht lächelte, wenn sich

Trauer auf ihrem Gesicht abzeichnete – selbst dann gab es dieses innere Lächeln, versteckt und nur für Eingeweihte sichtbar. Und dieses Lächeln bewirkte, dass ich sie eines Tages zum Essen einlud. Und so begann diese Geschichte. Wie im Märchen vom Kleinen Prinzen, wurde ich verantwortlich für all das, was ich beherrschte, obwohl es auch Momente gab, wo ich nicht so richtig wusste, was ich mit dieser Verantwortung anfangen sollte.

Unser Kennenlernen dauerte sehr lange, obwohl wir uns eigentlich bereits seit dem Beginn jeder Existenz kannten – aber jetzt, in diesem Leben, wussten wir davon nichts. Wir trafen uns von Zeit zu Zeit. Sie lächelte – und ich wanderte weiter. Dies dauerte einige Jahre, bis uns die Zeit besuchte... Die Zeit klopfte an die Tür des Morgens und fragte: „Bist Du bereit für Veränderungen?“ – „Ich weiß nicht“ – antwortete sie – „aber wenn Du gekommen bist, bin ich es wohl.“ Und dann sendete uns die Zeit einen Kuss – ohne mich überhaupt um Erlaubnis zu fragen. Von diesem Moment an führte uns das Lächeln auf einen vollkommen anderen Weg als den, der bisher der Einzig Mögliche zu sein schien.

Ich wusste damals noch nicht, dass ihre Küsse so anders waren als die Küsse anderer Frauen, Die Geküsst Werden Wollen. Dass sie der Beginn einer Neuen Erkenntnis sein werden, des Weges zur Erweckung des **Pharaos**...

Dieser Weg begann eigentlich an dem Tag, an welchem meine Wanderungen mich wieder einmal in die Gegend führten, wo Diejenige, Welche Jeder Morgen Anlächelt, wohnte. Als sie mich sah, sagte sie geheimnisvoll:

– Komm, ich stelle Dir eine Außergewöhnliche Person vor. Möchtest Du sie kennen lernen?

– Deine Freunde sind meine Freunde. Ich lerne sie gern kennen, wenn dies für Dich so wichtig ist.

– Ja, es ist wichtig, denn sie bittet mich darum – und ich bemühe mich immer, die Bitten meiner Freunde zu erfüllen.

Auf diese Weise lernte ich dank Derjenigen, Welche Jeder Morgen Anlächelt, **Diejenige, Deren Namen Das Leben Ist**, kennen. Dies war ein sehr ungewöhnliches Treffen. Die neue Bekanntschaft sah anfangs alles andere als Erfolg versprechend aus. Diejenige, Deren Namen Das Leben Ist, war leicht erschreckbar, vorsichtig, zurückhaltend. Sie fürchtete sich vor allem und jedem. Und obwohl ihr Weg ganz deutlich gekennzeichnet war, wusste sie in diesem Moment noch nicht, ob sie wirklich in die richtige Richtung geht. Sie hatte aber einen großen Vorteil gegenüber Allen Anderen, Die Auf Ihrem Weg Gehen – Sie hörte den Kosmos, der sie führte.

Sie unterhielt sich mit ihm täglich – und täglich erhielt sie die Bestätigung, dass sie auf dem richtigen Weg sei. Aber irgendwo ganz weit in ihr gab es diese Angst vor dem Unbekannten. Sie wusste noch nicht, wie weit sie gehen muss und ob sie wirklich dort ankommt, wo sie sein will. Außerdem konnte sie nicht allein den ganzen Weg gehen. Wahrscheinlich stellte ihr der Kosmos aus diesem Grunde Diejenige, Die Jeder Morgen Anlächelt, in den Weg. Die Energie des Lächelns verstärkt das Ziel und gibt ein Gefühl größerer Sicherheit, erhellt das Leben, so wie die Sonne die Erde erhellt. Solch ein Lächeln beschloss der Kosmos Derjenigen, Deren Namen Das Leben Ist, zu schenken, um ihr auf diese Weise zu helfen, auf dem vorbestimmten Weg weiterzugehen.

Und eines Tages sagte ihr der Weg selbst, dass sie mich, den Wanderer, um Hilfe bitten sollte.

Anfangs wollt ich gar nicht helfen. Woher sollte ich auch wissen, wohin sie gehen will, und warum sollten wir zusammen wandern? Ich kannte sie nicht. Bisher führten mich meine Wanderungen nur von Zeit zu Zeit an den Ort, wo Diejenige, Die Jeder Morgen Anlächelt, wohnte. In Kürze sollte sich jedoch herausstellen, dass der Kosmos nicht zufällig ihr Lächeln auf meinen Weg gestellt hatte.

– Warum willst Du, dass ich Dir helfe? – fragte ich Diejenige, Deren Namen Das Leben Ist, – wir kennen uns doch gar nicht.

– Der Kosmos sagte mir, dass wir gemeinsam den Pharao wecken werden – antwortete sie.

Die Bitte wunderte mich. Ich hatte keine Ahnung, worüber Diejenige, Deren Namen Das Leben Ist, sprach. Was für ein Kosmos und welcher Pharao? Ich wusste, dass alle Pharaonen schon lange gestorben waren. Es existieren höchstens ihre Mumien und eine Mumie kann nicht erweckt werden.

– Ich sehe keinen Sinn in Deinen Worten – antwortete ich, – erkläre mir das etwas genauer.

– Wanderer – sagte Diejenige, Deren Namen Das Leben Ist – es gibt ein Bewusstseinsniveau, das ich den Kosmos nenne. Ich unterhalte mich in meinen Gedanken täglich mit ihm, er führt mich durch mein Leben und hilft mir, andere Leute kennen zu lernen. Er half mit auch Diejenige, Die Jeder Morgen Anlächelt, zu treffen, Dich zu treffen, er gab mir meinen heutigen Namen. Vorher hieß ich **Diejenige, Die Sich Vor Ihrem Eigenen Schatten Fürchtet**.

Während meiner Wanderungen treffe ich viele verschiedene Menschen und daher wundere ich mich nicht, wenn man mir ungewöhnliche Geschichten erzählt. Dieses Mal ging es aber um eine wirklich außergewöhnliche Geschichte... so besonders, dass ich ihre Worte mit großer Aufmerksamkeit verfolgte.

– Warum spricht der Kosmos gerade mit Dir? Spricht er auch mit anderen Menschen? – fragte ich.

Mir ging durch den Kopf, dass es bei Psychologen nur so von

Patienten wimmelt, die behaupten, dass sie mit verschiedenen außergewöhnlichen Wesen kommunizieren und selbst solche sind. Im Verhalten Derjenigen, Deren Namen Das Leben Ist, gab es jedoch etwas Faszinierendes und Normales. Ein Gefühl, dass sich rationell nicht erklären lässt.

– Er spricht mit jedem Menschen auf der Erde – antwortete sie auf meine Frage. – Er spricht auch mit Dir, Du hörst ihn nur noch nicht. Wir sollen zusammen den Pharao Cheops erwecken, Den, Der Die Große Pyramide Baute.

– Aber wir leben jetzt im 21. Jahrhundert – ich versuchte, auf Seiten des rationellen Denkens zu bleiben. – Cheops lebte vor langer, langer Zeit. Wie könnten wir ihn denn wecken?

– Cheops schläft nur. Er wartet auf die Erweckung. Er muss die Sonne sehen, bevor schlimme Dinge auf der Erde beginnen... Das heißt – wir müssen seinen Körper finden, seine Mumie und sie ausgraben.

– Warum sollen gerade wir seine Mumie suchen? – fragte ich verblüfft. Auf der Erde gibt es schließlich so viele Menschen, die das besser können als wir.

– Ich weiß nicht, warum gerade wir. Ich weiß nur, dass Ihr mir dabei helfen sollt. Du und Diejenige, Die Jeder Morgen Anlächelt.

– Ich bin ein Wanderer – Ich lächelte ohne jede Überzeugung. – Ich habe keine Ahnung von Pharaonen, ich kenne mich mit Archäologie nicht aus und die Pyramiden habe ich nur auf Bildern gesehen.

Einen Moment lang überlegte ich, was ich tun sollte, aber das, was ich gehört hatte, kam mir so unwahrscheinlich vor, dass ich ruhig in eine andere Stadt weiterwanderte, um aufzuhören, über den Pharao nachzudenken, und darüber, dass es irgendwo etwas gibt, was ich noch nicht verstehe. Es war März des Jahres 2001.

KAPITEL 2

WIE DIEJENIGE, DEREN NAMEN DAS LEBEN IST, DEN KOSMOS BESUCHTE

Diejenige, Die Jeder Morgen Anlächelt, heißt eigentlich Iwona. Ihr Lächeln war so außergewöhnlich, wie sie selbst außergewöhnlich war, also habe ich ihr diesen speziellen Namen gegeben. Wenn Du jemanden auf seinem Weg durch das Leben triffst, weißt Du nie, was dieses Treffen für Dich bedeutet, wohin es Dich führt und wie es Deine Zukunft verändert. Und so wusste auch ich nicht, was ihr Lächeln wirklich hieß. Warum nur geschah dieser Zufall?

Seine wirkliche Bedeutung erklärte mit erst Diejenige, Deren Namen Das Leben Ist. Ihr wirklicher Name ist Lucyna. Sie war es, die den weiteren Zufällen einen Sinn abgewann, die mir erklärte, warum ein Lächeln die ganze Bestimmung eines Menschen verändern konnte. Ihr Leben war anfangs so normal, wie das Leben eines jeden „normalen" Menschen auf dieser Erde. Erst das Treffen mit dem Kosmos änderte ihre Bestimmung. Der Kosmos erschien ihr vor vielen Jahren, in dem Moment, als sie den klinischen Tod überlebte, und bat sie, ihn zu besuchen.

– Erzähle mir, wie das mit diesem Treffen war – bat ich, als wir uns während meiner Wanderung wieder einmal trafen.

– Ich erzähle es Dir, – antwortete sie – aber Du musst Deinen Geist für Dinge öffnen, die Du vielleicht nicht verstehst.

– Mein Geist ist offen. Schließlich erzählen mir die Menschen auf meinen Wanderungen auch ungewöhnliche Dinge, also erzähle nur. Auch wenn ich etwas nicht verstehe, so will ich doch verstehen.

– Das, was Du jetzt hören wirst, ist auch ungewöhnlich – begann Lucyna ihre Erzählung. – Vor zwölf Jahren, während einer Operation im Krankenhaus, war ich „auf der anderen Seite“ und wurde von dort „zurückgeschickt“.

Beide lachten wir über dieses „Zurückschicken“, obwohl ich mir nicht vorstellen konnte, wie man von einem Ort „zurückgeschickt“ werden kann, der nur in unserer Phantasie existiert – denn so verstand ich ihre Anmerkung über die „andere Seite“.

– Erzähle weiter. – bat ich. – Sag mir, was das für eine Operation war, die Dir diesen „Ausflug“ bescherte?

– Ich hatte Krebs. Während der Operation machten die Ärzte einen Fehler und überdosierten die Narkose – und ich floss dahin ins Jenseits. Ich war beim Kosmos, in seiner Wohnung zu Besuch und das war „die andere Seite“.

Ich erinnerte mich unwillkürlich an Bücher von Ärzten, die den klinischen Tod und Geschichten zum Thema der „Reise durch den Tunnel“ beschrieben, die von Patienten erzählt wurden, welche von dort zurückkamen. Hatte etwa Lucyna auch eine solche Reise erlebt?

– Sag, wie sah diese „Wohnung“ aus? Wie begann der „Besuch“?

– Während der Operation fing ich plötzlich an, mir zu überlegen, wie diese Ärzte mich eigentlich eingeschläfert haben, wo ich doch alles sehe, was sie tun. Ich war mir bewusst, dass ich auf dem Operationstisch liege, dass ich bereits operiert werde, ich hörte die Ärzte, wie sie schrieen, fluchten. Irgendwie habe ich versucht, ihnen ein Zeichen zu geben, dass ich nicht schlafe, aber mein Körper zeigte keinerlei Reaktion. Also versuchte ich weiter, mit den Ärzten Kontakt aufzunehmen – und plötzlich sah ich gar nichts mehr. Völlige Dunkelheit. Und aus dieser Dunkelheit tauchte langsam ein kleines Licht auf. Ich wusste nicht, was das sein konnte, aber es machte mich neugierig. Das Licht begann zu wachsen und zu wirbeln. Es begann, mich in sich hineinzuziehen, ich fühlte, wie ich durch einen Lichttunnel flog. Ich konnte meinen Körper nicht mehr sehen – so, als ob ich nur als Geist existieren würde, aber das habe ich nicht richtig verstanden. Zusammen mit dem Licht zog mich Musik an. Das war etwas so wunderschönes, dass ich bis heute nichts Vergleichbares gehört habe – eine Verbindung aus Flöte und Kirchenglöckchen. Alles wurde immer intensiver, das Licht war so warm und umhüllte mich. Ich weiß nicht, wie lange das alles dauerte. Ich weiß, die Musik existierte weiter und ich fühlte mich so unendlich gut damit, dass ich nichts anderes mehr wollte – nur eintauchen in diese Atmosphäre.

– Wusstest Du damals, dass der Kosmos Dich bat, ihn zu besuchen? – fragte ich.

– Woher sollte ich das wissen? Schließlich wusste ich nicht, wo ich bin, bei wem ich bin, in welcher Form ich überhaupt existiere. Ich hatte keine Ahnung, dass der Kosmos mich zu sich bat. Mir ging es so gut, dass ich für immer da bleiben wollte, wo ich war.

– Und wie kam es, dass Du zurückgekommen bist?

– Er befahl es mir. Plötzlich hörte ich eine Stimme... eine Stimme, die mir die Rückkehr befahl.

– Was sagte er Dir?

– Die Stimme, die ich dort hörte, sagte mir, dass ich zurückkehren müsste, sagte etwas sehr Bezeichnendes: „Kehre zurück! Wir melden uns bei Dir." Das werde ich bis an das Ende meines Lebens nicht vergessen.

– Was war danach?

– Danach wurde ich mit Gewalt hinausgeworfen, Das war so, als ob ein Staubsauger angestellt wurde, nur andersherum. Mit unheimlicher Beschleunigung wurde ich in den Lichttunnel gesteckt und konnte plötzlich wieder die Stimmen der Ärzte hören, die zueinander sagten: „Na also, wir haben sie zurück." Der Lichtpunkt verschwand und ich sah die Uhr, die zehn Uhr anzeigte. Als ich schließlich erwachte und im Aufwachsaal lag, sagte ich den Ärzten, dass sie zu sehr geflucht haben und dass sich dies in Anwesenheit einer Frau nicht schickt. Sie sahen sich nur schweigend an. Danach meinte ich, dass die Operation sehr lange gedauert hatte, dass sie um acht Uhr begonnen und bis zehn Uhr gedauert hatte, weil ich die Uhr gesehen habe. Einer der Ärzte sagte: „Welche Uhr? Im Operationssaal gibt es keine Uhr! Es stellte sich heraus, dass ich genau um zehn Uhr gestorben war.

Eine Weile schwiegen wir beide. Es war zu sehen, dass sie erneut ihre ungewöhnliche Reise durchlebte, eine Reise, von welcher viele Menschen nie zurückkehren. Ich erlaubte ihr das Schweigen, denn ich brauchte selbst einen Moment, um darüber nachzudenken, was wirklich auf der „anderen Seite" ist.

– Tolle Reise. – sagte sie nach einer Weile. – Aber anscheinend musste ich zurückkommen.

– Was geschah nach Deiner „Rückkehr"?

– Vom Moment der „Rückkehr“ an geschahen mit mir ungewöhnliche Dinge. Ich hatte Visionen, sah auf einmal verschiedene „Gestalten“. Ich hatte davor große Angst, denn gewöhnlich passierte das in der Nacht. Als es immer schlimmer wurde, dachte ich, ich bin einfach verrückt geworden. Ich ging zum Psychiater, der mich genau untersuchte und keinerlei Pathologien und klinischen Veränderungen entdecken konnte. Und ich durchlebte weiterhin diese nächtlichen Besuche.

– Welche Besuche meinst Du? Hat jemand Dich nachts bedrängt?

– Tja, heute weiß ich, dass der Kosmos mir Zeichen gab, dass er schon damals begann, mich auf meine Rolle auf der Bühne eines anderen Lebens als bisher vorzubereiten. Damals wusste ich nicht so genau, was das für Besuche waren. In meiner Phantasie sah ich verschiedene Gestalten, hörte Stimmen. Eines Tages führte mich ein Freund, dem ich mich anvertraut hatte, zu **Dem, Der Einschläfern Kann**. Herr Stanisław (so war der Namen dieses Spezialisten) fragte mich, warum ich gekommen sei. „Ich weiß nicht – antwortete ich – schläfern Sie mich ein, irgendetwas muss sich klären.“

Er sah mich wie eine Verrückte an, zuckte mit den Schultern, fragte vorsichtshalber, ob ich nicht vielleicht „high“ bin – und begann seine Prozedur. Schon nach wenigen Momenten war ich weggetreten. Und plötzlich – wie bei einem Bauchredner – sprach durch mich eine männliche Stimme, die Herrn Stanisław freundlich begrüßte und erklärte: „Ich heiße **Kosmos**, ich bin der geistige Führer von Lucyna. Sage ihr, dass ich mich bei ihr melde, dass die Zeit des Beginns der Arbeit für mich gekommen ist.“ Er sprach noch sehr lange weiter und Herr Stanisław war nicht in der Lage, irgendwelche Fragen zu stellen. Als ich aufgeweckt wurde, sah ich, wie beide – Stanisław und mein Freund – bleich wie die Wand waren und zitterten. Sie erzählten mir in allen Einzelheiten, was sich zugetragen hatte. Und so wurde der Kosmos „offiziell“ ein Teil meines Lebens.

– Und Du hattest keine Angst mehr?

– Ja, ich hörte auf, Angst zu haben, weil ich den Kosmos als sehr positive Energie fühlte. Von diesem Moment an wurde ich geführt und gelehrt.

– Worin bestand diese „Lehre“? Hast Du den Bewusstseinszustand geändert, damit der Kosmos Dich lehren konnte?

– Nein, so war das nicht. – antwortete Lucyna. – Ich hörte etwas, was man als „innere Stimme“ bezeichnen könnte, die mir sagte: „Mach dies und jenes, beginne zu lernen, ich zeige Dir neue Dinge, um Dich auf die Mission vorzubereiten.“ Das war so, als ob jemand Kleinkinder lehrt. Ich lernte zu „laufen“, ich lernte zu träumen. Damals wusste ich noch nicht, um was für eine Mission es sich handelt. Oft fragte ich den Kosmos: „Warum gerade ich? Konntest Du nicht jemand anderes finden? Es gibt so viele Hellseher auf der Welt, die nur darauf warten, mit Dir zu kommunizieren.“ Manchmal hörte ich von ihm: „Weil Du Priesterin bist.“ Ich bin dem nicht auf den Grund gegangen und wusste nicht, worum es ihm ging. Eines Tages sagte er mir: „Du wirst zur Cheops–Pyramide geführt“.

– Warst Du sehr überrascht?

– Natürlich. Früher sah ich in den Pyramiden, besonders in der Cheops–Pyramide, einen Haufen Steine und fragte mich, was die ganzen Verrückten wohl an diesen Steinen sehen. Aber irgendwann um das Jahr 1997 geschah etwas, was man als Wendepunkt bezeichnen könnte. Mir fiel ein Bild der Großen Pyramide in die Hände. Ich fühlte auf einmal, wie ein Strom mich durchläuft, als ich das Bild in die Hand nahm. Als ich den Kosmos danach fragte, sagte er, dass die Zeit der Mission gekommen ist.

Mir kam der Gedanke, dass dies genau die Zeit war, als der Kosmos Diejenige, Die Jeder Morgen Anlächelt, auf meinen Weg stellte. Interessanter Zufall – dachte ich.

– Hast Du irgendwelche Bücher über die Pyramide gelesen? – Fragte ich weiter.

– Über die Pyramide habe ich nur ein einziges Buch gelesen. Es wurde von einem deutschen Wissenschaftler geschrieben, der mit seinem Roboter im Inneren des Baus war. In Buchhandlungen nahm ich oft Bücher über die **Cheops-Pyramide** in die Hand, aber schließlich verließ ich die Geschäfte mit einem anderen Buch. Bis heute bin ich nicht in der Lage, etwas über dieses Thema zu lesen. Wenn ich ein solches Buch nehme, kommt es mir vor, als ob es mich verbrennen würde. Meine Augen sind voller Tränen, ich kann nichts sehen, ich werde schläfrig. Es ist so, als ob der Kosmos mir das Buch aus der Hand nimmt. Ich habe ihn danach gefragt und er antwortete: „Du sollst Deinen Geist nicht mit Blödsinn belasten, den sich die Leute ausdenken. Du musst Dir einen reinen Geist bewahren."

– Was hat der Kosmos noch gesagt?

– Er sagte, dass ich in den Zeiten des Baus der Pyramide eine Priesterin war und er zur entsprechenden Zeit Menschen auf meinen Weg stellen würde, die mir helfen und mich führen werden. Ich werde nur ein Werkzeug sein. Diese Menschen werden nicht zufällig, sondern durch Selektion ausgewählt.

– Was war danach?

– Lange Zeit war Ruhe. Der Kosmos sprach mit mir, lehrte mich die automatische Schrift, lehrte mich, seine Stimme zu hören und zu verstehen. Anfangs, als ich begann, automatisch zu schreiben, kam dabei nur Unsinn heraus. Langsam gelang es mir immer besser, ich erlaubte, meine Hand zu führen.

– Wie reagierten die Leute auf Dich? Hast Du ihnen von Deinen Gesprächen mit dem Kosmos erzählt?

– Während dieser Lehrjahre erschienen um mich herum sehr viele Menschen, die aber alle schnell wieder verschwanden. Sie gingen, als hätte ich sie abgestoßen. Der Kosmos erklärte mir, dass meine Außergewöhnlichkeit sie abschrecken würde. Ich halte mich selbst gar nicht für "außergewöhnlich", ich weiß, dass ich nur ein Werkzeug, eine Verbindung bin, aber ich freue mich, dass es so ist, denn dadurch muss ich keine Zeit an die menschliche Dummheit verschwenden, die einzig und allein mein „Anderssein" sieht.

– Was tust Du, um mit dem Kosmos in Kontakt zu treten? Schließt Du die Augen und entspannst Dich?

– Ich muss mich auf irgendetwas konzentrieren. Am Besten kann ich das, wenn ich Blumen sehe. Der Kosmos nutzt meine Konzentration und nimmt Kontakt mit mir auf. Er hilft mir, Bilder zu sehen und zu träumen. Wenn ich schlafe, sorgt er sich um meine Träume.

– Hast Du einmal mit einem Pfarrer gesprochen? Schließlich ist der Kosmos eine geistige Welt, eine Welt, über die Pfarrer sehr viel wissen müssten. Haben sie Dir geholfen?

– Wanderer, Du weißt doch, dass Pfarrer sich im Allgemeinen von solchen Menschen wie mir fernhalten. Ja, ich habe auf meinem Weg auch einen Pfarrer getroffen. Er hieß Stanisław und war Spezialist für Exorzismen. Erst warf er mir vor, dass ich mir das entweder alles nur ausgedacht habe oder dass ich mich mit spiritistischen Lehren befassen würde. Einmal habe ich mich mit ihm getroffen und gebeten, dass der Kosmos mit seiner eigenen Stimme durch mich mit ihm spricht. Ich redete sehr lange und als der Pfarrer dies hörte, sagte er zu mir: „Ich weiß nicht, wie Du das gemacht hast, aber Du hast in der Priestersprache gesprochen. Dass diese Übertragung authentisch ist, daran gibt es nicht den geringsten Zweifel. Ich weiß nicht wie, aber es ist Dir gelungen, das Tor zur anderen Welt zu durchschreiten." Und am Ende fügte er hinzu: „Ich gebe Dir meinen Segen. Mache weiter, denn was Du tust, ist gut. Lasse Dich nicht von anderen Menschen beirren. Es muss ein Ziel darin liegen, wenn der Kosmos Dich erwählt hat. Du darfst jetzt nicht zurückweichen. Du musst weiter auf diesem Weg schreiten, denn das ist der Weg der Wahrheit."

– Dann muss dies für ihn auch ein großes Erlebnis gewesen sein – merkte ich an.

– Er war sehr gerührt und hatte Tränen in den Augen. Ich habe damals auch geweint. So ging unser Treffen zu Ende, dass mich davon überzeugt hat, dass ich auf dem Weg des Guten bin und keinen Halluzinationen unterliege.

Auf diese Weise wurde gegen Ende des 20. Jahrhunderts zu einer Zeit, wo die Fische gewillt waren, dem **Wassermann** die Macht zu übergeben, Diejenige, Deren Namen Das Leben Ist, wiedergeboren. Der Kosmos begann in ihrer Phantasie zu existieren, sie sprach mit im, stritt mit ihm, diskutierte, obwohl es ihr im privaten Leben immer noch sehr schwer viel, irgendjemandem zu erzählen, dass solche Gespräche stattfinden. Wenn jemand meint, dass er „die Stimme des Kosmos" hört, dass Er mit ihm spricht, dann klopft sich ein so genannter „normaler Mensch" vielsagend an die Stirn und versucht, der Person nicht zu nahe zu kommen. Für einen „normalen Menschen" sieht so Schizophrenie aus. Die Zeit verging und Lucyna übte weiter ihren Beruf aus – therapeutische Massagen.

Die „andere Dimension“ wurde in ihrem Leben zu einem immer deutlicherem, immer glaubhafterem und wichtigerem Element.

Wenn ich dies alles aus der Perspektive der vergangenen Jahre betrachte, dann weiß ich heute, dass der Kosmos all diese Ereignisse genau geplant hat. Er führte jeden von uns, Er passte jeden der Reihe nach so an, damit Diejenige, Die Jeder Morgen Anlächelt, mich, den Wanderer, im richtigen Moment anlächelte. Damit ich genau zur richtigen Zeit Diejenige, Deren Namen Das Leben Ist, kennen lernte. Damit für uns alle, die in dieses Projekt eingebunden sind, und für all diejenigen, die eingebunden werden, der Weg in Richtung Ägypten und des Grabes genau am Beginn des Zeitalters des Wassermanns begann.

KAPITEL 3

ERSTER TRAUM DER PRIESTERIN – DER BAU DER PYRAMIDE

Ich habe bereits viele Menschen auf meinem Weg getroffen, aber selten kommt es vor, dass ich mich mit Ihnen anfreunde. Wie jeder Wanderer treffe ich sie, teile mit ihnen mein Wissen und ziehe dann weiter. Mit Lucyna war das anders. Da war ein sofortiges Erkennen ihres Außergewöhnlichen, Außerordentlichen. Woher kam dies? Zufall? Vielleicht mag ich ganz einfach Menschen, die ihre Emotionen und Meinungen direkt ausdrücken und nicht in schön klingende Worte verpacken, die im Grunde genommen nichts bedeuten. Lucyna sagte frei heraus ihre Meinung zum täglichen Leben in Polen. Sie unterhielt sich mit mir ehrlich, obwohl anfangs mit deutlicher Zurückhaltung. Schließlich war ich ein Wanderer, ein Weltenbummler, der schon viel in seinem Leben gesehen hatte – und sie war die Masseuse, Die Bekannten Und Unbekannten Die Wirbelsäulen Richtete sowie die Person, welcher Der Kosmos Den Namen Das Leben Gab.

Für mich war ihre Welt etwas Unbekanntes. Sie nannte sie die

Welt Der Geistigen Wesen, die Welt Der Energie. Genau das war für sie der Kosmos, der sie führte und lehrte. Für mich waren Themen von der „anderen Seite“ Märchen für Kinder. Geister verband ich immer mit etwas, das spukt. Diese Angst im Unterbewusstsein bestand in mir noch sehr lange, selbst im erwachsenen Leben. Immer sah ich mit Bewunderung zu jenen auf, die meinten, dass sie „mit den Geistern reden“, aber gleichzeitig fürchtete ich mich vor solchen Menschen und blieb ihnen fern.

In Lucyna traf ich eine Person, die sich nicht nur vollkommen normal verhielt und wie jeder normale Pole die Familiensituation von Personen analysiert, sondern außerdem noch behauptet, dass sie mit dem Kosmos spricht, mit ihm streitet und das dies alles absolut alltäglich für sie ist, wie Rührei und Kaffee zum Frühstuck... Ich hatte nicht nur keine Angst vor ihr, sie faszinierte mich sogar.

Ich hörte mir ihre Geschichte mit leichtem Unglauben an, aber naja – jeder von uns hat seinen Schutzengel. Für Lucyna war dies der Kosmos. Für sie war dies die Welt der Beschützer Der Menschen, der Beschützer Der Erde, die die Höchsten Geistigen Wesen vertretene Welt, die unser Leben als Menschheit und das Leben eines jeden einzelnen Menschen lenkte. Dies war die Welt, die von dem Höchsten Wesen, dem Allmächtigen Wesen, der Höchsten Intelligenz geführt wurde – einem Wesen, das wir Menschen Gott nennen. Deshalb hatte Lucyna keine Angst vor Kontakten mit dem Kosmos. Er war für sie die Verkörperung des Höchsten Wohls, der Beschützer Von Allem, Was Ist, der sie durch seine Engel ausgewählt hatte, um den Menschen wichtige Informationen zu übermitteln.

– Ist der Kosmos Dein Schutzengel? – fragte ich sie einmal.

– Ein Schutzengel ist etwas anderes. – antwortete sie. – Er kommt im Moment der Geburt und ist die ganze Zeit über bei Dir.

Der Kosmos dagegen sorgt für mich durch Spezielle Beschützer, die mir bei meiner Mission helfen und mich führen. Er spricht nicht nur zu mir, sondern zu allen Menschen. Zu Dir auch.

Ja, der Kosmos sprach zu mir mit seiner Stimme, aber ich hörte nur das, was ich hören wollte.

– Kannst Du mir helfen einzuschlafen? – fragte mich Lucyna eines Tages.

– Ich kenne mich mit Einschlafen nicht aus, – wunderte ich mich.

– Der Kosmos meint, Du kennst Dich aus. – antwortete sie..– Er will, dass Du mir dabei hilfst, im Schlaf in die Zeit des Baus der Pyramiden zurückzukehren.

Das Thema war mir völlig fremd und sehr weit entfernt. Ich konnte mir nicht vorstellen, wie ich jemandem helfen sollte, von etwas zu träumen, wovon ich selbst keinerlei Ahnung hatte.

Mein Widerwille bewirkte, dass auf Lucynas Weg **Diejenige, Die Die Zeit Zurückdrehen Kann**, auftauchte. Sie hieß Łucja. Selbst Psychologen besitzen Wirbelsäulen, die sich von Zeit zu Zeit bemerkbar machen und besondere Aufmerksamkeit benötigen. Weil Lucyna eine Person, Die Besonders Schmerzende Wirbelsäulen Reparieren Konnte, war, wurden Łucja und ihre Wirbelsäule wiederhergestellt. Vielleicht aus Dankbarkeit, vielleicht durch Zufall, jedenfalls erklärte sie sich bereit die **Psychologin, Die Lucyna Erstmals In Der Zeit Zurückschickt Und Es Ihr Erlaubt, Den Traum Über Die Pyramide Zu Träumen** zu werden. Und so wurde das erste Wichtige Gespräch über den Kosmos dank Łucja durchgeführt. Es fand im Haus von Iwona statt.

Also legte sich Lucyna an einem gewissen Maitag des Jahres 2001 bequem zum Schlaf nieder und fing an, die Stimme **Derjenigen,**

Die In Die Zeit Zurückschicken Kann zu hören.

– Ich möchte, dass Du einschläfst – Łucja sprach mit leiser, ruhiger Stimme – Ich möchte, dass Du beginnst, einen Traum über eine längst vergangene Zeit zu träumen. Ich möchte, dass Du durch die Tore Deines heutigen Wesens schreitest, sie durchquerst und von neuem beginnst, einen Traum zu träumen, den Du vielleicht vor langer Zeit schon einmal geträumt hast. Das wird ein Traum über die Pyramide, über Cheops und über das alles sein, wovon niemand bisher richtig geträumt hat und was niemand der heute Lebenden je gesehen hat. Kannst Du solch einen Traum träumen?

– Ich kann – antwortete Lucyna und öffnete das Tor der Zeit, ihre Gedanken mit Zeit und Raum zu einer Einheit verbindend, in welcher Zukunft, Gegenwart und Vergangenheit gleichzeitig existieren. Und so wurde sie die **Priesterin Ki**. Sie wurde Diejenige, Deren Namen Das Leben Ist.

Der Traum war deutlich und farbig. Łucja hatte keinerlei Zweifel, dass dieser Traum der automatische Traum einer Priesterin war, die auf Zeitreisen vorbereitet worden war.

– Ich bin im Tempel in Ägypten – träumte die Priesterin – im Tempel der Göttin Isis. Mit wurde der Name Ki – Leben – gegeben. Ich bin Priesterin, Dienerin des **Oberpriesters Juno**. Er baut die Pyramide zusammen mit Cheops. Er ist der Baumeister.

– Träume weiter – bat Łucja – und sage, ob die Pyramide bereits gebaut wird.

– Nein – sagte Ki langsam und schläfrig – Die Vorbereitungen beginnen mit dem Bau des Baulagers. Man muss den Menschen Wohnungen stellen. Es entstehen Zelte, sehr viele Zelte. Zelte, wohin man nur sieht. Sie bauen immer mehr Neue. Es entsteht auch ein Tempelzelt. Es soll Cheops und **Juno** dienen. Es ist ein sehr ungewöhnliches Zelt. All das dauert seine Zeit.

– Welches Jahr haben wir? – fragte Łucja.

– Ich sehe keine Zeit. Ich bin beim Priester. Er ist sehr gut.

– Womit beschäftigt sich der **Priester Juno**?

– Er ist Oberpriester, und er ist dem Pharao zu Diensten.

– Bist Du bei ihm?

– Ich bin immer bei ihm, ich helfe ihm, erfülle seine Anweisungen. Der Bau des Lagers für Menschen und Tiere ist fast fertig gestellt. Cheops kommt selbst. Er ist ein Man im Alter zwischen 35 und 40 Jahre. Er ist wunderschön, besitzt so viel Würde. Er eröffnet den Menschen, dass die Arbeit am Bau beginnt. Cheops und Juno bereiten die Leute darauf vor, dass sie beim Bau nur helfen werden, Hilfsarbeiten ausführen. Die Arbeit wird nicht schwer sein, also ist die Freude unter den Menschen noch größer. Sie kommen aus ganz Ägypten und der ganzen Welt.

– Sprich weiter, erzähle Deinen Traum – ermunterte sie Łucja – Sag uns alles, was Du siehst, was Du erlebst, alles, was Deine Augen sehen, denn Du sagst Dinge, die niemand bisher gesehen hat. Wenn Du die Wahrheit sagst und die Priesterin Ki bist, dann durchlebe dieses Leben und träume davon, denn Du träumst einen Traum, den niemand vor Dir je geträumt hat. So viele Menschen ersehnen sich solche Träume, aber sie können sie nicht träumen. Träume und erzähle, was Du siehst.

– Ich sehe, wie sie die Pyramide bauen – fuhr Ki mit ihrer Geschichte fort. – Sie wird nicht von Menschen erbaut, sondern von **Weißen, Geflügelten Brüdern**, die von der **Zweiten Erde** zu uns kamen... Von sehr weit her... Sie sind wunderschön, und ihre Basis liegt hinter dem Erdenmond. Cheops hat mir davon erzählt. Er ist sehr gut zu mir. Ich glaube ihm, obwohl die Menschen das nicht verstehen können. Ich sehe die Fahrzeuge, mit denen sie sich bewegen. Sie werden noch zwanzig Jahre so weiterbauen.

– Erzähle weiter Deinen Traum – flüsterte Łucja – Träumen kann jeder, aber Dein Traum ist so außergewöhnlich, dass die Zeit zu einer Einheit wird von dem, was war, und dem, was ist. Vielleicht siehst Du in ein Zeittor, das noch niemand vor Dir je betreten hat. Weißt Du, warum Du das träumst?

– Ich weiß. Ich kenne meinen Weg, ich habe ihn gefunden. Ich soll helfen, das Grab zu finden. Jetzt sehe ich, wie die Pyramide gebaut wird, denn Cheops lebt noch. Er leitet den Bau... Er und Juno. Sie führen die Menschen, die beim Bau helfen... sie sind gut zu ihnen... Cheops und Juno sind Freunde der Weißen Brüder. Denn in Wirklichkeit bauen die Weißen Brüder die Pyramide. Sie kommen aus dem Orion, vom Planeten Ashun. Sie sind sehr groß und wunderschön. Sie tragen Overalls, die ihren ganzen Körper dicht bedecken. Auf dem Kopf haben sie Helme. Ich sehe sie, sie haben so gute Augen. Ich wollte, ich könnte mein ganzes Leben so träumen. Ich fühle soviel Wärme und Liebe... Erlaubst Du mir, für immer in diesem Traum zu verweilen?

– Ich bitte Dich, dass Du weiterträumst. Dein Traum ist ungewöhnlich – versicherte ihr Łucja. – Ich erlaube Dir zu träumen, soviel Du willst, aber dann kommst Du zu mir zurück, denn Du hast gesagt, Du musst eine Mission erfüllen. Eine wichtige Mission.

– Die Pyramide wird nachts gebaut. – träumte Ki weiter. – Denn die Nächte sind in Ägypten kühler, und die Steine auf der Baustelle sind so heiß, dass man das tagsüber nicht machen kann. Sie werden auf die Baustelle transportiert. Sie kommen mit Luftschiffen, den Schiffen der Weißen Brüder. Die Schiffe sind rechteckig, andere haben die Form eines Maiskolbens. Jeder Steinblock wird mit Hilfe irgendwelcher merkwürdigen Strahlen angehoben. Diese Strahlen kommen aus den Schiffen und auf diese Weise werden die Blöcke einer auf dem anderen aufgestellt. Ich sehe, wie ein Schiff einen Block anhebt, der erst noch geschliffen wird. Das Zerschneiden des Blockes geschieht durch ein Messer, das einem Blitz gleicht, welcher jetzt aus dem Schiff entweicht. Dann hebt ein Lichtstrahl den Block an, trägt ihn durch die Luft und stellt ihn auf die Pyramide wie ein Klötzchen. Ohne jede Geräte, ohne Menschen, ohne Anstrengung, ohne Leiden. Ein wunderbarer, herrlicher Anblick – etwas, was wir Ägypter nicht verstehen, aber worüber wir uns freuen, weil wir fühlen, das wir beschützt werden. Der Pharao wird beschützt, Juno und wir alle...

– Ich weiß, Du träumst Deinen Traum immer tiefer, Du siehst Deine Träume immer deutlicher – flüsterte Łucja der Priesterin zu. – Aber der Pharao und Juno sind Menschen, so wie Du. Du bist ein Mensch aus der Zukunft... Ein Mensch auf dieser Erde und von dieser Erde. Zeigt Dir Dein Traum, womit die Menschen sich beschäftigen? Dort bei der Pyramide müssen schließlich viele Menschen sein. Träume weiter und erzähle, was Du siehst.

– Ja, ich sehe Menschen – träumte Ki. – Arbeitende Menschen. Die Menschen begießen die Steine, die von den Schiffen aufgestellt wurden, mit Wasser. Man braucht sehr viel Wasser... Das Wasser kühlt... Das Wasser verbindet die Steine... Jeder nächste Block wird mit Wasser begossen... In der Zukunft wird niemand ahnen, wie wichtig das Wasser war... Die Menschen werden sich wundern, wie die Pyramide erbaut wurde, wie die Blöcke miteinander verbunden sind... Und das war Wasser... So einfach... Das haben sich die Weißen Brüder ausgedacht...

– Ki – flüsterte Łucja – Ich werde Dich bald wecken müssen.

Du musst aus dem Traum zurückkehren und wieder Diejenige, Deren Namen Das Leben Ist, in einer weit entfernten Zukunft werden. Du musst wieder Lucyna werden. Deine Zukunft ist so schön... Aber träume von Deiner Mission. Sag, warum musst Du das Grab finden?

Ki kauerte sich in ihrem Traum zusammen und begann zu weinen.

– Ich will davon nicht träumen – sagte sie. – Ich will nicht... Der Pharao ist tot.

Eine Weile lang schwiegen alle, während die Priesterin etwas durchlebte. Das waren ihre Tragödie, ihre Trauer, ihre Verzweifelung. Schließlich bewegte sie leicht ihren Kopf und erzählte ihren Traum weiter:

– Wir müssen das Grab Cheops' finden – sagte sie leise. – Ich muss in ferner Zukunft auf die Erde zurückkehren und Menschen treffen, die mir dabei helfen werden. Ich sehe jetzt, wie der Pharao begraben wird. Sie begraben ihn nicht in der Pyramide. Cheops ließ sich absichtlich nicht in der Pyramide begraben. Die Ankömmlinge, welche die Pyramide gebaut haben, taten alles, um die Spuren zu beseitigen und haben vorausgesehen, dass die Pyramiden von Menschen geplündert werden können. Sie werden Schätze suchen und deshalb fand der Pharao einen nahen und zugleich so fernen Ort. Nah deshalb, weil es der Wissenschaft nicht in den Kopf gehen will, dass dies so nah sein kann. In der Grabkammer stehen Steinplatten, alle beschrieben. Es sind sehr viele. Sie wurden aus einem Stein geschaffen der wie Granit aussieht, doch er glänzt. Die Informationen wurden während der ganzen Zeit des Baus der Pyramide von Priestern niedergeschrieben. Auf den Tafeln steht geschrieben, wer die Pyramide erbaut hat und was sie in sich birgt. Es steht geschrieben, dass **die Pyramide der zentrale Verbindungspunkt mit der Zweiten Erde ist.**

In der Pyramide befindet sich ein Gerät, das die ganze Zeit über durch Magnetfelder in beiden Richtungen arbeitet.

– Dein Traum geht gleich zu Ende – flüsterte Łucja leise. – Sag uns noch, warum wir in der Zukunft den Pharao finden müssen.

– Das Grab muss gefunden werden – träumte Ki, – denn das Geheimnis muss enthüllt werden, um den Menschen eine solche Erde zu schaffen, wie sie dort ist. Wenn das geschieht, werden diejenigen, die die Pyramide gebaut haben, zu uns kommen und alles lehren, sie werden reparieren, was von Menschen zerstört wurde. Sie werden Liebe lehren und Liebe geben. Alles wurde genau überlegt, ausgearbeitet, besprochen, schon zur Zeit des Baus. So muss es geschehen, so sagte es mir Juno, so haben es die Weißen Brüder beschlossen. Ich muss das Grab finden, denn ich weiß genau, wo es liegt... und ich werde es wissen, in der Zukunft, wenn ich wieder auf die Erde zurückkehre.

Łucja hörte fasziniert diesem ungewöhnlichen Traum, dieser ungewöhnlichen Beschreibung zu. Eine Zeit lang herrschte Schweigen, das nur von dem immer unruhigeren Atem Ki's durchbrochen wurde. Ki musste die Rückreise durch die Zeit antreten.

– Weck mich nicht – flehte Ki. Ich möchte beim Pharao bleiben.

– Du wirst in meiner Zeit gebraucht. – antwortete Łucja. – Deinen Körper und Deinen Traum müssen wir in die Zukunft übertragen. Du wirst noch oft durch das Zeittor gehen, aber jetzt bist Du auf dem Weg zurück.

Langsam kehrte Ki aus ihrem Traum zurück... Sie reiste durch die Zeit durch die Jahrtausende des Alten und des Neuen Zeitalters bis zur Nullzeit. Bis zu der Zeit, zu welcher der Kosmos Lucyna aus der polnischen Stadt Wrocław als seine Verbindungsperson ausgewählt hatte. Als diejenige, die Cheops erwecken sollte, damit die Menschen die Liebe verstehen und um die Erde zu retten.

KAPITEL 4

DIE INFORMATIONEN DES KOSMOS

Der Weg, auf dem ich zusammen mit Derjenigen, Die Jeder Morgen Anlächelt, ging, war gewunden, unruhig und uneben. Manchmal war es ein schmaler Pfad, auf dem man sich mühsam auf die Berge hocharbeiten musste, manchmal wiederum eine breite Straße voller herrlicher Ansichten und Erlebnisse, so wunderbar, dass er mir vorkam, wie der Einzige Weg Zum Allgegenwärtigen Ziel. Dieses Ziel war immer bei uns, obwohl es manchmal aus dem Sichtfeld verschwand. Es gab Momente, wo es uns so vorkam, als ob wir schon genau wissen, wohin wir gehen, nur um dann festzustellen, dass wir auf einen Berg steigen, der kein Ende hat. Als Wanderer war ich an verschiedene Unebenheiten des Geländes gewöhnt, schließlich wanderte ich bereits viele Jahre. Und trotz dieser Erfahrung fiel es mir schwer, mich darauf zu konzentrieren, wohin ich gehe, und darauf zu achten, um nicht auf den Weg, Der Nicht Dahin Führt, Wohin Man Gehen Muss, zu kommen. Am Anfang hatten wir auf unserer Wanderung schließlich keinerlei Wegweiser. Manchmal gingen wir gemeinsam am

Ufer des Meeres entlang, uns an den Händen haltend und den weichen, warmen Sand unter unseren Füßen genießend. Manchmal dagegen fühlte ich Steine und Fallen auf unserem Weg, die es zu umgehen galt.

Wegweiser für uns war Diejenige, Deren Namen Das Leben Ist. Einmal sah sie mich an und sagte:

– Du gehst auf dem richtigen Weg, aber nicht unbedingt dahin, wohin Du gehen solltest.

– Ich verstehe nicht – antwortete ich. – Wenn der Weg richtig ist, dann muss er mich dorthin führen, wohin ich will.

– Nicht unbedingt – beharrte sie. – Dein Blick reicht nur bis zu dem Ort, wo der Horizont endet. Das, was wirklich wichtig ist, bleibt Deinen Augen verborgen.

– Wie soll ich das sehen, was verborgen ist?

– Schau nicht mit den Augen oder dem Verstand. Sieh mit dem Herzen, dem Atem Des Kosmos, der jeden Tag Deine Lungen füllt. Der Kosmos atmet in jeder Deiner Handlungen und in den Worten Derjenigen, Die Jeder Morgen Anlächelt. Ihr seid beide Sein Gemeinsamer Atem. Ihr müsst nur noch lernen, das zu hören, was er Euch übermittelt, was er zu Euch sagt. Du musst viele Veränderungen vornehmen.

– In letzter Zeit fühle ich nicht, dass der Kosmos irgendetwas zu mir sagt – antwortete ich. Vielleicht ist Diejenige, Die Jeder Morgen Anlächelt, in dieser Hinsicht sensibler. Schließlich ist sie eine Frau, und Frauen sind für jeden Kosmos empfänglicher. Ich bin anders. Ich beschäftige mich nicht mit dem Kosmos, sondern mit meinen Wanderungen.

– Aber ich höre alles, was der Kosmos über Dich und sie erzählt – beharrte Diejenige, Deren Namen Das Leben Ist, – Sie muss in ihrem Leben ebenfalls viele Veränderungen vornehmen, aber sie weiß es noch nicht.

– Woher weißt Du, dass das, was Du hörst, die Stimme des Kosmos ist? Vielleicht ist das alles nur Deine Einbildung.

– Ich weiß es, weil der Kosmos mir sagt, was sein wird. Seine Worte bestätigt später das Leben. Deshalb weiß ich, dass Er die Wahrheit sagt und die Wahre Stimme ist. Wenn Du willst, kann ich Dich lehren, Ihn zu hören.

Ich zögerte, den in Wahrheit, im Innersten meiner Seele, glaubte ich nicht daran, das irgendetwas außer den Menschen zu mir sprechen kann. Menschen verwenden Worte, die verständlich sind. Wie sollte man sich mit dem Kosmos verständigen können?

– Schließlich kennt der Kosmos die menschliche Sprache nicht – stellte ich fest.

– Er kennt sie – antwortete Diejenige, Deren Namen Das Leben Ist. – Menschen können Dich einfach betrügen. Die ausgesprochenen Worte erscheinen Dir glaubhaft, aber sie können die wahren Absichten verschleiern. Den Kosmos kann man nicht betrügen. Er liest in Deinen Gedanken, Er fühlt Deine Emotionen, Er verbindet sich mit Deinem Geist. Er ist mit Dir und kann Dich führen, wenn Du ihn darum bittest. Er kann Dir den Weg weit außerhalb des Horizonts zeigen, der für Deine Augen unsichtbar bleibt. Er spricht mit jedem, aber nur weniger verstehen es, Ihm zuzuhören.

– Was ist dann eigentlich der Kosmos?

– Er ist Energie. Er verbindet alles, was existiert. Wenn Du denkst, dann versendest Du Energie. Wenn Du Gefühle hast, versendest Du Energie. Wenn Du handelst, dann demonstriert Du Energie. All das verbindet Dich mit dem Kosmos. Wenn Du ihn um etwas bittest, dann antwortet Er Dir, denn Dein Gedanke besteht aus der gleichen Energie, die Er auch nutzt. Wenn Dich gute Gefühle erfassen, dann verbindest Du Dich mit Ihm, hast Du schlechte Gefühle, dann trennst Du Dich ab und bist allein.

– Wie heißt diese Energie?

– **LIEBE**...

– Was ist **LIEBE**?

– Frag ihn, er sagt es Dir.

– Gut – antwortete ich. – Lehre mich zu hören.

– Wenn Du bereit bist, dann werde ich Dich lehren – sagte sie. – Erst einmal solltest Du Dich bemühen, ihn selbst zu hören.

Ich setzte meine Wanderungen fort und wusste immer noch nicht, wie ich mich mit dem Kosmos unterhalten sollte. Ich versuchte morgens und abends, Ihn zu hören, aber woher sollte ich wissen, ob meine Gedanken und Träume die Stimme des Kosmos waren oder nur meine Sehnsucht nach ihm. Diejenige, Die Jeder Morgen Anlächelt, ging mit mir zusammen auf meinem unebenen Weg und war sich auch nicht sicher, ob sie die richtige Richtung gewählt hatte. Dauernd sah sie sich nach hinten um und überlegte, ob sie nicht lieber umkehren oder doch weitergehen sollte. Ich wusste nicht, wie ich ihr helfen kann und ob ich ihr überhaupt helfen sollte. Schließlich muss jeder selbst seinen eigenen Weg finden. Eines Tages sagte sie zu mir:

– Diejenige, Deren Namen Das Leben Ist, möchte sich mit Dir treffen. Der Kosmos hat ihr gesagt, dass Du bereit bist. Du sollst ihr helfen, mit dem Pharao Cheops zu sprechen.

– Was hat er ihr gesagt? – wunderte ich mich.

– Du sollst ihr helfen, den Pharao Cheops zu treffen. – Diejenige, Die Jeder Morgen Anlächelt, war ein bisschen verlegen.

Ich dachte mir, dass ich Cheops schließlich persönlich nicht kannte, also wie sollte ich die Beiden einander vorstellen und ihnen helfen, sich zu unterhalten. Außerdem war Cheops schließlich ein Pharao, der vor sehr langer Zeit lebte, und ich hatte keine Chance, ihn zu treffen. Die Bitte war also nicht nur merkwürdig, sondern vollkommen sinnlos.

– Was sollen wir auf diesem Treffen tun? – Fragte ich eigentlich nur, um das Gespräch am Laufen zu halten.

– Sie will, dass Du sie einschläferst. Sie will noch einmal in die Pyramide zurückkehren.

– Das hat doch Łucja schon getan. – antwortete ich. – Ich kann das nicht. Außerdem sind Gespräche im Schlaf für mich nicht gerade eine glaubwürdige Art der Kommunikation, besonders mit einer so wichtigen Figur wie Cheops.

– Sie ist davon überzeugt, dass Du das richtig machen wirst. Das hat ihr der Kosmos gesagt.

Offensichtlich hat der Kosmos auch seine Abflüge – dachte ich und äußerte mich nicht weiter zu diesem Thema.

Eines Tages kam mir ein merkwürdiger Gedanke. „Während meiner Wanderungen habe ich schließlich schon so vielen Menschen geholfen einzuschlafen und sie gelehrt, wie sie mit ihren Träumen reden und sich mit ihren Wünschen unterhalten können. Ist dies vielleicht die Unterhaltung mit dem Kosmos? Vielleicht kann ich wirklich das Gleiche für Diejenige, Deren Namen Das Leben Ist, tun". Wenn der Kosmos der Meinung ist, ich kann das, dann hat er vielleicht sogar Recht. Wenn ich ihr im Schlaf helfen soll, den Pharao zu treffen – im Schlaf ist schließlich alles möglich. Was soll's, dass ich Cheops nicht persönlich kenne, dass ich weder Wein noch Bier mit ihm getrunken habe, dass er bereits mehrere Tausend Jahre alt ist und mir noch ein ganzes Stück bis Hundert fehlt? Der Kosmos kennt offenbar den Begriff der Zeit gar nicht, dass Er auf solche Gedanken kommt.

Ich rief Diejenige, Die Jeder Morgen Anlächelt, an und erklärte mich einverstanden. Sie freute sich und versprach mir, dass sie die Nachricht an Lucyna weitergibt. In diesem Moment fühlte ich das Lächeln des gesamten Kosmos, der plötzlich auch zu meinem Kosmos geworden war.

Als meine Wanderung mich wieder an jenen Ort verschlug, an dem Diejenige, Deren Namen Das Leben Ist, wohnt, traf ich mich mit ihr und half ihr einzuschlafen, damit sie die Möglichkeit hatte, sich mit Cheops zu treffen.

– Wer bist Du? – Fragte ich, als sie eingeschlafen war.

– Ich bin eine Priesterin, dem Gott Ra geweiht. Ich heiße Ki, was Leben bedeutet.

– Was tust Du?

– Ich diene den Priestern, hauptsächlich dem Priester Juno, der den Bau der Pyramide führt und überwacht.

– Unterhältst Du Dich häufig mit ihm?

– Ja, denn ich bin ständig bei ihm.

– Welches Jahr haben wir?

– Ich sehe keine Zeit... Es ist die Zeit des Baus der Pyramide, die Zeit von Cheops' Leben.

– Ist der Kosmos bei Dir.

– Er ist es. Er ist immer bei mir.

Ich dachte, dass jetzt ein guter Moment gekommen wäre, um sich mit dem Kosmos direkt zu unterhalten.

– Kann ich dem Kosmos eine Frage stellen? – Fragte ich.

– Ja – antwortete mir Ki schläfrig – Frage, er wird antworten.

– Wer bist Du wirklich? – Wendete ich mich an den Kosmos.

– Ich bin der **BESCHÜTZER DER ERDE** – antwortete die Priesterin.

– Warum wolltest Du mit mir reden?

– Weil Du mich auf andere Weise nicht hörst.

– Warum sollte ich Dich hören?

– Weil vor Dir ein anderer Weg liegt als der, welcher Dir als der Beste erscheint. Du gehst diesen anderen Weg schon seit langer Zeit, Du weißt es nur noch nicht. Du gehst nicht allein, Diejenige, Die Jeder Morgen Anlächelt, ist mit Dir, andere werden folgen. Zusammen müsst ihr Derjenigen, Die Jetzt Schläft, helfen. Sie benötigt Eure Hilfe.

– Wohin soll dieser Weg uns führen?

– Nach Ägypten, zur Erweckung des Cheops... Der Pharao muss die Sonne sehen.

– Der Pharao schläft? – Wunderte ich mich. – Er lebt doch schon seit langer Zeit nicht mehr und niemand weiß, wo er ist.

– Ich sage Euch, wo er ist und wie Ihr zu ihm gelangen könnt... wie Ihr ihn erwecken könnt – versicherte mit der Kosmos ruhig. – Ihr müsst nur genau zuhören und erlauben, dass ich Euch dorthin führe. **Auf Euren Weg stelle ich viele Derjenigen, Die Helfen Werden, Das Grab Zu Finden.**

– Sag mir, wo das Grab ist – bat ich interessiert.

– Es liegt unweit der Pyramide. Du musst ein Dreieck bilden, dessen einer Eckpunkt die Mitte der Großen Pyramide von Seiten des Nils ist. Der zweite Punkt befindet sich zwischen den Tatzen der Sphinx, am dritten Eckpunkt dieses Dreiecks liegt das Grab.

– Kannst Du die Priesterin Ki bitten, das genauer zu erklären?

– Frage sie, ich werde sie führen.

– Wo ist das Grab des Pharaos? – Wendete ich mich an Ki.

– Es liegt außerhalb der Pyramide, ich kann es zeigen.

– Bitte tue das.

– Ich muss in der Mitte der Pyramide von Seiten der Sphinx stehen – sagte die Priesterin. – Mit dem Gesicht zur Sonne. Es ist Mittag und die Sonne scheint mir direkt ins Gesicht.

– Gehe nach vorn in Richtung des Grabes, – bat ich sie.

– Ich gehe jetzt in Richtung des Grabes, nach vorn, in Richtung des Nils. Die Sonne ist mehr auf meiner linken Seite, aber nicht direkt.

– Geh weiter und sage mir, wie viel Zeit Du gehst.

– Ich sehe keine Zeit, ich gehe... – wiederholte Ki, – ich gehe weiter... in diesem Moment fühle ich Vibrationen mit enormerer Kraft. Ich stehe jetzt auf dem Grab.

– Ist das Grab bereits vollendet?

– Das Grab... ich bin durch die Zeit gereist... Ich stehe auf einem mit Erde bedeckten Grab.

– Wie weit ist es zur Pyramide? Zähle Deine Schritte!

– Ungefähr sechshundert.

– Wann kommt die Zeit, das Grab zu finden?

– Wenn die Fische die Macht dem Wassermann übergeben. Es muss die Zeit des Wassermanns sein.

– Frag, ob der Kosmos mir etwas Wichtiges übermitteln will.

– Ja. Er sagt, das Wichtigste ist, dass die Menschen glauben, dass die Pyramide des Cheops nur teilweise durch menschliche Hand errichtet wurde. In Wirklichkeit haben die gesamten schweren Arbeiten Wesen Von Einem Anderen Planeten, die Weißen Brüder, ausgeführt. Und eben dieses Rätsel wollten sie den nächsten Generationen überlassen, die kommen werden und daran glauben.

Ich wollte die Priesterin noch über weitere Einzelheiten des Baus befragen, aber ich dachte mir, dass dies nicht der letzte Schlaf sein würde. Ich hat eine Vorahnung, dass wenn wir das Grab finden sollen, es mehr Träume über die Pyramide, den Pharao und den Priester Juno geben müsse. Jetzt interessierte mich vor allem noch die Frage des Grabes.

– Kannst Du genauer beschreiben, wo Cheops begraben wurde? Wie sollen wir dorthin gelangen? Wie ihn ausgraben?

– Genauer sage ich es Dir dann, wenn die Zeit der Reise nach Ägypten und der Erweckung des Pharao gekommen ist – antwortete der Kosmos. – Dann zeige ich durch die Priesterin den Ort.

– Warum nicht jetzt? – wunderte ich mich.

– Siehst Du, Wanderer, es gibt auf der Welt Menschen, für die nur eines wichtig ist – Gold, Schätze und Ruhm – und die alles dafür tun würden, diese Dinge zu erlangen, ohne Rücksicht auf die Konsequenzen. Die **„MISSION PHARAO“** ist meine Mission. Zum Pharao gelangen nur Menschen mit reinen Herzen und reinen Absichten. Anderen erlaube ich das nicht. Daher ist meine Information jetzt nur die, die ich Dir gegeben habe. Wenn Eure Gruppe bereit ist, wenn ich die richtigen Menschen ausgewählt habe, dann ist die Zeit für Genauigkeit gekommen.

– Warum sollen gerade wir das tun – es gibt schließlich so viele Menschen auf der Welt – fragte ich nach einem Moment des Schweigens.

– Ihr wurdet dafür auserwählt. – Der Kosmos schien etwas irritiert. – Stell keine dummen Fragen.

Die Frage war überhaupt nicht dumm – dachte ich insgeheim. Auf der Erde leben schließlich ein paar Milliarden Menschen, und nun versucht der Kosmos mir einzureden, dass ich, der Wanderer, zu irgendetwas auserwählt wurde. Zwar wandere ich, aber ich war nie in Ägypten und die Pyramiden habe ich nur auf Bildern gesehen, der Pharao ist für mich längst vergangene Geschichte.

– Welche Menschen wirst Du auf meinen Weg stellen? – fragte ich weiter.

– Verschiedene. Solche, denen es so vorkommt, als wären sie wichtig, und andere einfache Menschen, die wirklich wichtig sind. All sie werden Dich in einer Richtung führen, denn der Weg, auf dem Du gehst, führt nur in eine Richtung.

– Du sprichst mit der Stimme der Priesterin, also bist Du mit ihr zusammen.

– Ja, bin ich. Aber sie lebt in ihrem Traum in Zeiten, die kein heute lebender Mensch kennt. Damals war sie die Priesterin Ki, damals trug sie den Namen „Leben". Wenn sie erwacht, wird sie wieder Lucyna aus dem Jahre 2001 sein. Aber auch in Deiner Zeit ist Lucyna auf der Welt nicht allein. Mit ihr ist Priester Juno, der Erbauer der Großen Pyramide, ihr Beschützer. Er lebt ebenfalls in Deiner Zeit.

– Wo lebt er? Wie kann man ihn finden?

– Er ist Schamane in Peru, **Beschützer des Heiligen Berges**.

– Welchen Namen trägt er? Wie heißt er?

– Wanderer, ich bin der Kosmos, ich bin eine andere Materie als Du, ich bin geistige Energie und in meiner Dimension gibt es keine Namen, sondern nur Energien. Deshalb überschätze nicht meine Möglichkeiten und frage mich nicht nach dem Namen,

– Ich dachte, Du bist allwissend – merkte ich an.

– Allwissend ist nur der Besitzer der Erde, das Wesen, das Ihr auf der Erde Gott nennt. Ich gehöre ihm ebenfalls – antwortete der Kosmos.

– Warum fragst Du ihn nicht danach?

– Er leitet mich und ich frage nur in außergewöhnlichen Dingen. Es ist Deine Aufgabe, Juno in der Zeit des Wassermanns zu finden.

Diese Antwort betrübte mich etwas. Ich dachte, dass wenn der Kosmos der Kosmos ist, er eigentlich alles wissen müsste. Ich konnte mir nicht vorstellen, wie ich den Beschützer eines Berges, der heilig ist, in Peru finden sollte, wenn ich weder den Namen des Berges, noch den Namen des Schamanen kenne. „Vielleicht gibt es ja nur einen heiligen Berg in Peru" – dachte ich mir und beruhigte mich ein wenig. Für alle Fälle fragte ich dennoch:

– Wie kann ich diesen Schamanen finden?

– Die Wissenschaft kennt seinen Namen. Setze etwas Glauben in mich. Meine Energie ist riesig und ich werde Dir helfen.

– Wozu ist dieser Schamane erforderlich? – fragte ich.

– Um die Glaubwürdigkeit der Worte der Priesterin zu bestätigen – antwortete der Kosmos.

Das war logisch. Wenn der Schamane den gleichen Traum hat, wie die Priesterin Ki, dann wird die Information glaubwürdig.

Dann kann man Wissenschaftler dafür interessieren. Selbst jene, die nicht an Träume glauben.

– Warum muss Cheops erweckt werden? – fragte ich weiter.

– Um die Große Pyramide zu öffnen.

– Wie „öffnen“? Das ist schließlich nur ein Haufen Steine, die einer auf dem anderen angehäuft wurden. Da gibt es nichts zu öffnen.

– Die Cheopspyramide wurde deshalb gebaut, damit sie als Schlüssel oder **Tor** zu mir dient – erklärte der Kosmos. – Sie wurde mit einem konkreten Ziel erbaut, um als Botschaft zu dienen, als Kontakt mit mir und vor allem als Kontakt mit der Zweiten Erde.

Einen Moment lang überlegte ich, was wohl diese Zweite Erde sein mag. Ich kannte nur eine Erde, auf der ich meine Wanderungen durchführte. Wenn es eine Zweite Erde gab, dann lag sie sicher sehr weit entfernt– umso mehr, als dass der Kosmos selbst jetzt sehr weit weg zu sein schien, obwohl er angeblich mit mir durch die Lippen Derjenigen, Deren Namen Das Leben Ist, sprach.

– Wohin führt dieses **Tor**? – fragte ich nach einem Moment Zweifel.

– Das Tor führt zur Anderen Welt.

– Was ist die Andere Welt?

– Das ist eine vollkommene Welt, wo es keine Wut und keinen Zorn gibt. Eine Welt, welche die Menschen auf der Erde lehren kann, wie sie vollkommen sein werden. Dort gibt es ebenfalls Wanderer, Jene, Welche Die Schönheit Lehren Können. Sie wollen auf die Erde kommen, um den Geist zu erleuchten und ihre Existenz zu beweisen. Sie waren bereits hier, Sie sind die Erbauer der

Großen Pyramide und sie halfen Cheops einzuschlafen. Das wichtigste Ziel ihres Daseins – damals wie heute – ist es, die menschliche Rasse vollkommen zu machen.

– Worin besteht diese Vollkommenheit?

– Im Verständnis, Wanderer, was **Liebe** ist.

– Und was ist **Liebe**?

Ich freute mich, denn ich wartete bereits auf eine Gelegenheit, diese Frage zu stellen, und nun gab mir der Kosmos selbst dieses Thema vor.

– Liebe bedeutet sich selbst in einem anderen Menschen zu sehen und von diesem das erhalten zu wollen, was das Beste ist. Und das Beste einem zweiten Menschen zu geben. Liebe besteht dann, wenn Du immer das Gefühl der Sicherheit hast. Liebe ist wie ein empfindlicher Film, der in Momenten großer Erleuchtungen das festhält, was über Zeit und Raum herrscht. Liebe gibt es auch dann, wenn Du jeden Tag mit tiefem Glauben Gott um Schutz bittest, wenn Du Inspirationen aus der Tiefe Deiner Seele weitergeben willst, wenn Du in die Sphäre der Erlebnisse der Welt eintauchen und denen helfen willst, die die Liebe nicht verstehen. Das ist Liebe. Und nur diese Liebe kann die Menschen und die Erde retten.

Das war starker Tobak. Ich hatte nicht erwartet, dass der Kosmos so wunderschön und mit einer solchen Begeisterung über diese Dinge zu reden beginnt, welche die Philosophen über so viele Jahrhunderte versuchten zu erforschen und dabei Hunderte von Bändern kluger Abhandlungen schrieben. Und hier hörte ich nun ein paar Sätze, die die Essenz, das Wesen der Liebe darstellten. Ich dachte mir, dass ich das, was der Kosmos mir gerade mitgeteilt hatte, später verdaue – ich fühlte, dass in den paar Sätzen eine große Weisheit enthalten war. Ich verstand nur nicht, warum die Liebe „die Erde retten“ sollte.

– Was meinst Du damit, die Erde zu retten? – fragte ich.

– Das verstehst Du später. Jetzt ist die Zeit für diese Dinge noch nicht reif.

– Hier auf der Erde gibt es Liebe. Es gibt schließlich Menschen, Die Diesen Weg Gehen. Ich denke, ich gehöre auch dazu.

– Du gehst ihn, aber Du schwankst immer wieder. Und außerdem gibt es wenige solcher Menschen – viel zu wenige. Deshalb muss der Pharao so schnell wie möglich geweckt werden. Das ist Dein Neuer Weg der Wanderung, auf den Du schon lange eingeschlagen bist, obwohl Du nichts davon gewusst hast. Du gehst diesen Weg, zusammen mit Derjenigen, Die Jeder Morgen Anlächelt, und mit Derjenigen, Deren Namen Das Leben Ist. Deshalb habt Ihr Euch getroffen. Deshalb unterhalte ich mich in Deiner Sprache.

– Was ist Deine Sprache?

– Meine Sprache ist die **Sprache der Zufälle**, der zufälligen Umstände, die Ihr erlebt. Deshalb hörst Du mich nicht, siehst den Weg nicht, auf dem ich Dich führe. Dich und Alle Personen, Die Auf Deinem Weg Stehen. Das sind keine Zufälle. Das ist Meine Sprache, die Sprache, in der ich mit Euch kommuniziere. Wenn Du lernst, sie zu hören – dann kannst Du täglich mit mir reden. In Deinem Leben gibt es schon seit langem keine Zufälle mehr.

Ich stand fasziniert an meiner Weggabelung, nicht sicher, ob das noch eine Gabelung ist oder schon der Weg, auf dem ich gemeinsam mit Derjenigen, Die Jeder Morgen Anlächelt, wanderte, um Diejenige, Deren Namen Das Leben Ist, zu treffen. Der Weg wurde plötzlich zu einer Chaussee, die mich zu den Pyramiden, nach

Ägypten führte, zum wahrhaftigen Schatz, der durch die Alchemie der Zufälle mit mir und All Denen, Die Auf Meinem Weg Stehen Und Stehen Werden, verbunden ist.

Wie interessant – dachte ich mir. Ich weckte die Priesterin und in diesem Moment begann ich selbst, aus meinem Traum zu erwachen.

KAPITEL 5

DER SCHAMANE VOM MARCAHUASI

Manchmal, wenn man auf dem Weg des Lebens wandert und die Welt beobachtet, ist man dazu gezwungen, Korrekturen dieses Weges vorzunehmen. Manchmal kommt es einem so vor, man würde in die richtige Richtung gehen, man ist auf dem rechten Weg, und plötzlich beginnt die ganze Welt um einen herum zu rufen: „Nicht dorthin. Nicht da lang." Wie gut ist es dann, wenn man dazu fähig ist, das Flüstern des Kosmos zu hören – und wie wenige Menschen können das wirklich!

Sowohl ich, der Wanderer, wie auch Diejenige, Die Jeder Morgen Anlächelt, lernten ganz langsam, den Kosmos zu hören und an ihn zu glauben. Wir lernten, unserer Intuition zu vertrauen, unserer Phantasie, seine Worte zu verstehen. Häufig, wenn meine Gedanken zum Kosmos und zum Pharao abschweiften, wenn Bilder aus den Träumen der Priesterin in meinem Kopf erschienen, dann stellte ich mir die Frage: „Wodurch unterscheiden sich Intuition und Phantasie?" Ich wusste eines – die Intuition ist eine Funktion der Phantasie und gleichzeitig ein Teil unseres Verstandes.

Aber gleichzeitig störte der Verstand mich so oft bei der bedingungslosen Akzeptanz dessen, was ich von Ki gehört hatte und wovon meine eigenen Träume erzählten.

Als ich meine Zweifel Derjenigen, Deren Namen Das Leben Ist, vortrug, lächelte sie leicht und sagte:

– Siehst Du, Wanderer. Außer der physischen Welt gibt es noch diese andere Welt – die Geistige. Der Kosmos ist so eine Welt, deshalb musst Du ihn fühlen, Dich mit ihm anfreunden und wenn Du Zweifel hast, ihn um Hilfe bitten. Bitte ehrlich, dann hilft er Dir, denn er hilft immer. Nicht sofort, aber immer.

– Wie kann ich einen Freund haben, den ich nicht sehe? – beklagte ich mich.

– Du siehst ihn nicht, aber Du fühlst ihn. Außerdem hast Du ja wohl bemerkt, dass seit der Zeit, zu der unsere Treffen und meine Träume begannen, Dein Leben sich verändert hat, genau so wie das Leben Derjenigen, Die Jeder Morgen Anlächelt – von mir ganz zu schweigen. Der Kosmos nimmt auf das physische Niveau Deines Lebens Einfluss, er führt Dich.

Diejenige, Deren Namen Das Leben Ist, sprach weise. Ich wunderte mich, woher bei einer solchen einfachen Frau soviel Weisheit, soviel Wissen kam. Ich überlegte mir, wie ich den Menschen auf meinen Wanderungen erklären sollte, dass ich mit dem Kosmos befreundet bin und mich mit ihm unterhalte. Ich wusste nur zu gut, wo die Delinquenten enden, die von ihren Erfahrungen mit anderen Dimensionen berichten. Als ich meine Zweifel Lucyna vortrug, meinte sie:

– Hab keine Angst. Der Kosmos hilft Dir dabei, Deine weltlichen Freunde sorgsam auszuwählen. Er wird jene auf Deinen Pfad stellen, die Dir bei der Erfüllung Deiner Bestimmung helfen werden. Das ist ein sehr wichtiger Weg. Wichtig für Dich, für mich und für den Kosmos. Schließlich liegt auch ihm viel daran, dass wir das Ziel erreichen und Cheops erwecken.

Ich musste ihr Recht geben und beschloss, mich nicht mehr darum zu sorgen, was das alles für mich, für Iwona und für meine Wanderungen bedeuten würde. Ich mochte Ki umso mehr, als das sie immer deutlicher ein Teil meines Lebens wurde. Für mich und für Diejenige, Die Jeder Morgen Anlächelt, war die Seltsamkeit der Priesterin etwas Normales – wir mochten ihre Rauheit und bewunderten ihre Außergewöhnlichkeit. Schließlich träumte sie so ungewöhnliche Träume – und ich, Iwona und Łucja wurden ein integraler Teil dieser Träume.

Wir waren zu viert und die Suche des Grabes des Pharao und seine Ausgrabung durch unsere kleine Gruppe war – in den Augen eines nüchtern denkenden Menschen – eine recht unwahrscheinlich klingende Mission, die nicht zur Alltäglichkeit passte, in der ich mich normalerweise bewegte – frei heraus gesagt: Die Pläne hatten etwas Absurdes an sich. Denn welcher Mensch, der alle seine sieben Sinne beisammen hat, beginnt ein solch ernsthaftes Vorhaben einzig und allein auf Grundlage von Träumen einer völlig unbekannten Frau? Ich beschloss also, auf die versprochenen Zufälle zu warten. Wenn der Kosmos aus den Träumen von Lucyna sagt, dass ich zusammen mit Iwona etwas tun soll, dann soll er auch auf meinen oder Iwonas Weg die versprochenen Menschen stellen.

Und plötzlich begannen Dinge zu geschehen, die manche als normale Zufälle abtun würden, andere wiederum sagen: „Ja, diese Sache wird von einer unsichtbaren Hand geleitet.“ Eines Tages führten mich meine Wanderungen nach Gdańsk (Danzig). Dort traf ich **Denjenigen, Der Rationell Denkt Und In Peru War**.

Er hieß Roman. Er war ein sehr bekannter Journalist, Schriftsteller und Reisender. Er wanderte so wie ich durch verschiedene Länder und beschrieb das, was er dort sah. Ohne jeden Grund begann er, mir über Peru zu erzählen, und über die Bücher, die er über dieses außergewöhnliche Land geschrieben hatte. Ich erzählte ihm wiederum über Ägypten und den Pharao. Plötzlich fiel mir etwas ein.

– Hör mal, die Priesterin Ki sagte während eines ihrer Träume, dass in Peru ein Priester wohnt, Derjenige, Der Die Große Pyramide Erbaute, der Priester Juno.

– Dann muss er wohl ganz schön alt sein – scherzte Roman.

– Ich meine seine nächste Reinkarnation, die in der heutigen Zeit lebt.

Roman war geschockt:

– Mit welchen Worten hat sie das gesagt? – fragte er.

– Sie sagte: "Derjenige, Der Die Pyramide Baute, lebt und man kann mit ihm Kontakt aufnehmen. Er ist Schamane in Peru und Beschützer des Heiligen Berges. Er kann die Glaubwürdigkeit der Worte der Priesterin bestätigen."

– In Peru ist jeder zweite Berg heilig – erklärte Roman. – Aber meine Wanderungen führten mich einmal auf einen Berg, der sich Marcahuasi nennt. Das ist ein äußerst merkwürdiger Berg. geheimnisvoll, von einer großen Anzahl Legenden umwoben. Die Einheimischen nennen ihn „die Schmiede der Götter". Sie sind der Meinung, dass eben dort die Götter die menschliche Rasse erschaffen haben. Ich kenne den dortigen Schamanen – er nennt sich **Don Severiano**. Ich zeige Dir sein Bild.

Und so geschah der Erste Sehr Merkwürdige Zufall. Der Kosmos zeigte Don Severiano als Denjenigen, Der In Ägypten die

Cheopspyramide Erbaute, als den Priester Juno, den Freund des Pharaos und den Beschützer der Priesterin Ki. Er war Derjenige, Der Die Worte Der Priesterin Bezeugen Kann, ihre Erzählung und ihre Träume beweist. Das sagte der Kosmos zu Lucyna, als er mit ihren Augen auf das Bild blickte.

Es gab nur ein Problem. Don Severiano wusste nicht, wer er in der Vergangenheit gewesen ist. Im täglichen Leben war er ein einfacher Bauer, der sein Feld bestellt, sowie ein Schamane, ein Heiler, der die einheimischen Bauern betreute. Er war Führer für die Touristen, die von Zeit zu Zeit angezogen von dem Geheimnis des Berges diese Umgebung besuchten, und er war Beschützer des Heiligen Berges, dessen Geheimnisse er kannte wie kein anderer.

Wir waren natürlich auch nicht sicher, ob dies die richtige Person war, obwohl der Kosmos uns dies bestätigte, aber... wiederum... Es konnte auch nur ein Traum sein. Wie kann man ohne Einschränkung den Träumen eines Menschen glauben? Das ist keine harte Wissenschaft, die man anfassen, durch Experimente bestätigen kann.

– Wie kann er das bezeugen? – überlegte Roman.

– Er muss ebenfalls einschlafen und in der Zeit zurückgehen – antwortete ich. Ich weiß nur nicht, wie man ihm helfen kann einzuschlafen...

– Das ist einfach – Roman war sich seiner sicher. – Jeder Schamane in Peru weiß, wie man so etwas macht. Dazu kann man einen Aufguss mit Namen „**Ayauasca**“ verwenden.

– Was ist Ayauasca?

– Das ist eine Flüssigkeit, ein Sud aus peruanischen Kräutern, der den Schamanen dabei hilft, in ihren Träumen überall dorthin zu wandern, wohin der Körper nicht kommen kann. Sie hilft bei

Reisen durch die Zeit und den Raum ohne jede Grenzen. Ayauasca ist eine pflanzliche Flüssigkeit der Phantasie. Dorthin, wo die Phantasie gehen will, dort führt Ayauasca Dich hin, wenn Du weißt, wie sie anzuwenden ist.

– Also – fahren wir nach Peru? – fragte Roman.

– Wir fahren nach Peru – antwortete ich. – Schließlich bin ich ein Wanderer.

Und so beschloss ich, gemeinsam mit Derjenigen, Die Jeder Morgen Anlächelt, und Demjenigen, Der Schon In Peru War, dorthin zu fahren, um Don Severiano zu treffen und ihn zu bitten, einzuschlafen und mit Hilfe von Ayauasca in der Zeit zurückzureisen bis zum Moment des Baus der Großen Pyramide. Die Vorbereitungen liefen an und im Januar des Jahres 2002 wollten wir fahren. Plötzlich merkte ich, dass Roman schwankend wurde.

– Vielleicht ist das alles nicht wahr? – überlegte er sich.

– Vielleicht... Aber derzeit können wir das nur auf eine einzige Art überprüfen. Indem wir nach Peru fahren.

– Und wenn das alles nicht wahr ist? – Roman beschloss, seine Gedanken laut vorzutragen.

– Vielleicht willst Du die Priesterin Ki hören? Vielleicht solltest Du Dich mit Derjenigen, Deren Namen Das Leben Ist, unterhalten? – schlug ich vor.

– Ja – antwortete er. – Ich glaube nicht an Träume, aber ihre Träume höre ich mir an.

Die Träume Derjenigen, Deren Name Das Leben Ist, erfordern ein gewisses Ritual, eine Prozedur des Einschlafens und der Erwachens. Ich wusste, dass Roman sehr interessiert war, wie man im Schlaf reden konnte – und das sogar sinnvoll. Also erlaubte ich ihm, es mit eigenen Augen zu sehen. Ich gab nichts auf seinen

Unglauben – und das war ein Fehler. Ich hatte schon eine gewisse Erfahrung beim Einschläfern, schließlich tat ich das bereits zum zweiten Mal, also war ich sicher und sogar stolz darauf, dass ich, der Wanderer die Schaffung der Träume der Priesterin erleichtern konnte. Dass ich sie in der Zeit zurückschicken konnte.

Wir trafen uns in Wrocław in der Wohnung Derjenigen, Die Jeder Morgen Anlächelt, in Iwonas Wohnung.

Schlaf ein – begann ich Lucyna ins Ohr zu flüstern... und nach einem Moment schlief sie.

– Wo bist Du? – fragte ich.

– Ich sitze am Fluss, es ist herrliches Wetter und ich warte... Ich warte auf die Stimme – erzählte sie verschlafen und langsam. – Er wird sprechen... Die Stimme hat Informationen zu übermitteln... Es ist merkwürdig... Ich fühle mich sehr merkwürdig... Die Bilder, die ich in der Ferne sehe, sehen wie im Film aus... Als wenn da eine Grenze wäre... Ein Bildschirm, den ich nicht durchdringen kann. Ich warte auf die Stimme... Die Stimme ist da, sie übermittelt... erleichtert die Übermittlung.

Ich wusste nicht, um welche Stimme es sich handelt und was diese Stimme übermitteln soll, aber ich wartete geduldig. Schließlich ist ein Traum eine Welt voller Phantasie. Wir warteten also zusammen auf die Stimme.

– Die Stimme sagt – fuhr Lucyna langsam fort, – dass wir uns durch Zeichen in der Zeit bewegen werden. Zeichen der Himmelskarte. Es werden die Sternzeichen sein und auf diesem Weg bewegen wir uns bis zur Pyramide. Die Stimme sagt, dass alles mit den Fischen begann, dass bereits zur Zeit der Fische eine Pyramide bestand, aber nicht in Ägypten. Die erste Tempelpyramide gab es auf **Atlantis**. Damals herrschte über diese Insel ein Großer Herrscher, der Fürst des Friedens. Schon damals wurde auf der

Insel von der Vernichtung gesprochen, von der Ordnung, die über alle Zeitalter herrschen wird. Auf Atlantis, sagt die Stimme, lebten vier Farben von Menschen. Das waren die weiße Farbe, die rote, die gelbe und die schwarze. Alle diese Farben wurden gelehrt, geschult und als die Vernichtung der Insel geschah, wurden die vier Farben an die vier Enden der Welt geschickt: nach Osten, Westen, Norden und Süden. Im Moment der Vernichtung ging der Große Fürst und Herrscher dahin, aber er sagte voraus, dass er wiederkommen würde, wenn die Fische herrschen werden.

Bisher wusste noch niemand von uns, worüber die Stimme eigentlich redete, wer der Große Herrscher – **FÜRST DES FRIEDENS** ist, aber alle warteten wir geduldig darauf, was weiter geschehen würde.

– Die Stimme spricht weiter – fuhr die Priesterin mit ihrer Erzählung fort. – Das nächste für die Welt und die Menschen bedeutende Ereignis geschah im Zeitalter der Waage. Damals versammelte sich der **GÖTTERRAT** und bestimmte die Ordnung, die Reihenfolge der Ereignisse für die Erde... und die Abzählung der Zeit. Das nächste Ereignis geschieht, es wird die Sphinx gebaut. Sie ist der Bote der Pyramide, die entstehen wird. Nach dem Bau der Sphinx, des Beschützers der Pyramide, fällt auf der Anderen Erde die Entscheidung zum Bau des **Zeitzeichens**.

Hier erwähnte die Priesterin Ki zum wiederholten Male die Andere Erde. Ich war sehr neugierig, um welchen Planeten es dabei geht.

– Wo ist die andere Erde? – fragte ich.

– Orion – sagte die Priesterin schläfrig – der erste Stern des Oriongürtels, dort ist der Planet. Diejenigen, die gekommen sind, behaupten, er hieße Ashun. Diesen Namen geben sie an.

– Träume weiter – ermunterte ich sie. Wir umhüllen Dich mit unserer Wärme. Dein Traum ist für uns wichtig. Was sagt Deine Stimme?

Lucyna zögerte einen Moment und konzentrierte sich dann wieder auf ihren Traum.

– Wir werden uns bewegen, sagt die Stimme, zwischen den Zyklen des Baus der Pyramide, die im Zeitalter des **Skorpions** errichtet wurde. Wir werden in das Zeitalter der Fische wandern, als der Große Herrscher, also der Fürst des Friedens auf die Erde zurückkam. So wie er sagte, kommt er im Zeitalter der Fische zurück und dann beginnt die große Abzählung der Zeit. Das alles wussten die Einwohner von Atlantis, sie wussten, dass etwas für die Erde getan werden muss, um die Erde und die Menschen zu retten.

– Wer ist diese Stimme? – fragte ich.

– Ich weiß nicht... Ich weiß nicht... Ich habe kein Bild...

Ich wollt noch fragen, wer der Große Herrscher gewesen ist, den Ki auch als Fürsten des Friedens bezeichnet hatte. Ich wusste jedoch, dass Roman sehr gern persönlich mit der Priesterin reden wollte. Er hörte ihre Worte, beobachtete den Traum und wartete auf meine Genehmigung.

– Du bist dran. – sagte ich zu ihm. Frag, wonach Du willst. Schließlich sind wir wegen Dir hier.

– Wurde die Pyramide von den Fundamenten an gebaut? – fragte er mit leichtem Zögern.

– Nicht von den Fundamenten – antwortete Ki leise. – Nach der Sphinx kam lange nichts... Es gab nur ein Projekt... ausgewählte Stellen... die Bestimmung des zentralen Punktes. Die Fundamente liegen sehr tief.

Die Pyramide steht auf Fundamenten... Es gibt unterirdische Räume.

– Sind die Fundamente älter als die Pyramide selbst? – in Romans Stimme war jetzt eine gewisse Entschiedenheit zu spüren.

– Viel älter... Der Vater von Cheops hatte die Aufgabe, die Fundamente zu bauen... die unterirdischen Kammern. Erst als die Decke geschlossen war... erst dann begann der eigentliche Bau. Cheops begann ihn selbst.

– Was für ein Herrscher war Cheops? War er ein guter König?

– Ein hervorragender. – träumte Ki weiter. – Er war ein geliebter Herrscher... Alle liebten ihn... Sie kamen aus verschiedenen Regionen des Landes und der Welt. Alle wollten ihren Anteil an dieser Botschaft haben, welche die Pyramide darstellt.

– War die Pyramide irgendwie bemalt? – fragte Roman weiter.

– Während des Baus nicht... – die Stimme der Priesterin war ruhig. – Erst nach ihrer Fertigstellung wurde... das verstehe ich nicht... Ich werde sagen, was ich sehe... was ich weiß... Sie war mit etwas begossen, was wie flüssiges Gold aussieht... Von oben begossen... Sehr schon... glänzend.

– Hast Du Cheops Frau gesehen?

– Das war eine schlechte Frau... Sie hasste die Pyramide. Ich habe sie nur einmal gesehen. Sie kam nicht auf die Baustelle. Sie hasste alles, was mit der Pyramide verbunden war. Sie hasste Cheops selbst, dafür, weil er seine ganze Zeit der Pyramide widmete. Cheops erzählte auch nichts über die Königin.

– Wie sah die Königin aus?

– Sie hatte dunkle Haut, stark gebräunt, war schlank, hatte langes, schwarzes Haar, immer einen bösen Blick... Das Bild der

Königin beginnt zu verschwimmen... Sie hasste die Pyramide über alles.

– Hatte Cheops nur eine Frau? – in Romans Stimme war jetzt Misstrauen zu spüren.

Es war nicht schwer zu bemerken, dass Roman, bevor er zum Treffen gekommen war, sich verschiedene Geschichten über Cheops und die Pyramide durchgelesen hatte und nun sein Bücherwissen mit dem konfrontierte, was die Priesterin Ki erzählte.

– Ich weiß nicht... Eine Ehefrau... aber er hatte noch... das waren keine Sklavinnen... Sie dienten Cheops freiwillig, ohne Zwang... Sie waren Ehefrauen für ihn... Ja... Es waren mehrere.... Sie liebten Cheops sehr...

– Wenn es um das Grab Cheops geht, ist das eine große Kammer oder eher eine kleinere?

– Ich weiß nicht, ob groß... Ja, ich denke, von der Größe der Königskammer... Derjenigen, die sich in der Pyramide befindet... Größer ist sie nicht... Es steht dort der Sarkophag des Königs... Es gibt Tafeln...

– Was muss jetzt geschehen, damit wir Cheops Grab finden können? – Roman wechselte plötzlich das Thema.

– Die Menschen müssen den Worten der Priesterin glauben.

– Wo ist Priester Juno jetzt? Wo ist der, von dem Du sagst, er hätte die Pyramide gebaut?

– Juno kam erneut im Zeitalter der Fische zur Welt... das heißt, als die Fische sich anschickten, die Herrschaft dem Wassermann zu übergeben. In dieser Zeit kam Juno zur Welt. Sein Ziel... oder seine Bestimmung ist es, den schlafenden Pharao zu wecken.

Cheops zu wecken. Juno ist jetzt, im Zeitalter des Wassermanns, ein Schamane. Er wartet darauf, die Erweckung durchführen zu können. Dem Pharao zu helfen aufzustehen. Dem Pharao, der der Schlüssel zu diesem Tor ist. Das Tor ist die Pyramide.

Roman hörte auf zu fragen und sah die Priesterin Ki, die weiter ihren merkwürdigen Schlaf schlief und von einer Stimme träumte, die merkwürdige Dinge sagte, nur mit ausdruckslosem Blick an. Ich verstand, dass Roman bereits wusste, was er wissen wollte. Ich verstand, dass ich nun die Priesterin allein weiter über ihre Traumwege zum Pharao führen musste.

– Was muss getan werden – wiederholte ich Romans Frage, – um den Pharao zu erwecken?

– Die Worte müssen verbunden werden. Die Worte der Priesterin und die Worte von Juno müssen den Menschen mit versteinerten Herzen übermittelt werden. Einen anderen Weg gibt es nicht.

– Wer sind diese „versteinerten Menschen"?

– Das sind diejenigen, die ihr Einverständnis zu Grabungen geben müssen, und die, die dafür bezahlen müssen, die das Gold haben. Die Prophezeiungen über die Erde, über die Menschheit, erfüllen sich bereits. Die Rettung der Erde kann nur von der Zweiten Erde kommen. Wenn diese Warnung, diese ausgestreckte Hand ausgeschlagen wird, dann werden die Menschen schnell dezimiert. Es kommt zur Säuberung, und genau davor wollen die Ankömmlinge aus dem Orion die Welt und die Menschen bewahren.

Noch lange träumte Ki von Cheops, seinem Leben und ihrer Liebe zum Pharao. So lange, dass sie erneut nicht aufwachen und in die heutige Zeit zurückkehren wollte. Wir weckten sie mehrere Male, bis sie schließlich weinend die Augen öffnete. Dort, in der Vergangenheit, fühlte sie sich wohl. Sie fühlte sich geliebt und beschützt.

Sie kam zurück, weil sie bereits damals wusste, dass sie eine Mission zu erfüllen hatte. Schon damals wurde ihr vorausgesagt, dass sie zurückkommen würde. Das sagte ihr Cheops, das sagte ihr Juno.

Sie kam zurück und war erneut Lucyna, die Masseuse, Diejenige, Deren Name Das Leben Ist.

– Ich glaube Ki nicht – sagte Roman, als Lucyna aufgewacht war. – Sie denkt sich das aus.

In diesem Moment wurde er zu Demjenigen, Der Zweifeln Will.

Und der Schamane auf dem Berg Marcahuasi weiß weiterhin nicht, dass er einmal der Oberpriester Juno, der Erbauer der Pyramide, der Freund des Cheops gewesen ist – die Reise nach Peru wurde zu einem Traum. Hilft ihm jemand einzuschlafen, damit er sich daran erinnert, wer er war? Jemand, der ihm hilft, den Traum von der Pyramide und vom Pharao zu träumen? Das wusste ich damals noch nicht.

Mein Kopf war voller Fragen. Trifft sich jetzt, im Zeitalter des Wassermanns, die Priesterin Ki doch noch mit Juno? Wer wohnt auf der Zweiten Erde? Warum sollte jemand vom Oriongürtel zu uns kommen, um uns zu helfen? Was soll das heißen, dass die Menschen dezimiert werden? Warum muss die Große Pyramide gerade jetzt geöffnet werden und warum ist das Grab der Schlüssel dazu? Manchmal kamen mir Gedanken, dass Roman vielleicht Recht hatte. Schließlich ist er Derjenige, Der Rationell Denkt. Dann wieder dachte ich daran, dass meine Wanderungen mich früher oder später auf einen Weg führen werden, auf welchem ich die Antwort finde. Das hatte mir Ki versprochen. Das hatte mir der Kosmos versprochen...

KAPITEL 6

DER TRAUM ÜBER DEN PRIESTER JUNO

In den Träumen von Ki war Juno ihr Beschützer und Führer, ihr Meister. Wenn sie als Priesterin von der Zukunft träumte, bat sie ihn um Hilfe und träumte zusammen mit ihm. Ich dachte darüber nach, wer der damalige Juno wohl wirklich gewesen war. Als Mensch und als Priester...

Die Priesterin Ki sprach von ihm in ihren Träumen mit großer Ehrfurcht und Liebe, deshalb bat ich Lucyna um einen speziellen Traum. Einen Träum über den Priester Juno. Bereitwillig erklärte sie sich einverstanden. Schließlich war sie selbst – als Lucyna – neugierig, wer Juno wirklich war.

Ich bat Diejenige, Die Jeder Morgen Anlächelt, darum, dass wir beide zusammen Lucyna beim Einschlafen und Träumen von der Vergangenheit helfen. Lucyna fühlte sich besser und schlief tiefer, wenn sie von dem Lächeln beruhigt wurde, das ihr Herz berührte.

– Schlafe tief – sagte ich, als sie bereit war. – Höre nur meine Stimme und die Stimme Iwonas. In einigen Momenten wirst Du bei Priester Juno sein, Du wirst ihn als Ki grüßen. Dein Traum wird so deutlich und wahr sein, wie wahr Dein Leben als Priesterin in Ägypten war. Sag mir, wo bist Du?

– Ich bin bei der Sphinx – begann Ki ihren Traum zu erzählen. – Es ist sehr heiß.

– Ist der Priester Juno bei Dir?

– Ja, er steht bei mir. Er sieht mich mit großer Sorge an.

Bitte ihn – begann ich zu sprechen, – bitte ihn, über sich selbst zu erzählen, über sein Leben, woher er stammt. Kannst Du diesen Traum träumen?

– Ja – begann Ki, – Juno ist bei mir, er lächelt. Er sagt, dass er mir gern über sein Leben berichtet, alles erzählt, was er von sich weiß.

– Sag uns, was Juno über sich erzählt.

– Er sagt, dass er auf der Erde geboren wurde, aber seine Urahnen stammen von einem Planeten mit dem Namen Nibiru. Er sagt, dass dies ein Planet ist, der starb und leblos wurde. Als klar war – fuhr die Priesterin fort – dass es keine Chance auf Rettung für Nibiru mehr gibt, mussten die dort lebenden menschlichen Wesen auf einen anderen, vorher ausgewählten Planeten evakuiert werden. Der Planet, den die ehemaligen Bewohner von Nibiru heute bewohnen, ist die Zweite Erde im Gürtel des Orion. Das ist ihre neue Heimat. Die Vorfahren von Juno siedelten auf die Zweite Erde um. Juno sagt, dass er zum ersten Mal auf der Zweiten Erde geboren wurde. Er stammt aus einem Fürstengeschlecht, lernte die Wissenschaften kennen und ist umfassend gebildet.

Ich konnte mir denken, dass Juno mehrere Inkarnationen besaß, bevor er Priester auf der Erde und Beschützer von Ki wurde.

Es interessierte mich, warum er auf unsere Erde kam. Aber bevor ich fragen konnte, setzte die Priesterin ihre Erzählung fort.

– Viele Wesen von der Zweiten Erde – sagte sie langsam – bereiteten sich auf eine Mission hierher, zu unserer Erde vor, denn es war bereits klar, dass hier eine Botschaft gebaut wurde – ein Code am zentralen Punkt der Erdachse. Als die Zeit reif war, wurde Juno in Ägypten wiedergeboren. Er hatte eine Mutter von der Erde und einen Vater von der Erde.

– Wie war er als kleiner Junge? – fragte ich.

Ki lächelte und träumte ihren ungewöhnlichen Traum weiter.

– Juno sagte, dass er zu Zeiten der Herrschaft des Vaters von Cheops, als kleiner Junge, der Wissenschaft übergeben wurde, den Priestern zu Diensten war und dort seine Schulungen erhielt. Er war etwa in dem gleichen Alter wie Cheops, weshalb beide sich schnell anfreundeten. Als Jungen spielten sie zusammen, lernten zusammen und beide zeichneten sich durch außergewöhnliche Fähigkeiten aus. Juno sagt, dass ihn eine tiefe Freundschaft mit dem Pharao verbindet, so tief, dass er seinen Freund nie fühlen ließ, dass er ein größeres Wissen besitzt, obwohl er damals noch nicht wusste, woher dieses Wissen stammt.

– Wie geschah es, dass er der Oberbaumeister der Pyramide wurde?

– Als die Zeit des Baus der Pyramide kam, wählte Cheops' Vater Juno als Aufseher auf dem Bau aus. Er ließ sich dabei von den Fähigkeiten leiten, die der junge Mann besaß.

– Wann erfuhr er, woher seine Fähigkeiten stammen?

– Juno sagt – Ki lächelte erneut, – dass er selbst auch überrascht war, wie einfach ihm das Wissen in den Kopf geht.

Er verstand dies in dem Moment, als die Weißen Brüder auf die Erde kamen, die für den Bau der Cheopspyramide verantwortlich waren, die Ankömmlinge von der Zweiten Erde. Er sagt, er hatte eine Vision und da erfuhr er, woher er stammt und wer er wirklich ist.

Ich freute mich über das Lächeln im Traum der Priesterin. Sie lächelte so selten in ihren Träumen und weinte so oft, dass ich mir überlegte, warum sie weinte, warum es für sie so schwierig ist, in die Gegenwart zurückzukehren. Jetzt wusste ich es. Ich sah, wie sie der Traum über Juno erfreute, wie sie ihren Meister bewunderte und in diesem Traum immer mehr Gründe für diese Bewunderung entdeckt.

– Kann Juno auf direkte Art mit den Weißen Brüdern, den Erbauern der Pyramide Kontakt aufnehmen? – fragte ich weiter.

– Ja, das Gespräch fand direkt im speziellen Zelt bei Teilnahme des Pharaos und von Juno oder mit Hilfe der **telepathische Sprache** statt.

– Was meinst Du mit „telepathischem Gespräch"?

– Juno sagt mir, dass dies eine jetzt bekannte und auch in der Zukunft angewendete Sprache ist. Er sagt, dass man entsprechende Teile des Gehirns aktivieren und so ausschließlich mit Hilfe von Gedanken kommunizieren kann. Wenn die hermetisch in Overalls gekleideten Weißen Brüder auf der Baustelle waren, dann haben der Pharao und er zu ihnen mit Hilfe der telepathischen Sprache gesprochen. Er sagt auch, dass irgendwann einmal alle Menschen miteinander so sprechen werden.

Ich überlegte mir, dass dies eine unheimliche Erleichterung sein würde, wenn alle in Gedanken mit einander sprechen könnten. Ich fragte mich lediglich, ob diese Form der Kommunikation die Kenntnis von Fremdsprachen verlangen würde. Könnte ein Pole sich telepathisch ohne Dolmetscher beispielsweise mit einem Chinesen unterhalten? Jetzt schaltete sich Iwona in das Gespräch ein.

– Wie sieht Juno aus? Wie war sein tägliches Leben? – fragte sie die Priesterin.

Hm, eine typisch weibliche Frage – ging es mit durch den Kopf.

– Sein Leben war sehr einfach – träumte Ki – wie das Leben eines Jeden, der an der Pyramide gearbeitet hat. Er kleidete sich, wie es für einen Priester üblich war, in lange, weiße Gewänder. Er war sehr bescheiden und wollte nicht herausragen. Sogar die Speisen nahm er zusammen mit den Arbeitern ein. So war Juno: einfach und von allen geliebt. In ihm gab es weder Hochmut noch Eitelkeit, nur Liebe und Sorge.

– Kannst Du sein Aussehen beschreiben, seine Silhouette? – fragte Iwona weiter.

– Er war sehr groß. Sein Körper war nicht weiß, denn er hatte ägyptische Eltern. Seine Haut hatte die Farbe einer gleichmäßigen dunklen Bräunung.

– Gefiel er Dir als Mann? – Iwona konnte ihre weibliche Neugier nicht zurückhalten.

– Ja, er hatte wunderschöne Gesichtszüge und ragte durch sein Aussehen unter den anderen heraus. Würdevoll, schön, immer liebenswert.

– Was hatte er für Haare? Welche Frisur trug er? – Iwona musste jetzt alles wissen.

– Er war kahl, aber das waren alle Priester. Das Rasieren des Kopfes wurde von der Religion und durch hygienische Erwägungen diktiert. Schwarze, wunderschöne Augen. So war Juno.

– Wie wurde Juno Priester? – unterbrach ich diesen Strom weiblicher Nachforschungen.

– Ich frage Juno, er geniert sich etwas, auf meine Frage zu antworten. Er möchte nicht prahlen. – antwortete Ki schläfrig.

– Ich verstehe seine Bescheidenheit, aber bitte ihn trotzdem um eine Antwort – bestand ich auf meine Frage.

– Er wurde Priester dank seines Wissens. Dadurch unterschied er sich von allen anderen Schülern – er war der begabtest unter ihnen. Er lernte außergewöhnlich schnell und übertraf häufig seine Meister. Er lehrte sogar diese Meister und das bewirkte es, dass er zum Aufseher der Pyramide ernannt wurde – dem Oberaufseher, denn Aufseher und Priester gab es viele. Juno sagt, dass er nicht für alles verantwortlich sein konnte. Es gab Priester, die für den medizinischen Teil die Verantwortung trugen, andere waren für die Lieferung von Lebensmitteln verantwortlich, wieder andere für die Aufsicht über die Tiere, für den Pflanzenanbau, für die Gärten – jeder hatte seinen Anteil am Bau der Pyramide.

Ich überlegte mir, ob ich die nächste Frage stellen sollte, die mir einfiel. Eine Frage, die Iwona bestimmt erfreut und auch ihre Neugier befriedigt. Ich wollte fragen, wie die gegenseitigen Relationen zwischen Juno und der Priesterin Ki waren, aber ich schwankte, ob es sich schickt, eine heilige Priesterin über so wenig heilige Dinge wie die Beziehungen von Mann und Frau zu befragen. Ich wusste nicht, wie Ki auf eine solche Frage reagieren würde und ob sie nicht beleidigt wäre. Ich beschloss, es einfach zu riskieren.

– Sag mir, Ki, waren zwischen Euch... hm... irgendwelche näheren Beziehungen? Äh.. Waren... – stammelte ich, da ich nicht wusste, wie ich die Frage formulieren sollte, ohne sie zu beleidigen.

– Du willst wissen, ob wir Liebhaber waren? – unterbrach sie meine Anstrengungen.

– Eben das wollte ich fragen – ich war von ihrer Direktheit überrascht.

– Ja – antwortete Ki ohne jede Verwunderung und ohne jede Scheu. – Ich war die ganze Zeit über mit Juno. Ich führte alle seine Befehle aus, war ihm zu Diensten. Alle Priester hatten Priesterinnen bei sich. Das ist normal. Juno sagt, dass physische Liebe eine riesige Energie darstellt, die Kraft verleiht, Arbeitswillen und Lebenslust. Erst später haben die Menschen daraus ein Tabuthema gemacht, etwas Schamhaftes. Jeder Stein der Pyramide zeugt von unserer großen Liebe.

Die Priesterin verstummte plötzlich. Ihr Lächeln war warm und ein bisschen schelmisch. Vielleicht träumte sie von Juno, von den Momenten, die für sie so außergewöhnlich angenehm und schön waren. Ich unterbrach ihre Erinnerungen nicht. Nach einer längeren Zeit beendete Iwona das Schweigen.

– Hattet Ihr Kinder? Wolltet Ihr Kinder haben? – fragte sie.

– Nein, Wir hatten keine Kinder. Dies wurde von den Weißen Brüdern speziell so geregelt. Wir mussten bestimmte Kräuter einnehmen, damit aus unserer Verbindung keine Kinder entstehen.

– Warum lag den Weißen Brüdern soviel daran, dass Ihr keine Kinder habt? – wunderte sich Iwona.

– Ich weiße es nicht – träumte Ki. – Ich kann darauf nicht antworten. Es sieht so aus, dass Juno in direkter Linie von einem anderen Planeten stammte, nur als Erdenwesen geboren wurde. Ich bin ein Mensch und gewisse Umstände erlaubten es nicht, dass aus einer solchen Verbindung Kinder geboren wurden.

Das war für mich und Iwona eine Überraschung, aber anscheinend hatte Juno seine Gründe, weshalb er diese Frage nicht näher erläutern wollte, was der Grund dieses Verbots war.

– Wie verhielten sich der Pharao und Juno? – fragte ich weiter.

– Der Pharao kam oft auf die Baustelle zur Pyramide. Oft blieb er dann über mehrere Monate unter den einfachen Menschen. Er verlangte keinerlei Ehrbezeugung. Im Gegenteil, er verhielt sich so, dass wenn ein Fremder ihn unter den Arbeitern gesehen hätte, dieser nicht gewusst hätte, wer der Pharao ist. Beide waren so.

– Heute meinen einige, dass Cheops ein Tyrann war, ein König, zu dem niemand Zugang hatte, und dass die Arbeit an den Pyramiden Sklaverei gewesen ist.

Die Priesterin schwieg einen Moment – vielleicht führte sie im Traum ein Gespräch mit Juno und fragte ihn, was sie antworten sollte. Nach ein paar Augenblicken begann sie sehr langsam und mit Nachdruck zu reden:

– Die Wirklichkeit war vollkommen anders. Sie beide, Cheops und Juno, wussten genau, was für eine Mission sie übernommen hatten und wer ihnen diese Mission auferlegt hatte. Sie waren ihr beide mit ganzem Herzen restlos ergeben. Beide liebten das, was sie taten und wussten, dass sie nach der Fertigstellung ihres Werkes abtreten werden. Ich weiß nicht, woher solche Geschichten über Sklavenarbeit kommen, über Tyrannei. Alle liebten Cheops. Zum Bau der Pyramide kamen Menschen aus der ganzen Welt. Niemand war ein Sklave. Juno sagt, dass die Wahrheit ans Licht kommt, wenn der Pharao erneut die Sonne sieht, denn alles, die ganze Geschichte ist auf den Tafeln aufgezeichnet.

– Wurde Juno nach seinem Tod auf irgendeine Weise durch diejenigen geehrt, die auf der Erde verbleiben? – wollte ich wissen.

– Mit einer Stadt – antwortete Ki. – Er wurde mit einer Stadt geehrt. Er erhielt eine Stadt, der sein Name verliehen wurde – Juno. Nur so viel.

Ich wusste nicht, dass es in Ägypten eine Stadt gibt, die den Namen Juno trägt, aber ich dachte mir, dass Geographie und Geschichte noch nie eine meiner starken Seiten gewesen waren. Ich freute mich, dass ich über sie und ihren Großen Freund so viele interessante Dinge kennen lernte. Immer mehr faszinierte mich der Gedanke, dass diese beiden in näherer oder fernerer Zukunft sich erneut treffen werden. Das, was Ki träumte, geschah vor vielen Tausenden von Jahren. Und in ihrem jetzigen Leben hat sie ebenfalls die Möglichkeit, ihren Juno zu treffen, aber ob dies wirklich so geschehen wird? Ich wollte sie bereits wecken, da fiel mir eine Frage zu den heutigen Zeiten, zum heutigen Juno ein.

– Frage Juno – bat ich Ki – ob er in die Zukunft sehen kann. Kann er durch die Zeit reisen bis zum Beginn des Zeitalters des Wassermanns, wenn er erneut auf der Erde weilt?

– Juno sagt, Du kannst fragen. Er ist bereits in seiner Zukunft.

Ich wunderte mich über die Schnelligkeit. Ich war mir nicht sicher, ob ich mich jetzt direkt an den Priester Juno wenden sollte oder weiterhin die Träume der Priesterin nutzen müsste. Aber es war ihr Traum, also wendete ich mich erneut an sie.

– Frage Juno, wer er ist – bat ich.

– Schamane in Peru – fiel die Antwort.

– Was ist seine Mission?

– Die gleiche, wie im Falle der Priesterin – Es sah so aus, dass Juno jetzt direkt, ohne Vermittlung von Ki, zu mir redete. – Zum Pharao vordringen, die Sicherung durchbrechen und am Begräbniszug teilnehmen, wenn der Pharao in den Sarkophag in der

Pyramide überführt wird. Damit ist unsere Rolle zu Ende. Wenn alles gelingt und das Werk mit Erfolg abgeschlossen wird, dann beenden wir es.

– Wer ist Deine geistige Energie? – stellte ich eine letzte Frage.

– Mein Vater war Anu. Anu wurde geschaffen, um sich auf dem Planeten Nibiru anzusiedeln und die Nächsten zu zeugen. Die Herkunft meines Geistes ist Nibirisch. Ich stamme aus einem Fürsten– und Königsgeschlecht. Ich bin ein Verwandter von **En–Ki**.

Diese Information war wirklich überraschend. **En–Ki**, Derjenige, Der Die Menschliche Rasse Schuf, die Geschichte der Sumerer. Das Thema war jedoch zu umfangreich und zu schwer, also beschloss ich, nicht weiter zu fragen und diese Session zu beenden.

– Gibt es noch etwas., was Du mir sagen willst, bevor Du aus dem Schlaf erwachst? – wendete ich mich an Ki.

Zu meiner Überraschung antwortete die Priesterin bejahend.

– Ja, Juno sagt, er existiert bereits in einer anderen Materie, einer anderen Zeit. Er ist Schamane, dessen Bewusstsein noch nicht weiß, wer er in der Vergangenheit war.

– Auf welche Weise kann der Schamane erfahren, wer er ist und welche Mission er hat? – fragte ich.

– Er muss sich seines Bewusstseins entledigen, dann werden vor ihm unbekannte Bereiche seines ehemaligen Lebens erscheinen. Er kann die Pyramiden sehen, er kann Atlantis sehen.

– Auf welche Weise kann er in den Zustand eines anderen Bewusstseins gelangen?

– Jeder Schamane weiß, was da zu tun ist.

Er selbst hat dies bereits mehrere Male gemacht, wenn er in die Heilige Stadt unter dem Heiligen Berg ging.

Ich dachte mir, dass die Priesterin jetzt den Traum zum Thema des **Heiligen Berges Marcahuasi** träumt, wo Severiano wohnt. Im Buch Desjenigen, Der Zweifeln Will, las ich über die Legenden und die geheimnisvolle Stadt, die sich unterirdisch unter dem Berg befinden. Don Severiano „wanderte“ durch die Stadt mit Hilfe des Ayauasca–Aufgusses.

– Gibt es etwas, was man ihm sagen kann, eine Frage, die man ihm stellen müsste, um seine Aufmerksamkeit auf Ki zu lenken? – fragte ich.

Ich dachte an etwas, was das Interesse des Schamanen aus Peru an Derjenigen, Deren Name Das Leben Ist, wecken könnte. Ihm zu zeigen, dass das Wissen, welches die heutige Lucyna besitzt, riesig ist und vom Kosmos stammt, derselben Quelle, aus welcher auch er sein Wissen schöpft. Wenn der Kontakt geknüpft wird, ist etwas notwendig, das ihn uberzeugt und mit dem Gedanken anfreundet, dass die Welt sich nicht auf den Markahuasi beschränkt, dass er neben der Heilung der Einheimischern noch eine andere Mission hat.

– Man kann ihn fragen, wie sich der Heilige Berg verhält, wenn der Vollmond beginnt. – hörte ich als Antwort.

– Und wie verhält sich dieser Berg, wenn der Vollmond beginnt? Kannst Du mir das verraten?

– Ich kann. Wenn der Vollmond beginnt, sendet der Berg Signale aus, beginnt leicht zu beben. In dieser Zeit geben alle Orte mit besonderer Kraft die gleichen Signale.

– Gibt es noch etwas, was Du mir über den Schamanen sagen kannst?

– Er ist sehr empfindlich für die Energie, die er empfängt. – träumte die Priesterin. Sowohl die Energie aus dem Kosmos, wie auch von Menschen. Juno sagt, dass eben diese Energie die Ruhestätte des Pharaos zeigen wird. Die Energie – und keine Geräte oder Anlagen.

Es war bereits spät und ich beschloss, die Priesterin zu wecken. Ich hatte Angst, dass sie erneut um die Zeiten weinen wird, in denen sie so glücklich gelebt hatte. Ich bat sie, sich einen Kuss von Juno vorzustellen... Auf Ki's Gesicht erschien augenblicklich ein Lächeln.

– Nimm ein Bild dieses Kusses mit Dir – bat ich Ki. – Nimm es mit in Dein jetziges Leben... Das, was am schönsten ist, bleibt für immer bei Dir, hilft Dir und Juno... Er lebt in einer anderen Zeit... Seine Seele schläft noch... Er wartet darauf, dass Du ihn weckst...

– Ja... ich wecke ihn... – flüsterte Ki kaum verständlich und begann die Rückkehr.

Lucyna streckte sich und lag für ein paar Minuten schweigend da.

– Wie fühlst Du Dich? – fragte Iwona sorgenvoll, als die Augen Derjenigen, Deren Name Das Leben Ist, bereits geöffnet waren.

– Ich fühle mich hervorragend. Wovon habe ich geträumt?

– Von Juno, dem ehemaligen und dem heutigen.

– So sehr möchte ich ihn treffen – seufzte sie.

Ich dachte mir, dass wenn der Kosmos all das so gut geordnet hatte und diese beiden Menschen Cheops erwecken sollen, dann werden sie sich früher oder später in die Augen sehen, damit ihre Seelen sich erkennen können. Ob das allerdings erst in Ägypten geschieht, oder in Polen, oder in Peru – das wusste ich nicht. Ich überließ es dem Kosmos, dieses Rätsel zu lösen.

KAPITEL 7

TRÄUME

Träume sind ein Fenster in eine andere Welt. Sie können in die Zukunft oder die Vergangenheit sehen. Diejenige, Die Jeder Morgen Anlächelt, konnte wunderschöne Träume träumen. Träume, die ihr über die Zukunft berichteten. Den Weg aufzeigten. Sie war in der Lage, einen Traum zu fragen, ob etwas die Wahrheit oder nur Einbildung sei.

– Bitte den Traum – ich lächelte ihr Lächeln an – Dir zu sagen, was er über Cheops denkt. Was meint er zu der Pyramide? Ist das, wovon Lucyna träumt, was sie uns erzählt, die Wahrheit? Oder ist das nur ihre Phantasie, wie Derjenige, Der Zweifeln Will, meint?

– Warum fragst Du nicht Deinen eigenen Traum? – fragte sie mich.

– Ich glaube Deinen und meinen Träumen. Machen wir es zusammen. Schließlich träumen wir schon seit langem zusammen – antwortete ich.

Die Träume, die Diejenige, Die Jeder Morgen Anlächelt, träumte und die ich träumte, waren verschieden von Lucynas Träumen. Für unsere Träume benötigten wir keine Hilfe von außen.

Niemand musste uns einschläfern. Unsere Träume flüsterten zu uns in der Nacht, unterhielten sich mit uns durch Bilder, aber sie erlaubten nicht, dass irgendeiner außer uns sie hörte oder sah. Während unserer Träume schliefen wir fest und tief – und nur unsere Vorstellungskraft erblickte unsere Träume. Niemand anders hatte Zugang zu ihnen. Einige dieser Träume träumten wir so, wie jeder andere Mensch auch, der mitten in der Nacht aufwacht und weiß, was er vor einem Moment geträumt hatte.

Jeder Mensch träumt. Einige Träume sind wunderschön, farbig, voller Freude. Andere sind dagegen Albträume, vor denen man ausreißen möchte und die man sich fürchtet. Andere wiederum sind eine Verkettung von Bildern und Symbolen und so unverständlich, wie auch das Leben selbst manchmal nicht zu verstehen ist. Die einen Träume zeigen Deine Ängste, andere Deine Sehnsüchte. Es gibt Träume, die Deine Zukunft oder zumindest eine der Möglichkeiten der Zukunft zeigen. Du träumst von etwas, was später in Deinem Leben tatsächlich passiert, obwohl Du während Deines Traumes nicht weißt, dass das, was Du träumst, tatsächlich eintreten wird. Manchmal hast Du Träume, die Dich bitten „Mach das nicht..." oder Dir nahe legen: „Tu jenes...". Manchmal warnen sie Dich vor Gefahren oder zeigen Dir den besten Weg.

Wenn Du einschläfst, dann hast Du Zugang zu jeder möglichen Zukunft und zu allen Vergangenheiten, die jemals geschehen sind. Du beginnst, Zugang zu den Geheimnissen des Kosmos zu bekommen, zu seiner Unendlichen Intelligenz. Du kannst ohne Ende durch den Kosmos wandern und sein Großes Geheimnis kennen lernen. Wenn Du schläfst, kann der Kosmos Dir Deinen Weg zeigen, Du musst ihn nur darum bitten und die Antwort verstehen. Wenn Du träumst, kann der Kosmos Dir die Beste Aller Möglichen Zukünfte zeigen, die das Leben für Dich vorgesehen hat, damit Du Deine Bestimmung, Deine Lebensgeschichte realisieren kannst.

Wenn Du träumst, dann baust Du eine Verbindung zu einer anderen Welt auf. Einer Welt, die außerhalb Deines Verständnisses existiert. Diese Welt spricht ebenfalls zu Dir. Sie spricht zu Dir durch Deine Träume. Eine Welt, die Dir helfen kann...

Es gibt Menschen, die ihren Traum fragen können: „Ist der Weg, auf dem ich gehe, der Richtige?“, „Was muss ich tun, um Meinen Besten Weg zu finden?“. Dann wandert ihr Geist nachts durch die existierenden Welten und sucht eine Antwort, die – wenn sie existiert – übertragen wird, in Form eines Symbols, einer Metapher, eines Bildes, eines Gefühls oder Wortes... Was Du mit dieser Information machst – das hängt einzig und allein von Dir selbst ab.

Und solche Träume lernte ich zusammen mit Derjenigen, Die Jeder Morgen Anlächelt, zu träumen. Wir lernten, unsere Träume zu programmieren, zu fragen, was die Wahrheit ist und was nicht. Was gut ist und was wir meiden müssen. Wir lernten, den Bildern, Symbolen und Gefühlen zu vertrauen, die uns den Weg wiesen. Diese Träume entstanden keinesfalls spontan. Sie wurden für uns auf unsere eigene Bitte erschaffen. Sie waren ein Geschenk der Intuition, die auf diese Art auf unsere Bitte um die Richtung, eine Antwort, ein Zeichen oder um Hilfe antwortete...

Jetzt wollten wir beide um einen Traum bitten, der uns die Antwort auf die Frage gibt, ob das, was Lucyna – die Priesterin Ki – über die Pyramide, Cheops und seine Grabstätte träumt, eine Sackgasse ist oder Ein Weg Zu Einem Sehr Wichtigen Ziel. Ist der Pharao wirklich irgendwo da draußen? Kann die Auffindung von Cheops den Menschen helfen? Wir wussten beide, dass wenn Cheops Unsere Wichtigste Bestimmung war, die Träume uns deutlich den Weg zeigen würden, dass die Intuition dies erkennt.

Am abgesprochenen Abend stellte jeder von uns der Intuition die Frage: „Ist das, was Lucyna über das Grab des Pharaos sagt, die Wahrheit? Ist das für uns der richtige und sichere Weg?

DER TRAUM DERJENIGEN, DIE JEDER MORGEN ANLÄCHELT

– Ich träumte – erzählte sie mir – dass ich auf der Erde wandere und die Wahrheit suche, die irgendwo verborgen ist. Ich wusste nicht, was das für eine Wahrheit war und wie sie aussah. Schließlich merkte ich, dass ich in einem südlichen, arabischen Land war und über ein Straße spaziere, auf der es sehr viele schöne, reiche Läden gab. Jeder dieser Läden war voll mit Gold und Brillanten in den Schaufenstern. Einige Läden waren geschlossen, in andere wiederum konnte man hineingehen und etwas kaufen. Ich wusste, dass diese Straße sehr wichtig ist, und ich freute mich, dass ich sie entlang gehe, aber gleichzeitig war mir bewusst, dass ich kein Geld für all diese Kostbarkeiten, das Gold und die Brillanten in den Schaufenstern habe. Ich bedauerte, dass dies alles so nah und gleichzeitig so weit entfernt war. Ich ging jedoch weiter, denn mit war bewusst, dass ich dies tun muss. Ich war allein, aber diese Einsamkeit war sicher. Ich sah mir die Auslagen an, bewunderte die Schönheit und den Reichtum der dort ausgestellten Gegenstände.

Plötzlich befand ich mich an einem Laden, welcher der Schönste und Herausragendste von allen war. Er hatte eine riesige Auslage in Form von etwas, was ich als Nische bezeichnen würde. Ich wusste, dass dies ein sehr wichtiges Geschäft war. Plötzlich merkte ich, dass die Schaufenster dieses Ladens über keinerlei Scheiben verfügten, dass die ausgestellten Waren völlig ungesichert waren. Es reichte, die Hand auszustrecken und das zu nehmen, was sich in der Ausstellungsnische befand. Überrascht sah ich mir alles genauer an und stellte fest, dass hier nur verschiedene Figuren ausgestellt waren. Auf jeder Figur war ein so riesiger Preis ausgezeichnet, dass mir der Atem stockte. Ich verstand, dass die Figuren unschätzbar wertvoll waren, dass sie den größten Wert darstellen, der irgendwo existiert, dass es sich hier um etwas handelt, was kein anderes der ebenfalls herrlichen und unvergleichlichen Geschäfte besaß.

„Wie ist das möglich, dass solch wertvolle Gegenstände nicht gesichert sind? Schließlich kann sie jeder nehmen“ – dachte ich mir. Ich sah mich um. Die Menschen gingen völlig gleichgültig an mir vorbei und beachteten weder das Geschäft, noch mich und die Nische. Ich griff in das Innere der Auslage und nahm einer der wertvollen Figuren in die Hand. Ich bewunderte ihre Einmaligkeit und Schönheit. Ich wusste, dass ich mit dieser Figur unter dem Arm weggehen könnte und niemand würde mich aufhalten. Trotzdem stellte ich die Figur zurück an ihren Platz und trat in den Laden. Der Besitzer sah mich mit sanftmütigem Blick an und lächelte warm, herzlich und ermutigend. – Warum ist ein so wertvolles Stück, wie das in der Auslage, nicht gesichert? – fragte ich sofort. – Schließlich kann es sich jeder nehmen, jeder kann es stehlen.

– Die wertvollsten Dinge sind für die Augen unsichtbar – antwortete der Besitzer ruhig, – sie werden nur von denen gesehen, denen wir dies erlauben. Kein Unbefugter kann das an sich nehmen.

Er lächelte erneut – und ich wachte mit einem Gefühl von Ruhe und Sicherheit auf. Dies war ein wunderschöner Traum.

– Und wie war Dein Traum – wollte sie wissen, als sie ihre Erzählung abgeschlossen hatte.

DER TRAUM DES WANDERERS

– Ich träumte von einer Wanderung über die Erde – begann ich meine Erzählung, – die ein sehr gefährlicher Ort war. Um mich herum geschahen nur schlimme Dinge. Überall gab es riesige Gewalt, Bosheit und Zorn. Die Menschen erfanden eine neue Waffe, die äußerst gefährlich war. Aus allen Richtungen schlugen aggressive, gefährliche Ladungen auf mich ein. Ich wusste nicht, womit ich angegriffen werde und wo ich mich verstecken soll, was ich tun soll im Zentrum einer so furchtbaren Schießerei. Ich lief über eine Straße, verließ die Stadt und versuchte, im Wald Schutz zu finden. Aber wohin ich auch lief, wo immer ich mich auch verstecken wollte, überall gab es Schüsse, Raketen, Gewalt. Ich wunderte mich nur, wie das möglich ist, dass keine Kugel, keine gefährliche Entladung, keine feindliche Energie mich traf. Schließlich flogen sie alle in meine Richtung. Nach einem Moment erkannte ich, dass sie zwar wirklich in meine Richtung flogen, aber vor mir alle auswichen.

Plötzlich merkte ich, dass ich mich wie in einem sicheren Tunnel bewegte. Das war eine Art durchsichtiges Rohr, das mich von allen Seiten umgab. Die angreifenden Geschosse verfehlten mich auf eine für mich unverständliche Weise. Ich begriff, dass Du bei mir bist. Zusammen liefen wir in Richtung der Stadt, umgeben von Energie, die keine Gefahren an uns heranließ. Ich fühlte, dass uns nichts passieren konnte. Wir liefen bis zu irgendeinem Hof, auf dem ich einen grünen Hügel bemerkte, der mir sehr ruhig und sicher vorkam. Wir setzten uns auf das Gras neben diesem Hügel. Um uns herum wüteten unheimliche Kräfte, die die Welt von überall her mit Energien angriffen, deren Quelle ich nicht feststellen konnte. Ich wusste nur eines: Uns kann nichts Schlimmes passieren, weder Dir, noch mir. Und mit diesem Gefühl wachte ich auf.

– Wie verstehst Du Deinen Traum? – fragte ich Diejenige, Die Jeder Morgen Anlächelt, als ich meine Erzählung beendet hatte.

– Aus meinem Traum geht hervor, dass all das, was uns Lucyna als Priesterin Ki übermittelt, die Wahrheit ist. – antwortete sie. – Die Straße symbolisiert für mich den Weg, auf dem ich jetzt gehe. Im Kontext der gestellten Frage antwortet mir meine Intuition eindeutig: Die Existenz des Schatzes ist die Wahrheit. Sein Auffinden ist einfach, aber nicht für jeden. Es ist einfach für uns, denn derzeit sehen nur wir ihn. Vor den Augen anderer Menschen ist er versteckt. Und was denkst Du über Deinen Traum? – fragte sie mich.

– Mein Traum spricht nicht vom Grab oder von einem Schatz. Er sagt mir, dass die Erde und die Menschen in Gefahr sind, aber was immer auch Schlimmes um uns herum geschehen wird, wer immer auch uns angreifen wird – wir sind sicher. Wir verfügen über einen Schutz, obwohl ich nicht weiß, woher dieser Schutz stammt. Mein Traum sagt zudem, dass der Weg, auf dem wir gehen, nicht auf Rosen gebettet ist, aber dass wir an seinem Ende **Schönheit**, **Harmonie** und **Frieden** finden. So habe ich das verstanden.

– Ja, Dein Traum unterscheidet sich erheblich von meinem. – sagte leise Diejenige, Die Jeder Morgen Anlächelt. – Aber es gibt noch eine andere, bedeutend tiefere Interpretation.

– Welche? – wunderte ich mich.

– Dein Traum ist ein Symbol für die Gefahren, die auf die Menschen auf der ganzen Welt zukommen. Der energetische Tunnel, von dem Du geträumt hast, kann eine Metapher sein, die bedeutet, dass die Auffindung des Grabes einen energetischen Schutz nicht nur für uns, sondern für alle Menschen sein kann.

Ich sah sie anerkennend an. Merkwürdig, dass mir eine solche Interpretation nicht eingefallen war.

– Erst einmal wissen wir, dass dies unser Weg ist, also lass uns weiterträumen – erklärte ich nach einem Augenblick der Überlegung über das, was sie gesagt hatte. – Sollen unsere Träume uns dahin führen, wo vor uns noch niemand gewesen ist.

KAPITEL 8

WARUM DER PHARAO DIE SONNE SEHEN MUSS

Ich möchte noch einmal einschlafen – sagte zu mir Diejenige, Deren Name Das Leben Ist. – Dieses Mal bittet der Kosmos selbst darum.

– Warum? – fragte ich.

– Es gibt etwas, was Du wissen musst, damit Du darüber auf Deinen Wanderungen erzählen kannst. Und noch etwas. Ich mag unser gemeinsames Einschlafen. Ich habe mich an Dich gewöhnt und beginne, Dir zu vertrauen.

– Aber Du erinnerst Dich doch nicht an Deine Träume – merkte ich an.

– Wenn ich träume, erinnere ich mich nicht. Aber Du erinnerst Dich und erzählst mir, was ich geträumt habe. Und ich mag diese Erzählungen.

Ihr Vertrauen erfreute mich. Schließlich erlaubt nicht jede Frau, sich von Zeit zu Zeit von jemandem einschläfern zu lassen, der die ganze Zeit über auf Wanderung ist. Außerdem war ich selbst neugierig, was der Kosmos Neues für mich vorbereitet hatte und was er mir mitteilen wollte.

– Außerdem – fügte sie hinzu – muss ich erfahren, warum wir dieses Grab finden sollen. Wenn Du weißt warum, dann wird Dein Bewusstsein besser mit Dir zusammenarbeiten, und Deine Intuition zeigt Dir, wie Du dahin gelangen kannst. Auch Dein freier Wille wird Dir helfen, Dir selbst und dem Kosmos weniger dumme Fragen zu stellen.

Insgeheim gab ich ihr Recht. Wenn ein Mensch etwas tut, dann sollte er auch wissen, wozu das dient. Je genauer sein Wissen ist, desto größer ist seine Motivation, desto mehr Energie bringt er dafür auf, um zum Ziel zu gelangen, desto aktiver wird er. Derzeit war die Erweckung des Pharao für mich ein nicht genau definierter Wunsch. Damit dieser Wunsch zu meinem Ziel wurde, musste ich nicht nur wissen, was ich erreichen will, sondern auch, weshalb ich mit das wünsche.

– Was Du sagst, ist sehr weise – antwortete ich ihr. – Woher weißt Du das alles?

– Der Kosmos sagt es mit – Sie zeigte mit ihrem Finger an die Decke.

– Dann bitte ihn, dass er Dich die ganze Zeit über in Deinen Träumen begleitet – antwortete ich.

– Das tut er doch bereits – wies mich Lucyna zurecht. – Denkst Du vielleicht, dass auch nur ein Wort oder ein Bild, welches ich träume, ohne seine Wissen ausgesprochen und gezeigt wird? Ohne seine Kontrolle? Ohne sein Einverständnis? Er spricht mit Dir durch mich, er leitet mich, er schiebt Dir Gedanken unter. Er hat Dir doch bereits gesagt, dass es in Deinem Leben keine Zufälle gibt, dass er Dich führt. Ich bin lediglich sein Werkzeug, wenn ich schlafe, er aber spricht durch die Worte der Priesterin Ki.

Ein weiteres Mal musste ich ihr Recht geben. Die täglichen Ereignisse bestätigten die Informationen aus ihren Träumen – Lucyna, ich und Iwona waren die besten Beispiele dafür.

– Schlafe wieder ein – sagte ich zu Derjenigen, Deren Name Das Leben Ist, und sie erfüllte meine Bitte.

– Schlafe tief – bat ich – höre meine Worte und reise zusammen mit mir. Du bist die Priesterin Ki, Du bist bei den Pyramiden. Wir schreiben das Jahr 2002 und bevor Du in der Zeit zurückgehst, möchte ich direkt mit dem Kosmos reden. Kann er sich mit mir in meiner Zeit unterhalten?

– Zeit ist ein unbekannter Begriff – antwortete Ki. – Ich kann mich in Deiner Zeit bewegen, soviel ich will. Der Kosmos ist bei mir. Er gibt sich selbst manchmal einen Namen, um sich den Menschen näher zu bringen, manchmal bleibt er namenlos. Er ist bereit, mit Dir zu sprechen.

– Wer bist Du wirklich? – wendete ich mich an den Kosmos.

– Ich bin ein **Geistiges Wesen** – antwortete er mir mit Lucynas Stimme.

Lucyna sprach sehr ruhig, etwas langsamer als gewöhnlich. Ich freute mich, denn in Filmen hatte ich gesehen, dass wenn ein geistiges Wesen durch einen Menschen spricht, dieser Mensch irgendwie anders redet, mit einer Stimme, wie aus einem Grab. Irgendwo in meinem Unterbewusstsein saß die Angst, dass aus Ki plötzlich ein unheimlicher, nicht von dieser Welt stammender Bariton oder Bass ertönt. Aber Ki sprach zwar etwas langsamer, aber ansonsten ganz normal.

– Was ist Deine Rolle? – fragte ich weiter.

– Ich habe Dir bereits einmal darauf geantwortet, Wanderer – in Ki's Stimme lag viel Verständnis und Geduld – öffne Dich für meine Energie und empfange die Informationen, die ich an Dich sende. Ich habe die Erde zur Verwaltung erhalten. Ich erhielt die Erde, um die menschliche Rasse zur Vollkommenheit zu führen. Ich erhielt die Erlaubnis, dass wenn die Menschen das Leben nicht verstehen, sie die Erde verlassen müssen.

– Wie ist Dein wahrer Name? – riskierte ich zu fragen.

– Es kommt die Zeit, in der Du mich verstehen wirst, und dann enthülle ich Dir, wer ich bin – antwortete der Kosmos.

Hm, dachte ich mir. Wenn er die Erde beschützt, dann muss er nahe dem Allerhöchsten sein. Einen Moment lang fühlte ich so etwas wie Stolz, dass eine so wichtige Geistige Persönlichkeit sich auf mein Niveau herabsenkt, aber schnell unterdrückte ich dieses Gefühl. Stolz war nun wirklich das Letzte, was ich jetzt gebrauchen konnte.

– Was gibt uns die Auffindung des Grabes von Cheops? – fragte ich weiter.

– Die Auffindung des Grabes hat riesige Bedeutung, da die Säuberung der Erde, die bereits geplant wurde und schon begonnen hat, bedeutend abgemildert wird, aus dem einfachen Grund, dass Cheops in gerader Linie aus dem **Orion** stammt. Cheops löst den Code, der das Tor zur Zweiten Welt, zur vollkommenen Welt öffnet. Die Wesen, die beim Bau der Pyramide geholfen haben und aus dem Gürtel des Orion stammen, kommen auf die Erde und helfen den Menschen, den Sinn ihrer Existenz zu verstehe, das Leben zu verstehen. Das Tor ist die Pyramide. Wenn Cheops nicht erweckt wird, wenn die menschlichen Wesen die von mir, von uns ausgehenden Warnungen ignorieren, dann kommt die Säuberung auch, aber sie wird furchtbar sein für die Menschen, denn dann werden sie alle sterben, sowohl die Guten, wie auch die Bösen. Dann verstehen die menschlichen Wesen entweder das Leben, oder sie müssen die Erde für immer verlassen.

Ich verstand nicht besonders gut, um welche „Säuberung“ es dem Kosmos ging. Wartet eine Apokalypse auf uns? Was hat der Orion damit zu tun? Ich überlegte, ob ich um eine solche Kleinigkeit, wie „Was ist das Tor zur Zweiten Welt?“ fragen sollte. Andererseits wollte ich bei diesem Treffen nicht wie ein Dummkopf dastehen, der nicht mal die grundlegendsten Informationen über den Kosmos besitzt, also zog ich es vor zu schweigen. Der Kosmos setzte derweil seine Ausführungen durch Ki fort:

– Eine wichtige Sache, die Wichtigste überhaupt, ist, die Erde zu retten und Diejenige, die glauben. Dies wurde vom **Besitzer der Erde** so bestimmt. Ich will Dir erläutern: Ich bin nicht der Besitzer der Erde, ich kontrolliere nur, beobachte. Besitzer der Erde ist der, den Ihr Gott nennt. Übermittle, Wanderer, den Menschen diese Botschaft. Alles hat seine vorbestimmte Zeit. Die menschlichen Wesen haben sie auch erhalten. Die Zeit... Ihr seid die einzigen, die letzten Wesen, die noch dem Recht der Säuberung unterliegen. Diese Säuberung muss keinesfalls schmerzhaft sein, aber all das hängt von Euch selbst ab. Davon, wie Ihr zu der Mission steht, die ich erhalten habe.

Einen Moment lang fühlte ich erneut den Stolz, dass ich mich mit Dem Teil Des Kosmos, Der Persönlich Den Herrgott Kennt, unterhalte. Neale Walsch behauptet zwar in seinen *Gesprächen mit Gott*, dass er täglich mit dem Höchsten spricht, aber ich bin schließlich nicht Walsch. Und schließlich bekommt nicht jeder auf dieser Welt eine solche Möglichkeit.

– Heißt das, dass Du ein Engel bist? – fragte ich.

Nach einer Weile fühlte ich mich ziemlich dumm wegen dieser Frage.

Natürlich ist der Kosmos ein Engel, wenn er denn Menschen helfen will, und das in einer so wichtigen Angelegenheit, wie die Rettung der Erde! „Ich bin gespannt, ob Geister beleidigt sein können" – dachte ich. Mir fiel die Definition eines Engels aus dem Katechismus wieder ein, die ich als kleiner Junge während des Religionsunterrichtes in der Kirche gelernt hatte: „Engel sind reine Geister mit Verstand und Willen, aber einen Körper haben sie nicht" – sagte der Pfarrer.

Der Kosmos war nicht beleidigt und antwortete mir sehr konkret.

– Wanderer, ich bin ein sehr mächtiger Kosmos, Sohn des Gottes Jahwe. Er ist der Besitzer der Erde, Er ist die Höchste Energie. Als Sein Sohn stehe ich auf der höchsten Stufe der geistigen Leiter. Bei Deinen Wanderungen wirst Du solche finden, die mich verleumden, die schlecht über mich reden, aber mein wahrer Name ist nicht furchtbar.

„Wie ist denn dann Dein wahrer Name?" – drängte sich mir sofort die nächste Frage auf, aber bevor ich sie stellen konnte, sprach der Kosmos bereits weiter.

– Mein Ziel ist die Rettung der Menschheit vor der Vernichtung, damit die Erde ein reiner Planet werde, zumindest teilweise ähnlich der Zweiten Erde. Der Schlüssel zur Zweiten Erde ist die Pyramide. Der Schlüssel zur Öffnung der Pyramide ist die „Erweckung" des Pharao, das Ausgraben seines Grabes und das Hineinlegen seiner Mumie in den Sarkophag in der Pyramide. Cheops muss die Sonne sehen – dann wird das Tor geöffnet.

Ich dachte mir, dass bestimmt viele Menschen, viele Archäologen dieses Grab suchen und wenn sie es bis heute nicht gefunden haben, wie sollen sie dann mir, dem Wanderer, glauben, wenn ich ihnen sage, dass ich weiß, wo es sich befindet.

Ich stellte mir in diesem Moment das Gespräch mit irgendeinem bekannten polnischen Geschäftsmann vor, den ich um finanzielle Unterstützung des Projekts Cheops bitte. So ein Äußerst Reicher Mensch fragt doch zwangsläufig: „Und woher wissen Sie das?" Und was soll ich dann antworten? Wenn ich ihm sage, dass in Polen die Priesterin Ki lebt, die gesehen hat, wie die Pyramide erbaut wurde, wenn ich ihm mitteile, das Lucyna aus Wrocław diese Priesterin ist, die mir erklärt hat, wo Cheops begraben liegt – dann wird jeder Gesund Denkende, Sehr Reiche Mensch mich mitleidig anlächeln und mir den Weg zum nächsten Psychiater zeigen, welcher wiederum sehr gerne und gegen die entsprechende Bezahlung sich meine Geschichte anhören wird und mir anschließend die entsprechenden Mittelchen für gesunden Menschenverstand verschreibt.

Außerdem verstand ich nicht recht, auf welche Art das Auffinden des Grabes die Pyramide „öffnen" sollte.

Der Kosmos las in meinen Gedanken.

– Sicher überlegst Du Dir – sprach er weiter mit der Stimme von Ki, – warum niemand bisher das Grab ausgegraben hat. Es ist nicht einfach, zu unserem Schlüssel, also zum Pharao, vorzudringen. Denn es wurde gesagt: Die Pyramide, die Sphinx und das Grab sind gesichert. Die Sicherung fließt vom Orion und wenn unbefugte menschliche Wesen all diese wirklich genauen Informationen zu ruchlosen Zielen verwenden wollen, dann erlauben wir, dass sie zum Grab vordringen, aber dann wirken die Sicherungen und das wird den Untergang jener bedeuten, die bis dorthin vordringen. Die Säuberung der Erde wird dann sehr schwierig, denn alle werden die Erde verlassen. Sowohl die guten, wie auch die harten Herzen. Und ich füge hinzu, Wanderer – gib diese Worte weiter – dass die menschlichen Wesen nicht so selbstsicher und blind in ihrem Verhalten sein dürfen. Der Besitzer der Erde, Euer

Gott, wird nicht zulassen, dass die Menschen Sein Haus vernichten. Es ist bereits zu viel Böses auf dieser Welt.

Ich war schockiert. Der Kosmos sprach von der Säuberung der Erde und hatte eindeutig die Tötung von Menschen im Sinne. Ihre Beseitigung von der Erde. „Er sagt, er würde die Kraft des Guten vertreten – dachte ich – Er sagt, dass er helfen will. Aber er droht mit Vernichtung."

Ki schlief weiter ihren ruhigen Schlaf der Priesterin und wusste nichts davon, welche furchtbaren Prophezeiungen über ihre Lippen kamen. Die bei diesem Traum anwesende Iwona, Diejenige, Die Jeder Morgen Anlächelt, hörte mit runzelnden Augenbrauen und ohne jedes Lächeln zu. Es wurde etwas unbehaglich. Ich wusste nicht, was ich weiter fragen sollte. Mir fiel nichts Kluges mehr ein.

– Erkläre mir noch einmal diese „Säuberung" – rettete Iwona die Situation. – Warum das alles? Weshalb drohst Du uns?

– Ich will Euch nicht erschrecken. – antwortete er, – ich will Euch lediglich warnen. So kann es kommen, wenn sich nichts ändert. Sieh Dich nur einmal um, Iwona, sieh Dich um, Wanderer – seht Euch die Welt an. Ist dies ein Planet der Träume, ein dealer Planet, ein Planet, wie der Schöpfer ihn sich gewünscht hat? Dieser Planet ist bereits so verschmutzt, dass eine Änderung notwendig ist. Eure Nullzeit ist gekommen. Wir wollen das retten, was an Gutem überdauerte, deshalb sagen wir bereits seit langem durch Auserwählte: **„Öffnet Euch für den anderen Menschen. Teilt das, was in Euren Herzen am Wärmsten, am Schönsten ist". Die Liebe ist die Medizin, sie ist die Rettung für die Erde.** Wer ein reines Herz besitzt und die Energie der Liebe in den Kosmos schickt, der hat nichts zu befürchten.

Wir schwiegen eine Weile und erlaubten der Priesterin Ki, ihren merkwürdigen prophetischen Traum weiterzuträumen, der uns ein

Gespräch mit... Ja, mit wem unterhalten wir uns eigentlich? – überlegte ich mir einen Augenblick lang. Ist dies wirklich der Kosmos, Derjenige, Der Die Erde Beschützt, der durch den Willen des Höchsten Schöpfers geleitet wird und den Menschen helfen will, die im Universum geltenden Rechte zu verstehen? Oder sind das einfach nur die Phantasie und die Improvisierung von Lucyna, die im Traum die Rolle der Priesterin Ki spielt? Kann man solche Dinge wirklich einfach improvisieren?

Mein Zögern dauerte nur einen Moment. Ich wusste, dass auf diese Fragen nur das Leben eine Antwort geben kann.

– Cheops ist der **Schlüssel** zur Pyramide – wiederholte Ki schläfrig. – Die Pyramide ist das Tor zum Orion.

Ich blickte auf Ki, auf Diejenige, Die Jeder Morgen Anlächelt, und ich fühlte Wärme in meinem Herzen. Ich fühlte mich so, als ob irgendjemand unbekanntes mir ein paar Sonnenstrahlen direkt in das Herz gesetzt hätte. „Das, was der Mensch fühlt, ist für die Augen unsichtbar" – dachte ich. Vielleicht kommuniziert diese merkwürdige, unsichtbare Welt genau auf diese Art mit uns. Durch unsere Emotionen, Gefühle, Reflexe, unsere innere Wärme, die plötzlich und unerwartet erscheint. Vielleicht redet Gott auf diese Weise mit uns. Vielleicht sollten alle Menschen eine solche Wärme suchen, zusammen mit anderen Menschen, denn wenn die Zeit gekommen ist, in eine andere Dimension überzutreten, dann zählt nicht der Stand des Bankkontos, die Größe des Hauses, das Auto, Flugzeug, nicht, ob man Besitzer einer ganzen Insel ist, Präsident eines Sehr Wichtigen Staates oder einfach nur eine Haushaltshilfe. **Es zählt allein, wie viel Wärme man im Leben erlebt hat und wie viel man selbst gezeigt hat.** Das genau ist die Botschaft des Orion, die Botschaft des Pharaonengrabs, die Botschaft der Pyramide.

– Dein Traum hat uns sehr viel erzählt – flüsterte ich leise Ki zu. – Ich möchte, dass Du aufwachst. Deine Träume sind wunderschön, aber manchmal sind sie sehr schwierig. Sie helfen, das Gute zu spüren, aber sie zeigen auch Angst. Willst Du mir noch etwas sagen, bevor Du aufwachst?

– Ja – antwortete Ki. – Ich will Dir sagen, dass eine Zeit kommt, in welcher die Erde ein vollkommener Planet sein wird. Und die Auffindung des Grabes hilft den guten Menschen, auf dieser Erde zu bleiben, um sich an dieser Vollkommenheit zu erfreuen.

– Und ich? – fragte ich.

– Du, Wanderer, musst erst noch lernen zu lieben – antwortete Ki und kehrte langsam auf die Erde zurück. Sie wurde wieder zu Derjenigen, Deren Name Das Leben Ist, zur alltäglichen Lucyna.

Nach der Session dachte ich über ihre Botschaft nach, über das, was der Kosmos mir durch die Priesterin gesagt hatte. In meinem Kopf gab es sehr viele Fragen, auf die ich keine Antwort wusste. Ich konnte nicht verstehen, auf welche Weise das Hineinlegen der Mumie des Pharaos in den Sarkophag die Große Pyramide „öffnen" sollte. Was heißt das – „öffnen"? Worin bestand das „Öffnen des Tores" – was passiert dann? Kommen irgendwelche kosmischen Schiffe zu uns, werden auf den Straßen unserer Städte Aliens spazieren gehen und die Menschen lehren, wie sie leben sollen? Ich dachte mir, dass der Kosmos vielleicht auf all diese Fragen mit der Zeit eine Antwort gibt, aber in diesem Moment war das für mich alles völlig unklar und verwirrend. Ich verstand nur eines – Die Ausgrabung des Pharaonengrabes stellt die Rettung der Erde und der Menschen vor etwas dar, was als „Säuberung" bezeichnet wird. Und ich verstand, dass jeder, der Liebe im Herzen trägt und sie mit anderen Menschen teilt, nichts zu befürchten hatte.

KAPITEL 9

DAS ZÖGERN DES WANDERERS

Jeder Tag, der auf meinen Wanderungen verging, brachte mir neue Gedanken, neue Ereignisse und neue Abenteuer. Es gab Momente des Zögerns, als ich immer noch nicht sicher war, ob mein Weg der Richtige ist und was all das für einen Sinn ergibt. Ich traf viele „kluge Menschen“, die traurig nickten, wenn sie meine Erzählungen über Cheops hörten. In ihren Augen sah ich Mitleid und die Worte: „Und ich hatte gedacht, der Junge ist ganz normal.“

Darüber hinaus zeigte es sich, als ich auf meinen Wanderungen wieder einmal Diejenige, Die Jeder Morgen Anlächelt, traf, dass wir beide beginnen, verschiedene Wege zu gehen. Ich war traurig, denn sie war es schließlich, mit der mein Abenteuer mit dem Pharao begann, sie war der Grund für so viele Zufälle, durch sie lernte ich die Priesterin Ki kennen. Plötzlich wurden meine Gedanken von Bedauern und Entmutigung beherrscht und der Pharao wurde zu etwas weniger wichtigem, weiter entferntem. Es gab nicht mehr das alltägliche morgendliche, ehrliche Lächeln An seine Stelle trat Unsicherheit. Bis schließlich Diejenige,

Die Jeder Morgen Anlächelt, in einer völlig andere Richtung ging und mich allein auf meinem Weg zurückließ. Zumindest kam es mir in diesem Moment so vor.

Manchmal erfasste mich Wut, und diese Wut begrüßte ich mit wahrer Erleichterung. Sie war wie eine Medizin, sie erlaubte mir, ich selbst zu sein. Ich fragte die Himmelszeichen, aber sie zeigten mir allein Leere. Ich fragte meine Phantasie, aber die Phantasie hatte mich schon öfters an der Nase herum geführt, also gab ich meiner Bestimmung freie Auswahl. Sollte sie doch selbst zu mir kommen.

Ich wartete viele Wochen und nichts geschah, was mich hätte überzeugen können, dass ich nach wie vor auf dem richtigen Weg bin und in die richtige Richtung laufe. Alles kam mir so unbedeutend vor und der Weg zum Pharao wurde immer undeutlicher. Nichts geschah auf diesem Weg. Eines Tages führten mich meine Wanderungen erneut zu dem Ort, wo Diejenige, Deren Name Das Leben Ist, wohnte.

– Du bist nicht Du selbst – merkte sie, als wir uns trafen. – Komm, wir bitten den Kosmos um Rat.

Ich dachte mir, dass der Kosmos sicher weiß, was mit mir los ist. Schließlich sieht er uns alle, unsere Emotionen und Aktivitäten. Trotzdem wusste ich nicht, wie er mir helfen sollte. Ich hatte die Unterstützung des Lächelns verloren – und ohne dieses Lächeln fiel es mir unendlich schwer weiterzugehen. Ich erklärte mich jedoch mit dem Gespräch einverstanden, weil ich mit irgendjemandem meine Sorgen und Zweifel teilen wollte. Ich benötigte neue Energie und wollte mich von verschiedenen unnötigen Gedanken lösen.

– Du hast Deinen Weg – sagte der Kosmos. – Warum zögerst Du...?

– Diejenige, Die Jeder Morgen Anlächelt, ist nicht mehr mit mir, Diejenige, Die Mir Half. Ich kann nur noch meine Trauer sehen.

– Wanderer – antwortete mir der Kosmos ruhig. – Die Dinge sind nicht immer so, wie sie scheinen. Erhalte Dir Deinen Glauben an mich und denke an eines: Das, was Du tust, tust Du nicht für Diejenige, Die Dich Morgens Anlächeln Sollte. Du tust das für die Erde, die Deine Weisheit benötigt. Du tust das für die Menschen, die ihre Herzen verloren haben. Für all jene, die sich fürchten, ihre Herzen zu öffnen, weil sie einer Illusion des Glücks unterliegen. Du tust das für alle, die leben wollen, obwohl sie jetzt langsam im Leben sterben. Hör auf, auf Dich allein zu sehen! Sieh Dir die Welt an, die sich selbst vernichtet. Sie Dir die Zeit an, die immer mehr zusammenschrumpft.

Ich fühlte mich beschämt durch meine Dummheit und meine Gedanken, denen ich es erlaubt hatte, mein Denken zu dominieren. Während meiner Wanderungen lehre ich die Menschen, in die Zukunft zu schauen, ihre Gedanken zu kontrollieren – und selbst vermag ich das in einem solchen wichtigen Moment nicht zu tun. Ich lehre, wie man den Eigenen Wichtigsten Weg findet, erkläre, wie man sicher auf diesem Weg geht – und selbst habe ich meinem Verstand erlaubt einzuschlafen. „Anscheinend benötigte ich eine solche Lektion in Demut“ – dachte ich.

– Mein Zögern hatte keinerlei Kraft – antwortete ich dem Kosmos – und war lediglich eine flüchtige Trauer um das freie Fliegen durch den Raum, ein Gedanke, den ich nicht loswerden und ändern konnte. Ich verstehe meinen Fehler. Ich weiß, dass kein Platz für Selbstmitleid ist, wenn die ganze Welt auf mein Handeln wartet. Ich kehre nicht um.

Ich verlasse meinen Weg nicht.

– Gut – freute sich der Kosmos. – Außerdem, Wanderer, als Du Lucyna kennen lerntest, als Du die Priesterin Ki wecktest, da bist Du auf einen Weg gegangen, der nur eine Richtung hat. Auf diesem Weg ist ein Schritt zurück nicht möglich. Du kannst nur nach vorn gehen. Ich werde Dir Gedanken schicken, werde auf Deinen Weg Diejenigen, Die Dir Helfen Werden, stellen, ich werde Dich lehren. Du hast noch viele Lektionen vor Dir, viele Proben, aber um eines bitte ich Dich: Verliere nicht den Glauben, selbst dann, wenn es Dir so vorkommt, als ob all das keinen Sinn hätte, als ob ich versage. Verliere den Glauben nicht, wenn die Menschen über Dich und die, die mit Dir gehen, lachen werden. Verliere den Glauben selbst dann nicht, wenn Du zornig auf mich bist, wenn Du glaubst, ich hätte Dich verlassen. Ich benötige Deinen Glauben, ohne ihn fällt es mir schwerer, zu handeln und zu helfen. Denk immer daran, Wanderer, der Glaube ist das wichtigste, der Glaube und das Vertrauen.

– Rate mir, was ich tun soll mit Derjenigen, Die Jeder Morgen Anlächelt, – bat ich mit gewissem Zögern. – Sie hat mir sehr geholfen. Durch sie habe ich Diejenige, Deren Name Das Leben Ist, kennen gelernt, sie begleitete mich bei jedem Treffen mit Dir und jetzt kann sie sich selbst nicht verstehen.

– Das Herz ändert sich nicht über Nacht. – antwortete der Kosmos. – Die Seele bleibt immer die gleiche. Ihr Herz ist von einer Wolke umhüllt, aber im Inneren ist es immer noch rein und schön. Sie hat sich nicht geändert. Wenn die Wolken verfliegen, dann findet sie selbst den Richtigen Weg. Warte ab, nur so kannst Du ihr helfen, sich selbst zu verstehen. Ihr freier Wille muss selbst die Richtung finden, um an den Ort zu gelangen, an welchem Harmonie und Liebe wohnen.

Die Priesterin Ki öffnete ihre Augen und ich erinnerte mich noch einmal an die Sinnlosigkeit meiner vorherigen Gedanken.

Schließlich hat Mein Weg sich nicht geändert, es änderten sich allein die Umstände. Es änderten sich die Gefühle, aber der Traum blieb der gleiche. Ich kenne die Richtung, und ob ich nun auf meinem Weg allein vorwärts gehe oder zusammen mit Derjenigen, Die Jeder Morgen Anlächelt – der Weg selbst ändert sich dadurch nicht.

– Danke – sagte ich zu Lucyna. – Du bist und bleibst für mich **Diejenige, Die In Schweren Momenten Hilft**. Dank Deiner Vermittlung gab der Kosmos meinen Gedanken neues Leben und meinen Entscheidungen neue Kraft.

– Der Kosmos wird insgeheim immer Deine besten Entscheidungen unterstützen – antwortete sie. – Hör auf sein Flüstern. Beobachte seine Sprache, denn Du weißt ja, dass er täglich mit Dir spricht. Lerne seine Sprache zu verstehen, seine Worte zu hören.

Die ganze Zeit über kam es mir so vor, als ob ich den Kosmos höre, seine Worte vernehme. Aber wie so oft musste ich selbst entscheiden, was seine Stimme war und was der Widerhall meiner eigenen Überzeugungen, meines Bewusstseins.

– Wie soll ich seine Stimme von den Gedanken unterscheiden, die ich selbst erschaffe? – Ich sah Lucyna an.

– Aber einen Verstand hast Du? – fragte sie zurück.

– Manchmal kommt es mir so vor.

– Na dann versuche ihn manchmal zu verwenden.

Einfach gesagt – dachte ich. Unsere Emotionen trüben häufig unseren Verstand und es ist nicht so einfach, durch ihre Intensität durchzudringen. Wie soll man gedankliche Logik anwenden, wenn im Inneren eines Menschen Wut, Ärger, Bedauern und andere ähnliche Gefühle dominieren? Unser freier Wille ist dann meist wie von Dichten Wolken umhüllt, hinter denen die Sonne des Verstandes es unheimlich schwer hat, hindurchzuscheinen.

Da ich wusste, dass in Momenten emotionaler Aufwallung eine innere Befriedung, eine Beruhigung des Geistes und Entspannung des Körpers hilft, brachte ich mich selbst häufig in den Zustand einer speziellen Meditation, den so genannten **„Alphazustand“**. Ich hatte das Gefühl, dass ich in solchen Momenten selbst Kontakt mit dem Kosmos aufnehme, dass ich mich mit ihm in meinen Gedanken unterhalte – und das beruhigte mich. Während eines dieser „Gespräche“ riet mir der Kosmos: „Unterhalte Dich mit Derjenigen, Die Jeder Morgen Anlächelt. Sie beginnt bereits, ihre Gefühle besser zu verstehen“.

Ich beschloss also mit ihr zu reden und ihr von meinem Gespräch mit dem Kosmos zu berichten. Ich wusste schließlich, dass es auch ihr nicht leicht fällt, dass auch sie den für sich besten Weg sucht.

– In uns ist Trauer und Glück, Gewissheit und Unsicherheit in Hinsicht auf die Zukunft – sagte ich, als wir uns auf meinem Weg wieder sahen. – Der Herrgott hat uns Verstand gegeben, der Kosmos hilft uns, diesen Verstand in wichtigen Momenten zu nutzen. Deshalb hat er Dich und mich verbunden, damit wir zusammen die Ruhestätte des Cheops finden. Deshalb bist Du auf meinem Weg aufgetaucht – und die Priesterin. Und obwohl Du jetzt einen anderen Weg eingeschlagen hast, sind wir zusammen, ob wir es nun wollen oder nicht.

– Mein Weg – antwortete sie ohne jedes Lächeln, – ist das Kennenlernen der Gefühle, die ich bisher nicht kannte. Neuer Gefühle. Ich möchte in meiner Phantasie Böses erfahren, dass ich im Leben bisher nicht gekannt habe. Erst dann werde ich wissen, was das Gute ist. Dann werde ich eine Wahl haben.

– Wenn Du meinen Weg wählst, dann wird dieser nicht leicht sein. Manchmal werden wir stolpern, Du wirst Dir selbst widersprechen müssen, aber dieser Weg führt zu etwas, was niemand auf dieser Welt je erreicht hat. Er ist schwer, weil er neu und unbekannt ist.

– Ich weiß noch nicht, welchen Weg ich gehen werde – in ihrer Stimme zeigten sich Zweifel und Unsicherheit. – Mein Herz redet nicht mit mir. Es zeigt mir keine Richtung.

– Manchmal schauten meine Augen – sagte ich zu ihr – aber ich sah die Zukunft nicht, denn sie schauten nicht dorthin, wo es notwendig gewesen wäre. Obwohl es mir so vorkam, als würde ich mich bewegen, kam ich nicht vorwärts, weil ich an meinen Beinen ein Gewicht mit mir zog, von dessen Existenz ich nichts wusste. Obwohl es mir so vorkam, als würde ich leben, träumte ich nur Träume, die mich zu einer sandüberschütteten Steppe führten, während der Sand in meine Wohnung eindrang. Du hast mir die Tür mit dem Ausblick auf den Ozean geöffnet. Dieser Ozean ist die Unermesslichkeit der möglichen Zukünfte, ein Gefühl, dass immer wogt und unendlich ist, immer andauert und nie zu Ende geht. Das ist die Zukunft, die so sein kann, wie sie vom freien Willen und Verstand geschaffen wird. Das Glück ist eine Wahl, eine Entscheidung, eine Möglichkeit der Verwendung des Freien Willens, wie er uns vom Schöpfer gegeben wurde. Sieh, wie viele Menschen in der Lotterie des Lebens spielen, wo die Gewinnchancen schlechter stehen als eine Million zu Eins, unwissend, dass alles, was sie benötigen, die Entscheidung ist zu gewinnen. Wie wenige Menschen vermögen diese Entscheidung zu treffen. Wir haben so viele Türen vor uns – Tore in die Zukunft. Und einzig von uns allein hängt es ab, welches der Tore wir öffnen.

– Ich weiß das – sagte sie – aber mein Herz benötigt Zeit.

Gib mir die Zeit, damit ich in mir das finden kann, was ich bereits unwiderruflich verloren glaubte.

Das gleiche hat mir der Kosmos gesagt – dachte ich.

– Ich gebe Dir die Zeit, damit Du Dein Lächeln wieder findest, das Du verloren hast – sagte ich leise. – Wenn Du es findest, gehen wir weiter zusammen. Wenn nicht, ist mein Weg anscheinend doch nicht Deiner.

Ich grüßte den Kosmos in Gedanken und setzte meine Wanderungen fort. Ich beschloss, dass diese Reise mich zum Pharao führen wird, unabhängig davon, wo ich lang gehen muss und wer mit mir wandert. Ich war mir sicher, dass auch meine Lebensgeschichte bereits vom Kosmos geschrieben wurde. Ich musste ihr nur erlauben zu existieren.

KAPITEL 10

RÜCKKEHR ZUR PYRAMIDE – DER NÄCHSTE TRAUM DER PRIESTERIN

Wenn ich von der Grabkammer und vom Pharao berichtete, baten viele: „Gib uns mehr Einzelheiten, schließlich reicht es nicht zu sagen, wo das Grab ist. Das ist zu wenig. Was sagt die moderne Archäologie dazu?"

– Die Auffindung des Grabes ist die einzige Bestätigung – antwortete ich.

– Wir benötigen mehr als nur Träume – hörte ich als Antwort.

Sie hatten Recht. Träume sind schwer in der Wirklichkeit einzuordnen. Die Menschen verlangten nach Beweisen – überprüfbaren, wiederholbaren Beweisen. Es reicht nicht aus, dass jemand Dich einmal überzeugt. Unsere logische Hälfte des Gehirns findet dann immer Gegenbeweise. Ich beschloss also, ein paar Dinge über den

Bau der Pyramide zu lesen und sie mit den Träumen der Priesterin zu vergleichen.

Es zeigte sich, dass die Wissenschaftler und die offizielle Archäologie bis heute behaupten, dass die Pyramide durch die antiken Ägypter gebaut wurde, die noch nicht einmal das Rad kannten. Ihr Bau dauerte zwanzig Jahre und an ihm nahmen einhundert Tausend Menschen teil. Die leichtesten Blöcke, die zum Bau der Pyramide verwendet wurden, wogen 2,5 Tonnen, die schwersten – 70 Tonnen. Auf diese Art wurden in zwanzig Jahren mit unheimlicher Präzision zwei Millionen dreihundert Tausend Steinblöcke aufgestellt. Die offizielle Version des Baus der Großen Pyramide beschreibt das Hinaufziehen der einzelnen Blöcke auf speziell dafür gebauten Rampen. Nach neuesten Berechnungen musste eine solche Rampe eine Länge von 1.450 Metern haben, um den Gipfel der Pyramide zu erreichen. Der Rauminhalt einer solchen Rampe wäre 3,7-mal größer gewesen als der Rauminhalt der gesamten Cheopspyramide.

Selbst für einen Laien, der sich in der Ägyptologie nicht besonders gut auskennt, traten in diesen Theorien sehr viele Fragezeichen auf. Einer der Ingenieure berechnete, dass wenn der Bau zwanzig Jahre gedauert hatte und die Menschen täglich 9 Stunden arbeiteten (ohne jede Pause an Feiertagen), dann hatten die Erbauer für die Verlegung, Anpassung und Ausrichtung mit den anderen Steinen für jeden Block ca. 2 Minuten zur Verfügung. Man muss sich die ganze Zeit über vor Augen halten, dass wir hier von einer Gesellschaft reden, die das Rad noch nicht kannte und in der die Verarbeitung der Stein in deren Spaltung, also dem Einschlagen auf den Stein mit einem anderen Stein, bestand. Dazu war Kupfer das einzige bekannte Metall.

Selbst bei der Verwendung moderner Technologien, bei der Anwendung der modernsten und größten Kräne, würde es sehr schwer sein, in nur zwei Minuten einen Block mit solch einer Präzision zu verlegen. Dazu kommt noch die Verarbeitung der Steine für den Bau und die Organisation der Arbeit einer so riesigen Anzahl von Menschen...

Der berühmte griechische Reisende und Chronist Herodot, der im 5. Jahrhundert vor Christus lebte, hinterließ eine Beschreibung des Baus der Pyramide, die ihm erzählt wurde. Danach zogen über zwanzig Jahre Tausende von Menschen jeweils einhundert Tage im Jahr mit Hilfe spezieller Maschinen die einzelnen Blöcke auf die Baustelle. Dies ergibt eine noch unwahrscheinlichere Version des Baus, nach welcher für die Aufstellung eines Blockes nur einunddreißig Sekunden zur Verfügung gestanden hätten.

Als ich diese Angaben bereits kannte, bat ich Diejenige, Deren Name Das Leben Ist, um einen weiteren Traum zum Thema des Cheops und der Großen Pyramide. Ich wollte noch einmal ihre Beschreibung des Baus hören, so wie sie ihn damals gesehen hatte. Die Wissenschaft behauptet, dass die Große Pyramide ein riesiges Grab ist, dass Cheops zu seinem Ruhm erbaute und dass er dort begraben liegt. Herodot beschreibt Cheops als schlechten König, als Tyrannen, der seine Untertanen unterdrückte und sie zur Sklavenarbeit zwang, um für sich selbst ein Grab zu errichten. Ich überlegte mir, dass Herodot in Wirklichkeit gar nicht wusste, was für ein König Cheops war, wie er herrschte, wen er liebte. Zu Lebzeiten Herodots, also etwa zweitausend Jahre nach dem Bau der Großen Pyramide, konnten viele Tatsachen bereits durch falsche Legenden ersetzt worden sein.

Die Träume der Priesterin, ihre Reisen in die Vergangenheit, waren zwar „unwissenschaftlich“, gaben aber doch die Gelegenheit, in eine unbekannte Vergangenheit zu blicken. Ob nun wahr oder nur durch die Phantasie erdacht, war es doch eine Vergangenheit, wie sie sie in ihren Träumen erlebte.

Lucyna erklärte sich ohne jedes Zögern einverstanden. Sie liebte es, vom Pharao zu träumen.

– Schlaf – bat ich – Schlafe Deinen Traum von der Großen Pyramide und von Cheops. Sag mir, was Du siehst. Erzähle über das Leben, dass Du jetzt siehst, über die Priesterin, die Du bist.

– Ich bin eine Priesterin des Pharao, ich diene dem Priester Juno, mein Name ist Ki – begann Diejenige, Deren Name Das Leben Ist, zu träumen.

– Welche Zeit haben wir, welches Jahr? – stellte ich ihr zum wiederholten Male die gleiche Frage.

– Es ist die Zeit des Baus der Pyramide.

Und wiederum konnte Ki nicht bestimmen, wann sie lebte. Ich beschloss, nicht mehr nach der Zeit zu fragen. Ich dachte mir, dass ich vielleicht auf eine andere Weise herausfinde, wann die Große Pyramide gebaut wurde. Die offizielle Wissenschaft beziffert das Alter der Pyramide auf eine Zeit von 2.500 Jahren vor Christus.

– Sag mir, was Du siehst – bat ich. – Ist die Pyramide bereits fertig gestellt? Siehst Du, wie sie gebaut wird?

– Noch bauen sie nicht, noch laufen die Vorbereitungen.

– Hast Du den Bauplan gesehen?

– Nein, die Pläne sind geheim, nur Cheops und Juno kennen sie. Sie holen Tiere für die Arbeiten. Die Arbeiten werden sehr schnell durchgeführt, auf allen Gesichtern sieht man Freude, keinen Zwang.

– Träume weiter – ermunterte ich sie. – Deine Träume öffnen vielen Menschen die Augen. In der Zukunft wirst Du keine Priesterin mehr sein, aber Du wirst in der Lage sein, davon zu träumen, was Du jetzt siehst. Du kannst den Menschen helfen, das

Geheimnis der Großen Pyramide zu verstehen. Sieh Dir die Pyramide und die Räume an. Was siehst Du?

– Am Fuße der Pyramide ist ein Raum, eher eine Kammer – träumte Ki weiter. – Diese Kammer befindet sich auf der Seite des Raumes der Königin. Eine weitere Kammer befindet sich auf der Seite des Raumes des Cheops, eine dritte Kammer und die zwei letzten Räume über der Königskammer. Die Kammern sind eine auf der anderen aufgebaut. Mehr versteckte Räume sehe ich nicht. Der letzte Raum befindet sich unter der Spitze der Pyramide und ist sehr groß.

– Gibt es einen Eingang zu diesen Kammern?

– Ja. Die Verbindung zu allen Kammern befindet sich in der Königskammer. Sie ist versteckt.

– Wie lange dauerte der Bau?

– Zwanzig Jahre, einschließlich der Korridore, die sich um die Pyramide herum befinden.

Eine weitere Bestätigung der Bauzeit der Pyramide – dachte ich. Wenn dem so war, dann schließt schon einfache Mathematik die Theorie ihres Baus durch eine primitive Gesellschaft aus...

– Sprich... Sprich weiter, Ki.

– Soll die Pyramide das Grab für Cheops sein? – fragte ich.

– Nein. Die Große Pyramide wurde dafür erbaut, um ein Schlüssel oder ein Tor zum Universum darzustellen. Sie wurde mit einem konkreten Ziel erbaut. Sie soll eine Botschaft sein, ein Kontakt zum Universum und vor allem eine Verbindung zur Zweiten Erde. Es handelt sich dabei um eine Verbindung durch Wellen, die in beiden Richtungen fließen, von der Pyramide zur Zweiten Erde und von dort hierher. Die Pyramide ist ein Zeitzeichen und wurde erbaut, um in der Zukunft als Code zu dienen.

Ich freute mich über das, was sie sagte, denn es bestätigte das, was sie schon zuvor geträumt hatte. Ich wunderte mich nur darüber, woher eine ägyptische Priesterin dieses Wissen über die Bedeutung eines Symbols wie der Pyramide hatte.

– Woher weißt Du das alles? – fragte ich.

– So sagt es Juno – antwortete sie. – Er sagt, dass die Pyramide im zentralen Punkt der Erdachse steht. Alle energetischen Felder treffen sich in diesem Punkt. Die Pyramide ist der Anfang und die Pyramide ist das Ende. Deshalb ist sie so wichtig.

– Weißt Du das alles von Juno?

– Manchmal erzähle ich das, was ich sehe, manchmal erläutert mir Juno etwas, manchmal spricht einer der Weißen Brüder zu mir.

– In welcher Sprache sprichst Du mit Juno und den Weißen Brüdern?

– Wie in welcher Sprache? In der Sprache, in welcher wir alle sprechen. Eine andere kenne ich nicht.

Es gab mir zu denken, auf welche Weise eine ägyptische Priesterin im Schlaf mit mir polnisch redete und dort, in Ägypten, vor mehreren Tausenden von Jahren, die Sprache verstand, die in der Zeit des Baus verwendet wurde. Hat sie vielleicht irgendeinen „inneren Übersetzer", der auf eine nur für sie verständliche Weise im Geist der heutigen Lucyna die Informationen aus der damaligen Zeit so verarbeitete, dass sie sie in der einzigen ihr jetzt zur Verfügung stehenden Sprache weitergeben konnte? Einen Moment lang hatte ich Lust, Ki zu bitten, dass sie mir etwas in der damaligen Sprache sagt, aber nach kurzem Zögern gab ich diese Idee auf. Selbst wenn sie anfing, irgendwelche merkwürdigen Worte auszusprechen, könnte sie doch keiner von uns verstehen. Und jemanden zu finden, der die damals in Ägypten verwendete Sprache beherrscht und verstehen kann, schien mir eine zu schwierige und derzeit völlig unnötige Aufgabe zu sein.

Mir kam auch in den Sinn, dass der Kosmos höchstwahrscheinlich bei ihr die Rolle eines solchen „Übersetzers“ spielt. Er hilft ihr, sich auf eine Weise verständlich zu machen, die durch sie verstanden werden kann, unabhängig davon, wie weit in der Zeit und wohin sie in ihren Träumen zurückgeht. Mit einer solchen Hilfe musste Lucyna nicht die Sprache des Landes sprechen, von dem sie träumt. In ihrem Traum unterhalten sich Juno, Cheops und alle anderen Wesen in der ihr verständlichen Sprache. Wenn sie die Worte nicht verstehen könnte, dann wäre sie auch nicht in der Lage gewesen, irgendetwas davon weiterzugeben.

Ich lächelte bei diesen meinen Gedanken und kam auf das Hauptthema zurück.

– Wie heißt derjenige, der zu Dir spricht? – wollte ich wissen.

– Sein Name ist Olivier, aber für sie haben Namen keine Bedeutung... Sie bitten mich, sie „Freunde“ zu nennen...

– Dann frage ihn, wo die Zweite Erde ist.

– Die Zweite Erde befindet sich im Oriongürtel. Es ist der erste Stern, um ihn dreht sich der Planet Ashun.

Ich dachte über eine Sache nach: Wenn diesen Planeten Ashun Wesen bewohnen, die uns ähnlich sind, Wesen aus Fleisch und Blut, wie sind sie dann hierher gekommen? Was für eine Technologie kosmischer Reisen muss auf diesem Planeten existieren, wenn sie es ermöglichte, solche Entfernungen zu überbrücken? Derzeit ist der Mensch lediglich in der Lage, auf den Mond zu fliegen, zum Mars wurde eine Sonde entsandt, aber der Gürtel des Orion ist schließlich viel, viel weiter entfernt... Ich verschob dieses Thema auf eine spätere Gelegenheit.

– Siehst Du jene, welche die Pyramide bauen, die Ankömmlinge von der Zweiten Erde? – fragte ich. – Wie sehen sie aus?

– Ich sehe sie, aber sie sind etwas entfernt. Der direkte Kontakt mit der Erde ist für sie gefährlich. Die Erde ist verseucht, ihre Organismen sind gegen die hiesigen Bakterien nicht immun. Deshalb sind sie durch Kleidung geschützt.

– Erzähle mir, wie sie aussehen – bat ich.

– Es sind wunderschöne Männer. Sie tragen Raumanzüge und Helme auf dem Kopf. – träumte die Priesterin weiter. – Wenn sie auf der Erde sind, nehmen sie diese nicht ab, denn dies ist ihr Schutz vor den Bakterien auf der Erde.

– Weshalb sind sie gekommen?

– Sie sind gekommen, um die Menschen zu lehren, unseren Geist zu erleuchten und ihre Existenz zu beweisen. Hauptziel dieser Wesen – damals und heute – ist es, die menschliche Rasse vollkommen zu machen.

Ja, dachte ich, das wurde bereits in den vorherigen Träumen von Ki gesagt. Es sieht so aus, als ob man nur dann vollkommen werden könnte, wenn man Liebe empfindet. Aber ist dies Liebe zu allen? Auch zu denen, die uns verletzen?

– Kennst Du Cheops persönlich? – meine Neugier besiegte meinen Drang nach Philosophie.

– Ja, wir treffen uns häufig. Ich bin oft zusammen mit Juno bei ihm, aber bei den wichtigsten Gesprächen und Diskussionen war ich nicht dabei. Keinem von uns war es erlaubt, an den Treffen im Speziellen Zelt teilzunehmen. Nur Cheops und Juno haben das Recht, dieses Zelt zu betreten. In ihm finden die Treffen mit der Weißen Bruderschaft statt, mit den Ankömmlingen vom Orion.

Aus dem Traum der Priesterin ging hervor, dass das spezielle Zelt ein Raum war, in welchem sich die Ankömmlinge von der Zweiten Erde ohne Raumanzüge mit Cheops und Juno trafen. Es war ein Besprechungsort und dort erhielten Cheops und Juno ihre „Anweisungen“ hinsichtlich des Baus.

– Träume weiter und erzähle mir, wie das Spezielle Zelt aussieht, – bat ich.

– Es ist aus Holz gebaut und mit Leinen bedeckt, wie die anderen Zelte auch. Es unterscheidet sich dadurch, dass es drei Räume besitzt. Der Erste dient dazu, sich zu reinigen. Der zweite Raum hat eine ähnliche Funktion. Im dritten Raum finden die Beratungen statt.

– Wozu diese Reinigung?

– Dazu, um den Pharao und Juno von den Erdbakterien zu befreien, die für die Ankömmlinge gefährlich sind, und damit die Weißen Brüder sich ohne ihre Anzüge unterhalten können.

– Wie wird diese Reinigung durchgeführt?

– Cheops und Juno müssen sich drei Tage lang auf das Treffen mit den Weißen Brüdern vorbereiten. Am ersten Tag müssen sie im ersten Raum eine spezielle Flüssigkeit trinken, die von den Weißen Brüdern zubereitet wird. Am zweiten Tag kommen sie in den zweiten Raum, dort steht auf einem Steintisch eine Kugel, die blauviolette Strahlen abgibt. Dort findet die letztendliche Reinigung von den Erdbakterien statt.

– Was wird im ersten Raum getan?

– Hier werden alle inneren Organe gereinigt. Sie müssen ein speziell vorbereitetes Getränk trinken.

– Ist die Zusammensetzung dieses Getränks bekannt?

– Nein, niemand wusste, was das für eine Flüssigkeit war, selbst Cheops und Juno nicht. Aber sie vertrauten den Weißen Brüdern unendlich und unterzogen sich ohne jeden Widerspruch der Reinigung. Erst am dritten Tag konnten sie in den dritten Raum eintreten, wo die Beratungen stattfanden und wo sie genaue Anweisungen hinsichtlich des weiteren Baus erhielten. In das Spezielle Zelt durfte kein anderer eintreten, und dieses Verbot wurde ohne Widerspruch beachtet.

Ich dachte mir, dass Herodot das nicht beschreiben konnte, denn es gab keinen, der ihm dies erzählen konnte. Ich war neugierig, ob Ki den Pharao wirklich gut kannte, also wechselte ich das Thema.

Wie nanntest Du Cheops? – fragte ich.

– **KHUFU**.

– Warum?

– Ich weiß nicht, die Auserwählten wendeten sich so an ihn.

Diese Worte waren sehr interessant. Die Geschichte nennt Cheops ebenso, so schreibt sie über ihn: **KHUFU**. Ich überlegte mir, dass dies vielleicht nicht nur ein Name für die Auserwählten war, dass alle sich so an ihn wendeten, aber das war im Moment ohne Bedeutung. Ich bat Ki weiterzuträumen.

– Wo bist Du jetzt – fragte ich.

– Ich bin bei der **SPHINX**. Die Menschen helfen beim Bau... Es gibt einen Weg, ein Gerüst. Jedes aufgelegte Niveau wird mit Sand bestreut. So sieht der Bau aus... Die Pyramide befindet sich in der Mitte... Ein Niveau.... Sie bauen das Gerüst und bestreuen es mit Sand. Danach kommt das nächste Niveau...

– Was machen die Menschen?

– Die Menschen helfen beim Bau, aber die Erbauer sind keine Menschen. Das heißt... ja... Menschen, aber nicht von unserer Erde. Es sind diejenigen von der Zweiten Erde.

– Ich weiß, Du hast davon geträumt. Sag mir, was Du siehst: Auf welche Art bauen sie die Pyramide? Welches Material wird auf der Baustelle verwendet?

– Steine. Sie wurden aus den Steinbrüchen hierher gebracht, von den Schiffen transportiert. Nur das Holz für den Bau der Gerüste kam auf dem Nil, die Steine transportierten die Schiffe. Deshalb konnte man sich den Transport der Steine über lange Entfernungen leisten.

– Meinst Du Luftschiffe? Wie lief das ab?

– Sehr merkwürdig. Ich kann jetzt nur das erzählen, was ich sehe, was ich verstehe. Die Schiffe zum Transport der Steine waren ziemlich groß. Es gab keine Leinen, keine Sicherungen. Der Stein hing einfach in der Luft. Nach dem, was Juno mir sagte, ist das Energie. Juno will mir nicht genauer erläutern, was das ist, welche Energie das ist. Ich weiß nur, dass sie sehr stark ist. Der hängende Stein wurde auf den Bauplatz transportiert. Dort führte ein zweites Schiff, viel kleiner als das Erste, die Verarbeitung, das Abschneiden aus. Ein so bearbeiteter Stein wurde mit mathematischer Genauigkeit auf die Pyramide gestellt. Stein für Stein. Der Bau wurde immer in der Nacht durchgeführt. Am Tage führten die Menschen andere Arbeiten aus, die auch mit dem Bau verbunden waren.

– Womit haben sie das ganze beleuchtet, damit etwas zu sehen war? – fragte ich weiter. – Heute, im Zeitalter des Wassermanns, kennen die Menschen etwas, das Elektrizität heißt. Gab es das damals schon?

– Nein, diesen Begriff kenne ich nicht. Die Baustelle wurde von den Schiffen beleuchtet.

Ich weiß nicht, was für eine Art der Beleuchtung das war, aber es war so hell, dass man alle Einzelheiten erkennen konnte.

– Der Pharao? Cheops? Was machte er auf der Baustelle? – fragte ich.

– Der Pharao ist sehr oft auf der Baustelle, schließlich ist dies seine Mission, seine Berufung. Er nimmt von Anfang bis zum Ende am Bau teil. Er überwacht, beaufsichtigt, aber er treibt nicht an. Der Bau muss in seinem eigenen Rhythmus verlaufen.

Ki sprach immer langsamer, immer schläfriger... Ich wusste nicht, ob sie müde geworden war, ob ich sei aufwecken oder weiterfragen soll... Meine Neugier gewann.

– Reise jetzt durch die Zeit – bat ich sie. – Der Bau der Pyramide ist beendet. Sieh den Moment, an welchem die Pyramide fertig ist. Was passiert?

– Ja... Der Bau ist beendet – träumte die Priesterin. – Sie bauen jetzt das Gerüst ab. Stück für Stück tragen sie langsam den Sand ab und entfernen das Holz. Alles wird an einer Seite gelagert, denn das Material wird für den Bau der nächsten Pyramide benötigt, der in Kürze beginnen soll. Die zweite Pyramide soll genau gegenüber dem zweiten Stern des Oriongürtels entstehen.

– Lebt Cheops jetzt noch, wenn Du die fertige Pyramide betrachtest? – fragte ich.

– Ja, er lebt – Ki begann in ihrem Traum, unruhig zu werden.

– Und wann starb er?

Es trat Schweigen ein, in den Augen der schlafenden Priesterin zeigten sich Tränen. Sie begann zu weinen und nach einer Weile änderte sich das Weinen in ein Schluchzen. Ich wusste nicht, ob ich sie wecken oder ihr erlauben sollte, sich auszuweinen.

Ich beschloss, einen Moment zu warten, und wirklich begann sie sich langsam zu beruhigen.

– Er starb merkwürdig – ihre abgebrochene Stimme verriet riesige Trauer. – Eines Tages ging er in den Tempel und sein Körper wurde leblos gefunden. Er verließ seinen Körper und ging dahin. Das war ein Schock für alle, er war noch sehr jung. Ich weiß nur, dass er auf eigene Bitte nach der Fertigstellung des Baus dahinschied. So wurde es prophezeit, dass im Moment, wenn die Pyramide fertig gestellt ist, Cheops dahingehen wird.

– Wie begraben sie ihn, sag es mir – bat ich.

Ki begann erneut zu schluchzen. Sie konnte sich nicht beruhigen, also fragte ich sie, ob sie aus dem Traum erwachen möchte.

– Ich will nicht – sagte sie unter Tränen – Ich will ihn verabschieden.

Es dauerte eine längere Zeit, bis sie endlich unter Tränen ihre Erzählung fortsetzte.

– Ein spezieller Trauerzug trägt Cheops von der Sphinx bis zu seiner Ruhestätte. Das ist ein langer Korridor. Sie tragen seinen einbalsamierten Körper, um ihn an dem Platz zu begraben, den er sich vor seinem Tod ausgewählt hat. Ein Platz, der Menschen in den nächsten 6.500 Jahren nicht zugänglich sein wird. Als sie Cheops endlich in die Grabkammer gelegt haben, verschütten spezielle Dienste der Priester mit Sand den Eingang. Ich stehe daneben und...

Sie brach in solche Tränen aus, dass ich selbst nicht wusste, ob ich sie trösten sollte oder lieber doch erwecken... Ich beschloss zu warten... Schließlich ist sie eine Frau, und Frauen müssen sich manchmal ausweinen, um sich danach besser zu fühlen. Aber das Weinen dauerte an, und ich beschloss, ihr in ihrer Trauer irgendwie zu helfen. „Vielleicht sollte ich ihr meine Kondolenz erweisen?“ – dachte ich, obwohl in den damaligen Zeiten ganz andere Sitten herrschen konnten. Ich wollte den Fluss ihrer Tränen stoppen, aber ich wusste absolut nicht wie. Zwar war das alles nur ein Traum, aber ich wollte nicht, dass er für sie unangenehm war.

– Hast Du Cheops geliebt? Ging Dir sein Tod sehr nahe? – fragte ich.

Dumme Frage – dachte ich. – Wenn sie ihn nicht geliebt hätte, dann würde dieser „Springbrunnen“ nicht aus ihren Augen fließen. Mir fiel aber nichts Klügeres ein. In Gedanken freute ich mich, dass sie ein konkretes Datum genannt hatte. Wenn das Grab in 6500 Jahren geöffnet werden sollte, dann hieß das, dass die Große Pyramide vor **6500** Jahren, gerechnet vom heutigen Tag, erbaut wurde, also 4500 Jahre vor Christus und nicht 2000 Jahre später, wie die offizielle Version es will.

– Juno... hält mich in den Armen... Wir weinen alle, aber alle müssen gehen... ihn allein lassen – Ki sprach weiter unter Tränen und ignorierte meine Frage. – Cheops ist bereits in der Grabkammer, ein Schiff kommt angeflogen und bedeckt das Grab mit einer Platte. Wir gehen alle auf demselben Weg zurück, auf dem der Trauerzug gekommen ist. Als wir wieder bei der Sphinx sind, ist der Weg zum Grab abgeschnitten. Der zweite Weg – der Kanal, der bisher leer war – wird mit Wasser gefüllt... Sie öffnen jetzt die Staumauer... überschwemmen den Kanal mit Wasser...

Ich wollte fragen: „Wie fühlst Du Dich jetzt?', aber diese Frage kam mir nicht richtig vor. Wie kann sich eine Frau fühlen, deren geliebter Herrscher gerade in sein Grab gelegt und mit Sand bedeckt wurde? Schlecht, ganz klar. Ki begann erneut unter Schluchzen zu sprechen:

– Es ging jemand von uns, den wir geliebt haben. Unser Pharao... Khufu... war ein großartiger König. Er war beliebt, gut...

Er wusste, dass alle ihn lieben. Er ging sehr früh, aber er sagte, dass wir uns treffen werden. Wir treffen uns in der Zukunft, wenn er zurückkehrt. Juno sagte, dass wir geduldig warten müssen. Unser Treffen wird kommen.

Ihr Atem begann sich langsam zu beruhigen. Es dauerte einige Minuten, also wartete ich auf die weitere Entwicklung ihres Traumes. „Wecken oder nicht wecken – das ist hier die Frage." Ich merkte, wie ihre Ruhe und ihr gleichmäßiger Atem zurückkehrten.

– Träume weiter – sagte ich leise. – Träume Deinen Traum, denn ich weiß nicht, wann Du wieder träumen kannst. Vielleicht ist das der wichtigste aller Träume, die Du je geträumt hast. Dein Traum kann den Pharao erwecken. Kannst Du weiterträumen, willst Du es?

– Ja – antwortete sie. – Du kannst mich fragen. Ich bin ruhig.

– Dann beschreibe doch bitte genauer, wie das Begräbnis des Pharao ausgesehen hat. Was siehst Du?

– Es gibt eine Treppe unweit der Sphinx, auf Seiten ihres Kopfes. Dort ist der Eingang, durch den der Trauerzug ging.

– Wie tief hinunter führt diese Treppe.

– Ein Stockwerk, vielleicht zwei. Sie ist relativ tief, sie gehen unter die Erde. Sie tragen Cheops zu seiner Ruhestätte, dort wurde das Grab vorbereitet. Es ist von allen Seiten mit Steinen umbaut.

– Wie sieht es im Inneren aus?

– Es ist leer, es steht dort nur ein rechteckiger **Sarkophag**, der aus dem gleichen Stein erbaut wurde, wie die Pyramide. Er steht fast in der Mitte des Raumes, sie legen den Pharao hinein.

– Und was weiter?

– Ein Schiff der Weißen Brüder kommt angeflogen und bedeckt den Sarkophag mit einer Platte. Niemand muss zusammen mit dem Pharao sterben, alle verlassen die Grabkammer.

Das war für mich ein faszinierender Teil des Traumes. Sie sprach, als ob sich vor ihren Augen die ungewöhnliche Szene des Begräbnisses eines Menschen abspielte, den Wissenschaftler, Archäologen, Schatzsucher und Abenteurer seit Tausenden von Jahren suchen.

– Träume weiter – bat ich Ki. – Sag mir, was Du noch siehst. Wohin gehen sie?

– Sie gehen nach draußen – träumte Ki. – Sie gehen denselben Weg zurück, auf dem sie gekommen sind.

– Wurden in der Grabkammer irgendwelche Kostbarkeiten oder Gefäße zurückgelassen?

– Nein – antwortete sie, dort ist nur die Leiche des Pharao.

– Nichts weiter? – wunderte ich mich. – Ich habe gehört, dass zusammen mit berühmten Königen verschiedene Kostbarkeiten, Gold und Schmuck begraben wurden.

– Ja – antwortete sie – es gibt etwas Gold, seine persönlichen Sachen, aber das Gold ist nicht das Wichtigste, am Wichtigsten sind die Informationstafeln.

– Was sind das für Tafeln? Was ist auf ihnen?

– Das sind **Tafeln**, auf denen die Priester den gesamten Zeitraum des Baus beschrieben. Es gibt viele von ihnen, sehr viele.

Sie liegen im Sarkophag, neben Cheops, aber auch an anderen Orten. Sie bestehen aus einem Gestein, das wie Granit aussieht, aber glänzt. Auf den Tafeln sind Aufzeichnungen darüber, wer die Pyramide gebaut hat und was sie in sich birgt. Auf ihnen ist die

Geschichte der Menschheit, die Geschichte von Atlantis, die Geschichte der Erde festgehalten. Die Brüder von der Zweiten Erde sagten, dass diese Tafeln in unbeschädigtem Zustand bis zum Zeitalter des Wassermanns überdauern müssen.

Ich sah, dass der Atem der Priesterin normal war, die Augen geschlossen und der Körper entspannt, also beschloss ich weiterzufragen.

– Also wurde die Große Pyramide nicht für Cheops, sondern für die Zukunft gebaut?

– Juno sagt... Cheops sagt... Die Botschaft... Der Code, den die Große Pyramide darstellt, soll den Menschen in der Zukunft dienen, in einer bestimmten Zukunft, wenn die Fische die Herrschaft dem Wassermann übergeben. Davon werden die Propheten sprechen, das wird vorausgesagt werden. Die Pyramide wird ein Tor sein, das sich öffnet und durch den energiemagnetischen Kanal werden Wesen von der Zweiten Erde zu uns kommen, diejenigen, die auch jetzt bei uns sind. Um dieses Tor zu öffnen, diesen Code, muss man einen Chiffre oder einen Schlüssel besitzen. Der Pharao ist der Schlüssel.

Ich dachte mir, dass in der heutigen Zeit jemand auf den Gedanken kommen könnte, die Große Pyramide auseinander zu nehmen. Die Forscher argwöhnen nach wie vor, dass im Inneren Schätze versteckt sind, dass die Pyramide über eine spezielle Energie verfügt, die auf der ganzen Welt diskutiert wird.

– Kann man das Tor ohne Schlüssel öffnen? – fragte ich.

– Man kann das Tor ohne Schlüssel aufkriegen, aber dann existiert eine Gefahr. Die Wesen in der Zukunft werden nicht wissen, was sich hinter dem Tor verbirgt. Juno sagt, dass es sehr gefährlich ist, das Tor ohne Schlüssel zu öffnen.

– Warum gefährlich? Was kann passieren?

Die Priesterin Ki zögerte und schwieg einen Moment lang. Wieder atmete sie in einem leicht beschleunigten Rhythmus. Ich dachte, dass sie erneut den Tod Cheops durchlebt, aber nach einer Weile wurde ihr Atem wieder normal.

– Hier muss ich sagen – begann sie mit ruhiger, aber entschiedener Stimme zu sagen – dass mir übertragen wurde, was Cheops und Juno mir gesagt haben. Wie bereits erwähnt, fand vor der Sphinx eine Beratung, ein Götterrat statt, als die menschlichen Wesen anders, als von den Göttern geplant, die Erde besiedelten. Deshalb wurde auf dieser historischen Beratung, von der Juno spricht, der Erde und ihren Bewohnern eine Zeit bestimmt. Diese Zeit läuft ab, wenn die Fische die Herrschaft dem Wassermann übergeben. Dann beginnt die Säuberung der Erde, die Säuberung der Menschen. Bei der Säuberung wird den göttlichen Energien die Natur helfen. Das Grab muss gefunden werden, denn seine Öffnung und die Öffnung der Pyramide helfen, die Säuberung zu lindern. Juno sagt, dass nach 6500 Jahren, nach der Öffnung der Pyramide mit dem Schlüssel, die Götter auf die Erde zurückkehren werden, um den Menschen erneut zu helfen. So, wie dies jetzt geschieht.

Ich begann zu verstehen, warum über so viele Jahrhunderte niemand das Grab gefunden hatte. Niemand vermutete sogar, wo es sich befindet. Die Mehrzahl der Archäologen nimmt an, dass das Grab im Inneren der Pyramide ist, aber es ist nicht klar, wo, denn alle bisher aufgefundenen Kammern der Cheopspyramide waren leer. „Also haben die Sicherungen gewirkt“ – dachte ich mir.

Das Grab sollte erst jetzt aufgefunden werden.

– Das Grab verfügt über Sicherungen. Der Schlüssel muss gefunden werden, um das Tor zu öffnen. Die Sicherungen wurden eingeführt, weil – wie die Weißen Brüder meinten – die Gier der Menschen noch ansteigen wird. Die Gier nach Gold wird unter den Menschen von Generation zu Generation wachsen. Deshalb ist Cheops so genau gesichert. Die Sicherung kommt vom Orion und wehe denen, die versuchen, diese Informationen zu nutzen und zu ihm vordringen wollen. Das Grab werden sie finden, aber sie werden alle sterben. Sicher können sich nur die Menschen fühlen, die im Zeitalter der FISCHE zur Welt kommen und sich im Zeitalter des WASSERMANNS befinden. Dies werden ausgewählte Menschen sein, Auserwählte. Das alles konnte nicht eher geschehen, da die festgelegte Zeit ablaufen musste.

Daraus folgte, dass der Kosmos uns ausgewählt hatte, Lucyna, Iwona, Łucja und mich – als „Auserwählte". Dass uns dies bloß nicht zu Kopfe steigt – dachte ich sofort. In der menschlichen Natur liegt nun einmal die Suche nach Außergewöhnlichkeiten.

Ich bemerke, wie viel von all dem, was Ki träumte, nicht mit den offiziellen Theorien der Wissenschaftler und Archäologen übereinstimmte. Es stimmte weder das Datum des Baus, noch die Art des Baus der Großen Pyramide, und schon gar nicht die Theorie über die Grausamkeit des Cheops. Einzig die Länge der Bauzeit der Pyramide stimmte überein: 20 Jahre, sowie die Tatsache, dass sie von einem Pharao gebaut wurde, den Lucyna Cheops oder **KHUFU** nannte. Auf der anderen Seite unterschied sich das von Ki angegebene Datum des Baus der Großen Pyramide um 2000 Jahre von den offiziellen Daten der Herrschaft dieses Pharaos. Das sind Einzelheiten, die überhaupt nicht zu dem von der modernen Wissenschaft zusammengesetzten Mosaik passen.

Ich fühlte, dass der Traum der Priesterin zu Ende gehen würde, aber ich war neugierig, was passiert, wenn wir dieses Grab ausgraben, also stellte ich eine nächste Frage...

– Wenn das Grab gefunden und geöffnet wird, gibt es dann irgendwelche Rituale, die durchzuführen sind, damit alles so passiert, wie es notwendig ist?

– Wenn der Pharao das Sonnenlicht erblickt, wenn das Grab geöffnet wird, dann muss der Pharao zur Sphinx, dem Wächter getragen werden – antwortete Ki – dort muss man sich vor dem Wächter verneigen und anschließend in die Pyramide gehen und den Körper des Pharao in den vorbereiteten Sarg in der Königskammer legen. Er wurde speziell für ihn dort erbaut, jetzt steht er leer. Der Pharao muss dort nur bis zum Vollmond aufbewahrt werden. Danach soll sein Körper – so steht es geschrieben – der Wissenschaft übergeben werden. Dies genügt zur Durchbrechung der Sicherungen und zur Öffnung der geheimen Eingänge, denn die Pyramide birgt andere Kammern, die erst nach der Ausgrabung des Grabes gefunden werden. Es existiert eine spezielle Prozedur der Beseitigung der Sicherungen. Die Auserwählten werden sie kennen lernen, wenn die Zeit dafür gekommen ist.

Ki verstummte, als ob sie in einen noch tieferen Schlaf gefallen wäre. Ich wartete auf ihre Worte, aber das Schweigen zog sich hin.

– Willst Du aufwachen? – fragte ich.

– Nein, ich will nicht. Erlaube mir, noch hier zu bleiben. Hier fühle ich mich wohl, hier umgibt mich so viel Liebe.

– Du hast eine Aufgabe zu erfüllen, eine sehr wichtige Aufgabe. Ich überführe Dich gleich in die Zeit, in der Du den Pharao wieder treffen kannst. Du wirst ihn erwecken können.

– Erlaube mir zu bleiben – flüsterte Ki und fing wieder an zu weinen.

– Ich kann nicht, Du wirst hier benötigt, also wache auf. – beschloss ich noch entschiedener. Ki konnte schließlich nicht unendlich lange träumen. Auf diese Weise verschläft sie noch die Öffnung des Grabes. – Wache auf – wiederholte ich. – Gleite in der Zeit zu einem anderen Traum, zu dem Traum, den Du in der Zukunft haben wirst.

Sie rollte sich zusammen, aber ich wusste, dass ihre Rückkehr beginnt.

– Wache auf – wiederholte ich noch einmal. – Du bist Diejenige, Deren Name Das Leben Ist. Du bist Lucyna, dein Schlaf ist der Schlaf Deines heutigen Lebens. In einem Moment hörst Du auf, ihn zu träumen.

Diejenige, Deren Name Das Leben Ist, öffnete langsam ihre Augen. Sie lag noch lange da, um zu sich zu kommen, bevor sie erneut Lucyna wurde.

KAPITEL 11

DER GESCHÄFTSMANN

Er stellte sich als Geschäftsmann vor, aber ich nannte ihn **Denjenigen, Der Meint, Geld Verdienen Zu Können**. Wir trafen uns in einem Geschäft und dies war ein weiterer Zufall. Er kannte sich aus mit Computern, Frauen und mit Geldverdienen. Ich zögerte, ob ich ihm über Cheops erzählen sollte, denn in den Augen eines solchen Geschäftsmannes wollte ich nicht als Phantast und unseriöser Mensch dastehen, der ungereimtes Zeug über Ägypten, den Pharao und das Grab daherredet.

Weil solche Zusammentreffen selten sind, lud mich der Geschäftsmann zu sich nach Hause ein. Er redete viel von seinen Geschäften, von Geld, welches das nächste Geld anzieht, und so weiter. Ich dachte mir, dass selbst Geschäftsleute es manchmal lieben zu träumen und in ihrer Phantasie über die Prozente des Kapitalanstiegs, die Wertpapiere, Obligationen und die Ausbeutung des Menschen durch den Menschen hinauswandern, wobei der Geschäftsmann die letzte, kommunistisch geprägte Losung eher auf die Beziehung zwischen Mann und Frau anzuwenden schien.

Er verstand es, Eindruck zu machen, er war offen für die verschiedensten Seltsamkeiten dieser Welt, also beschloss ich, alles zu riskieren und ihn in unsere ägyptischen Geheimnisse einzuweihen...

– Ich erzähle Dir von Cheops – sprach ich ihn eines Tages an.

Und so geschah der nächste Zufall. Es zeigte sich, dass der Geschäftsmann, Derjenige, Der Meint, Geld Verdienen Zu Können, Architekt und Archäologieliebhaber war und mir sofort seine Hilfe bei der Suche nach dem Größten Geheimnis des Universums anbot.

– Ich war in Ägypten – antwortete er mir. – Ich habe aus dem Sand verschiene Gegenstände ausgegraben. Ich kenne die Leute, ich weiß, wie man so etwas erledigt. Das kann ein gutes Geschäft werden.

– Wie? – fragte ich und wunderte mich schon über gar nichts mehr.

Zufälle, unvorhergesehene Treffen mit Menschen, die – so kommt es einem vor – rein gar nichts mit dem ägyptischen Thema zu tun haben, wurden allmählich zur Normalität. Personen, die den Schlaf gerechter Bürger eines normalen Staates schliefen und deren Schlaf darin bestand, morgens zur Arbeit zu gehen, Geld zu verdienen, zu essen, wieder zur Arbeit zu gehen, Fernsehen zu sehen und sich schlafen zu legen, änderten sich plötzlich in ungewöhnliche Menschen. Auf einmal wollten sie ihre normalen Träume über eine normale Realität nicht länger träumen. Sie begannen, an eine andere Realität, eine „unnormale", außergewöhnliche zu glauben, die irgendwo in ihrem Unterbewusstsein versteckt war.

Plötzlich begann sich vor mir, dem Wanderer, eine Welt mit den gleichen und doch völlig anderen Menschen zu öffnen.

Menschen, die auf einmal nicht mehr nur von Gold und Schätzen, sondern von Allen Menschlichen Wesen Auf Dieser Erde träumten. Ein solch ungewöhnlicher Mensch schien der Geschäftsmann zu sein und auf einmal glaubte ich fest an seine finanzielle Klugheit.

– Man erledigt das, wie alles andere auf der Welt auch – antwortete er, als ich ihn über den Pharao fragte. – Erst einmal müssen wir Geld für diese Expedition finden. Wenn das erledigt ist, dann reden wir mit der Polnischen Archäologischen Mission und mieten sie zur Erledigung der Genehmigungen und zur Ausführung der Ausgrabungen. Es gibt in Polen einen Sehr Bekannten Archäologen. Ihm, werden die Ägypter die Genehmigung nicht abschlagen, weil er ständig bei ihnen sitzt und immer etwas Interessantes findet.

– Meinst Du, dass das einfach sein wird? – fragte ich.

– Kein Problem – seine sowieso schon breiten Schultern vergrößerten sich noch durch das Gefühl von Stolz und Wichtigkeit. – Für mich ist das eine Kleinigkeit. Wir werden höchstens eine halbe Million Dollar brauchen.

Ich stellte mir vor, wie ich, der Wanderer, zu jemandem gehe und um die Summe von fünfhundert Tausend Dollar bitte, indem ich ihm sage, dass ich weiß, wo das Grab des Cheops ist, das Archäologen, Hellseher und Geschäftsleute seit Tausenden von Jahren suchen, da sie sich davon Reichtum und Ruhm versprechen. Ich erzähle, dass ich weiß, wie die Pyramide erbaut wurde und wer sie erbaute. Der weitere Verlauf dieses Gespräch ist leicht vorauszusehen.

Die Träume der Priesterin Ki? Was hat das mit Wissenschaft zu tun? Wo sind die Fakten, die Untersuchungen? Wo das Georadar? Die heutigen Wissenschaftler und Geschäftsleute glauben nicht an Träume, an Gespräche mit dem Kosmos, an seine geistige Existenz und schon gar nicht an die Existenz Außerirdischer Zivilisationen.

Ich legte dem Geschäftsmann meine Zweifel dar.

– Deshalb bin ich Geschäftsmann, um einen solchen Traum zu erträumen, der vielen Sehr Reichen Personen gefällt.

Und auf diese Weise begann der Geschäftsmann, in meiner Anwesenheit Träume über Ägypten, über Reichtum und Ruhm und vor allem über Geschäfte zu träumen. Schließlich war er Geschäftsmann. Das einzige, was er nicht sagte war, wie viel Geld er selbst hatte, aber ich konnte mir denken, dass ihm ein bisschen bis zu der benötigten halben Million fehlt, andernfalls hätte er sie doch sofort investiert, nicht wahr? Ich wartete also auf irgendwelche interessante Vorschläge von seiner Seite.

Aber die Zeit verging und das, was er geträumt hatte, stellte sich nicht immer als beste Methode zur Gewinnung der benötigten Mittel heraus. Zu Beginn waren die Telefonfirmen dran, die über gut gefüllte Reklamebudgets verfügten. Der Werbeslogan „Mit uns telefonieren Sie sogar mit Cheops“ schien eine gute Idee zu sein, aber die Zeit verging und Geld war immer noch nicht da.

– Wir müssen die Träume der Priesterin einbinden – schlug Diejenige, Die Jeder Morgen Anlächelt, vor. – Schließlich hat der Kosmos den Geschäftsmann auf Deinen Weg gestellt, also erfahren wir vielleicht, was für einen Weg der Kosmos für ihn vorgesehen hat.

– Wenn der Kosmos uns diesen Weg offenbaren will – merkte ich an.

Wir gingen zu Lucyna mit der Bitte um Hilfe durch den Kosmos.

– Sprich doch selbst mit ihm – sagte sie zu mir, als ich ihr unsere Bitte erläuterte.

Diesen Vorschlag verstand ich nicht. Wie kann ich selbst mit dem Kosmos sprechen? Schließlich hatte sie mit IHM täglich Kontakt. Ich dagegen konnte einzig auf die kurzen Treffen während ihrer Träume verweisen.

– Du kannst bereits direkt mit dem Kosmos sprechen, ohne die Priesterin Ki – fuhr Lucyna fort. – Wenn ich Dir zu Anfang über einen solchen Kontakt berichtet hätte, dann wärest Du viel zu schockiert gewesen, um das zu glauben. Jetzt verfügst Du bereits über eigene Erfahrungen, beginnst das zu verstehen, was in Deinem Leben vor sich geht, beginnst die höhere Bedeutung der Dinge zu begreifen. Du beginnst zu verstehen, dass Deine Zusammentreffen keine Zufälle sind, sondern ein leises Flüstern des Kosmos, der sich die ganze Zeit über mit Dir unterhält. Ich musste Dich als Priesterin Ki lehren zu hören, Deine Ohren und Deine Augen zu öffnen. Aber jetzt beginnst Du bereits, selbst zu hören und der Verband vor Deinen Augen wird langsam durchsichtig. Du bist bereit, ein solches Gespräch zu erleben.

– Wie sieht dieses Gespräch aus? – fragte ich verblüfft.

– Bitte sehr, Du fragst, der Kosmos antwortet – sagte sie. – Ich werde nur eine Vermittlerin darstellen, eine Verbindung zwischen Euch beiden.

Ich verabredete mich mit Lucyna auf ein weiteres Treffen... ein neues Abenteuer... eine neue Erfahrung... Sie setzte sich an den Tisch, sah mich an, lächelte und sagte:

– Frage, ich bin bereit.

Ich war schockiert. Wie jetzt? Ohne jede Umstände? Einfach so, ohne Zeremonie, ohne Rituale? Ohne schwarze Katze und Kristallkugel bei abgedunkeltem Licht? Das alles war für mich ein bisschen zu normal.

– Der Kosmos ist normal – sagte Lucyna, als sie meine Überraschung und meine Verwirrung sah. – Er spricht, frage nur. Das ist auch ein Traum, aber ein Tagtraum.

– Vielleicht sagt er erst einmal etwas zu mir – murmelte ich bestürzt. Ich wusste nicht, wie ich anfangen sollte.

– Sei gegrüßt, Wanderer – hörte ich auf einmal den Kosmos mit der Stimme der Verbinderin, – ich bin es, der Kosmos. Wir werden uns heute auf diese für Dich ungewöhnliche Art miteinander unterhalten. Auf diese Weise verständige ich mich meist mit der Verbinderin. Ich bin der Kosmos. Ich bin die Energie, die Dich schützt und leitet. Ich kenne Deine Sorgen, ich fühle Deine Bestürzung, ich fühle jedes Deiner Gefühle, ich kenne Deine Gedanken und verstehe sie sehr gut. Wir können das Gespräch beginnen.

Einen Moment lang schwieg ich, da ich nicht wusste, was ich sagen soll. Ich wollte über Ägypten fragen, nach dem Geld, dem Geschäftsmann, aber alles kam mir zu einfach vor, um wahr zu sein.

– Meine Welt – setzte der Kosmos fort, als er mein Zögern fühlte – ist eine genauso wahre Welt, wie Deine. Es ist eine Welt der Energie, eine geistige Welt. Der Kontakt mit mir ist einfach und normal. Es reicht aus, an mich zu denken, und schon fühle ich es, empfange die Gedanken. Es sind dazu keine Zeremonien, Rituale und Attribute notwendig. Genau gesagt sind Einfachheit und Ehrlichkeit der Gedanken das, was am besten zu mir trifft und was ich an den Menschen am meisten schätze. Du weißt bereits, dass ich zu Euch durch Eure Träume spreche, durch die Ereignisse, die in Eurem Leben ablaufen. Ich bin eine unsichtbare Welt und habe keine andere Kommunikationsmöglichkeit. Du weißt, dass Du und die anderen von mir auserwählten Personen auf eine Einbahnstraße zum Pharao geleitet wurden und ich werde Euch nicht erlauben, auf diesem Weg umzukehren. Deshalb erleichtere ich Dir diese Kommunikation. Außer der Priesterin Ki kannst Du von jetzt an auch meine Verbinderin nutzen. Es hat mich viel Zeit gekostet, sie die Tagträume, dieses direkte Gespräch zu lehren. Jetzt ist sie vollkommen darin. Ich höre.

– Ich grüße Dich – brachte ich hervor.

Ich wusste nicht, ob ich den Kosmos per „Sie“ oder per „Du“ ansprechen sollte. Ich wollte einerseits nicht einer fehlenden Verehrung verdächtigt werden, aber intuitiv wählte ich die direkte Form, umso mehr, als dass der Kosmos mich auch mit „Du“ angeredet hatte... Zudem fiel es mir schwer, mir vorzustellen, wie ich zu so etwas großem und hinsichtlich des Geschlechts so unbestimmten per „Sie“ reden könnte... Außerdem – woher sollte ich wissen, ob der Kosmos männlichen oder weiblichen Geschlechts ist... Vielleicht ist er eine Frau? Im Polnischen ist der „Kosmos“ zwar ein männliches Substantiv, aber wer kann das schon wissen... Ich fühlte jedenfalls keinen Bedarf, ihn wie etwas Fremdes zu behandeln... Er kam mir eher wie ein guter Bekannter vor...

– Denke daran, die Kraft liegt in der Einfachheit und der Ehrlichkeit des Herzens – ließ sich der Kosmos erneut vernehmen, wahrscheinlich meine Gedanken lesend – Wende Dich an mich, wie an einen Freund. Hier bei mir, in meiner Dimension, gibt es keine „Sie“.

– Es gibt da eine Person – begann ich erneut, diesmal mit einer schon etwas sichereren Stimme – die sich Geschäftsmann nennt und versucht, Mittel für unsere Reise nach Ägypten zu sammeln. Kannst Du ihm bei der Gewinnung dieser Fonds helfen?

– Sein Name hat für mich keine Bedeutung – antwortete der Kosmos. – Namen sind nur für Euch wichtig.

– Wie soll ich ihn dann nennen? – wunderte ich mich.

– Energie, Wanderer, er ist für mich Energie.

– Gut. Ist Dir die Energie des Geschäftsmannes bekannt?

– Ja, sie ist bekannt, ich fühle sie durch Dich – antwortete der Kosmos.

Ich wunderte mich über dieses „durch Dich“, aber augenscheinlich sind das Prozesse, die nur dort, im Kosmos, verständlich sind, also fragte ich nicht weiter, warum er die Energie „durch mich“ und nicht direkt fühlt, wie jeder allwissende Kosmos.

– Der Geschäftsmann ist Derjenige, Der Meint, Geld Verdienen Zu Können – sagte ich. – Um nach Ägypten zu reisen, benötigen wir unsere irdischen Mittel „der Überzeugung und des Zuredens“. Kannst Du ihm dabei helfen?

– Wenn das von mir abhinge und ich solche Möglichkeiten hätte – antwortete der Kosmos – dann würde ich ihn mit Gold überschütten und meinen Segen geben. In meiner Welt gibt es keine Möglichkeit, Gold für Euch zu schaffen. Ich habe keine Materie zur Verfügung und kann sie auch nicht erschaffen. Ich kann Euch lediglich Gelegenheiten geben, auf Euren Weg die richtigen Menschen stellen – den Rest müsst ihr selbst tun.

– Was soll ich dem Geschäftsmann übermitteln? – fragte ich.

– Übermittle ihm, dass ich Energie bin, und um zu irgendeiner Person durchzudringen, benötige ich Euch, also Materie. Durch Berührung kann ich helfen, auf die Person einzuwirken, an der Euch etwas liegt. Wenn also der Geschäftsmann versucht, jemanden zu überzeugen, der ein potentieller Sponsor sein kann, dann soll er im Gespräch seinem Gegenüber die Hand geben oder ihn an der Schulter berühren. Es muss eine Berührung sein. Gut wäre es, wenn der Geschäftsmann im gegebenen Moment oder vor dem Gespräch mich rufen würde. Er soll sich seiner Gefühle nicht schämen. Er kann dies am Morgen des Tages vollbringen, an welchem das Gespräch stattfinden wird.

Ich bin der Patron dieser Mission. Auch ich bin daran interessiert, dass Cheops das Sonnenlicht erblickt, also teile dem Geschäftsmann mit, was ich Dir gesagt habe. Es muss ein Kontakt hergestellt werden und er muss mich um Hilfe bitten. Dann beginne ich, auf die angezeigte Person einzuwirken. Bin ich richtig verstanden worden?

– Ja, ich verstehe – antwortete ich.

Aber eigentlich war ich nicht sicher, ob ich das verstehe. Es sah so aus, dass der Kosmos allmächtig ist, die Macht der Schöpfung besitzt. Also was sollte es für ihn für ein Problem darstellen, uns die paar mickrigen Hunderttausend Dollar für die Reise nach Ägypten zu besorgen? Schließlich gibt es so viele Millionäre auf der Welt. Einer wird sich schon finden, der für solch ein Ziel, wie den größten archäologischen Fund der Weltgeschichte, die Ausgrabung des Pharaonengrabes, ein paar Gelder lockermacht. Ich begann Zweifel zu haben, warum der Kosmos ausgerechnet mich zu dieser Mission auserwählt hatte und nicht irgendeinen Millionär oder noch besser: einen Millionär – Ägyptologen – Archäologen. Der würde doch sofort alle notwendigen Genehmigungen besorgen, allen notwendigen Personen in die Hand sprechen und schon wäre das Grab ausgegraben.

Sorgfältig versuchte ich, diese Gedanken zu verbergen, damit sie der Kosmos nicht zufällig bemerkt, und sagte:

– Ich habe bereits mit dem Geschäftsmann gesprochen und ihn gebeten, mit Dir Kontakt aufzunehmen. Er sollte sich Dich vorstellen und Dich um Hilfe bitten. Ein solches Treffen zwischen ihm und einem potentiellen Sponsor hat bereits stattgefunden.

– Das war ein schwacher Kontakt – antwortete der Kosmos nach einer Weile des Schweigens. – Sein Kontakt muss ehrlich sein. Er muss daran glauben.

Es reicht nicht aus, die Worte auszusprechen, denn Worte können leer und ohne Echo sein.

Komplizierte Formulierungen und blumige Sätze sind unnötig: s reicht aus, mit Glauben, tiefem Glauben, zu denken: „Kosmos, hilf mir!“ Übermittle ihm das. Er muss sich nicht mein Aussehen vorstellen, denn das ist schwierig. Energie, Ich bin Energie.

– Ich verstehe. Was soll er konkret tun? Die Augen schließen und Dich um Hilfe bitten?

– Nicht unbedingt, es gibt verschiedene Möglichkeiten. Er kann zum Beispiel schöne Blumen betrachten und sagen: „Hilf mir“. Er kann die Sterne ansehen und voller Glauben bitten: „Kosmos, hilf mir!“. Aber diese Bitte muss tief aus seinem Herzen fließen, aus seinem Inneren. Denk immer daran, der Glaube bewirkt Wunder und diese Wunder geschehen, wenn seine Worte in tiefem Glauben ausgesprochen werden.

Das sind sehr wichtige Worte – dachte ich. – Ich muss auch täglich meinen Glauben stärken, den Glauben, dass ich diesen Traum tatsächlich träume.

– In der Bibel steht auch geschrieben, dass der Glaube Wunder bewirkt – lies ich mich hören.

– Ja, Wanderer, genau so. Selbst wenn es nach Eurer irdischen Ansicht so scheint, dass nichts passiert, dass die ganze Angelegenheit hoffnungslos ist und dieser Kosmos gar nichts tut, selbst dann denke an die Kraft des Glaubens. Wenn Du Deinen Glauben verlierst, wird es mir schwerer fallen zu agieren. Wenn Dein Glauben oder der Glauben des Geschäftsmannes stark ist und Du Dir sagen kannst: „Alles ist gut“ – dann besitzen diese Worte eine riesige Kraft. Und nicht „wird gut“, sondern „ist gut“. Deshalb kann die Lösung oder die Antwort im am wenigsten erwarteten Moment daherkommen. Selbst dann, wenn Ihr das nicht erwartet, kommt die Antwort. Und lass es mich noch einmal wiederholen: Ich helfe dann, wenn der Glauben echt ist. Ich helfe, ich leite.

Die Cheops–Mission liegt mit sehr nahe und das ist eine Sache, an der ich arbeite, um Euch zu helfen.

Ich wusste nicht, was ich weiter fragen sollte, aber ich wollte dieses ungewöhnliche Gespräch noch nicht beenden. So gut und so leicht unterhielt ich mich mit dem Kosmos, dass ich diese Konversation gern ohne Ende fortgesetzt hätte. Das Schweigen wurde erneut vom Kosmos unterbrochen.

– Wenn es um den Geschäftsmann geht, gibt es ein „aber".

– Was für ein „aber"? – fragte ich.

– Seine Intentionen müssen rein sein. Denk daran, Wanderer, was ich Dir einmal durch Ki gesagt habe. Mich kann man nicht täuschen. Ich lese Gedanken, ich fühle Herzen. Sein Herz muss rein sein.

– Was meinst Du mit „reinen Intentionen" und was mit „reinem Herzen"?

– Die Cheops–Mission ist sehr wichtig für mich. Die Personen, die ich dafür auswähle, dürfen sich nicht von Habgier und Gewinnsucht leiten lassen. Deshalb suche ich mir das Team sehr sorgfältig aus, sehe in ihre Herzen und unterziehe sie verschiedenen Proben. Die einen bestehen diese Proben, andere scheiden aus. Es wird auf Deinem Weg Menschen geben, die diese Proben nicht bestehen können. Das wird ihre Entscheidung sein, ihr freier Wille. Der Geschäftsmann muss ein reines Herz und reine Intentionen haben – das heißt, er muss sich uns deshalb anschließen, weil er den Menschen helfen will, und nicht nur deshalb, um sich selbst zu bereichern. Wenn er mit einer solchen Intention teilnimmt, dann erhält er von mir jede mögliche Hilfe. Dann fühlt er meine

Hilfe, fühlt meine Energie. Wenn ich aber auch nur ein bisschen Habgier bemerke, die Absicht, mich zu täuschen, dann kann er nicht auf Hilfe rechnen. Sag ihm das.

Nach einem Moment des Schweigens fügte der Kosmos hinzu:

– Wie auch immer man das darstellt, Wanderer, aus meinem Gesichtswinkel seid Ihr gebrechlich und benötigt meine Hilfe sehr.

– Ich weiß – antwortete ich und dachte an meine eigenen Absichten. Sie sind wohl rein – dachte ich.

– Bis zum nächsten Mal – sagte der Kosmos.

Ich verstand, dass das Gespräch für heute beendet war.

– Bis zum nächsten Mal und vielen Dank – antwortete ich.

Lucyna atmete tief durch und sah mich an.

– Und, wie war es? – fragte sie.

– Wie, wie war es? Du hast Dich schließlich mit mir unterhalten, Du hast schließlich nicht geschlafen, ich habe Dich nicht eingeschläfert. Du hattest einen Tagtraum. Also musst Du doch wissen, worüber wir uns unterhalten haben.

– Die Sache ist die, dass ich das nicht weiß – antwortete sie. – Siehst Du, das ist eine Art spezieller Schlaf, den ich seit vielen Jahren trainiere, ein Schlaf, den mir der Kosmos beigebracht hat. Er führte mich Schritt für Schritt, lehrte mich, wie ich einschlafen muss, um zu hören, wie ich seine Stimme erkenne, wie ich diese Stimme weitergebe. Das ganze dauerte sehr lange. Zu Beginn lernte ich, seine Stimme von allen anderen Gedanken zu unterscheiden, die mir in den Kopf kamen. Schließlich lernte ich, die Stimme zu wiederholen.

– Warum haben wir dann nicht gleich damit angefangen, uns auf diese Weise zu unterhalten? Wozu sollte das ganze Einschläfern gut sein?

– Ein spezieller Traum ist glaubhafter als ein Tagtraum. Wenn ich einfach so angefangen hätte zu reden, dann hättest Du mir nie geglaubt. Du hättest gedacht, ich bin eine Wahnsinnige und wärst Deinen Weg weitergegangen, nicht wahr?

– Du hast wahrscheinlich Recht...

Ganz sicher hatte sie Recht – dachte ich im Geiste. Wenn Lucyna zu mir gekommen wäre und angefangen hätte, etwas zu erzählen und mich zu überzeugen, dass sie mit der „Stimme des Kosmos" spricht, dann hätte ich sie ganz sicher an ein Krankenhaus ohne Türklinken verwiesen. Jetzt war ich besser vorbereitet.

– Warum sagst Du, Du wüsstest nicht, worüber ich mit dem Kosmos gesprochen habe? Du hattest doch offene Augen – fragte ich noch einmal ungläubig.

– Der Tagtraum ist eine spezielle Art des Traums. Mein Bewusstsein ist in diesem Moment ein anderes. Ich höre Dich und ich höre den Kosmos. Er spricht mit mir und ich höre ihn so deutlich wie Dich. Er wiederum hört Dich durch mich. Daher ist ein Dialog möglich. Aber wenn ich aus diesem Traum aufwache, dann erinnere ich mich an überhaupt nichts, so wie ich mich auch an die Träume von meinen Wanderungen durch die Zeit nicht erinnere. Es ist so, als würde ich aus einem normalen Schlaf aufwachen und mich nicht an meine Träume erinnern.

– Ich verstehe. – sagte ich.

Ich war mir nicht sicher, ob dies wirklich so war, ob Lucyna die Wahrheit sagte. Aber das hatte keinerlei Bedeutung. Wahrheit oder nicht, das Gespräch war faszinierend für mich. Ich war sehr stolz auf diese Direktheit. Ich fühlte mich außergewöhnlich. Ich fühlte mich als Wanderer, mit dem der Kosmos sich anders unterhält, als mit anderen Menschen.

Am nächsten Tag ging ich zum Geschäftsmann und erzählte ihm von dem Gespräch.

– Der Kosmos meint – sagte ich – dass Du Dich schwach mit ihm verbunden hast. Er sagt, dass er Dich nicht gehört hat, als Du Dich an ihn gewendet hast.

Er erblasste etwas und nickte traurig mit dem Kopf.

– Der Kosmos hat Recht. Mein Stolz hat mich bezwungen. Eigentlich habe ich gar nicht um Hilfe gebeten, denn mir kam es so vor, als ob ich das alles selbst erledigen könnte, wo ich doch ein Sehr Guter Geschäftsmann bin. Das nächste Mal werde ich um Hilfe bitten.

– Der Kosmos sagte auch, dass Du auf Deine Absichten Acht geben sollst, damit Dein Hauptziel nicht die persönlicher Bereicherung, sondern das Auffinden des Grabes ist.

– Meine Absichten sind rein – sagte er mit beleidigter Stimme und sah zur Seite. – Für mich ist das ganze einfach ein Abenteuer.

Wir gingen auseinander und ich begann zu warten, was mit dem Geschäftsmann passieren würde, auf welche Weise der Kosmos ihm in dieser für uns wichtigsten Angelegenheit helfen würde. In der Angelegenheit des Auffindens des „Goldes“, der Sammlung der Mittel für unsere Reise nach Ägypten.

KAPITEL 12

EINE ANDERE BEDEUTUNG DER EREIGNISSE

Das Leben schreibt die besten Drehbücher, die selbst die Phantasie sich nicht ausdenken kann. Mein Leben und das Leben der neuen Personen, die sich in das Projekt einbrachten, begannen, ein immer interessanteres Szenario auf dem Weg Zum Grab Des Cheops zu schreiben.

Damit die Expedition überhaupt starten konnte, benötigten wir neben dem Geld, um das der Geschäftsmann sich kümmern wollte, auch noch die Einwilligung der entsprechenden Behörden in Ägypten zur Durchführung der Untersuchungen. Schon allein die Tatsache, dass die Ausgrabungen eine so wichtige Angelegenheit, wie das Grab des Cheops betreffen sollten, das Archäologen und Schatzsucher seit Jahrhunderten zu lokalisieren versuchen, schien mir ein hervorragendes Argument für die Erlangung einer solchen Genehmigung zu sein. Nun ist es allerdings etwas anderes, wenn ein bekannter Archäologe, eine weltbekannte Kapazität auf dem Gebiet der Ausgrabungen bei den Behörden vorstellig wird, und etwas völlig anderes, wenn mit einem solchen Antrag ein von niemanden gekannter Wanderer auftritt, der von einer gewissen Frau aus Polen spricht, die einen Traum hatte.

Die Priesterin Ki bezeichnete die Lage des Pharaonengrabes mit großer Genauigkeit. Sie tat dies mehrere Male in verschiedenen Träumen. Ein jedes Mal waren ihre Träume genauer und deutlicher. Sie erzählte, was sich in dem Grab befindet, wie der Sarkophag aussieht, in welchem der Pharao liegt.

Solange dies nur ein Traum war, konnte er niemanden wirklich stören. Wenn der Traum jedoch die Maße konkreter Handlungen annahm, dann würde das sicher nicht nur einen Wissenschaftler beunruhigen. Und was, wenn der Traum sich als Wahrheit erwies? Wenn die Grabkammer tatsächlich dort lag, wo Ki sie beschrieben hatte, wenn sich in ihr tatsächlich die steinernen Tafeln mit der Beschreibung der Geschichte der Welt, der Geschichte von Atlantis und der Geschichte des Baus der Großen Pyramide befanden, einer Geschichte, die sich so sehr von allen modernen Theorien der Wissenschaft unterschied? Dann wären die Sehr Klugen Archäologen und die Sehr Gebildeten Wissenschaftler Des Einundzwanzigsten Jahrhunderts dazu gezwungen, ihre Überzeugungen zu revidieren und ihre Studien von neuem zu beginnen. Was würde geschehen, wenn sich herausstellt, dass wir nicht allein im Universum sind, dass die Große Pyramide tatsächlich von Wesen aus dem Oriongürtel, von der Zweiten Erde, dem Planeten Ashun erbaut wurde? Wenn wir uns darüber klar werden, dass eine andere Dimension eine Botschaft für uns hat und dass wir uns diese Botschaft anhören müssen, unsere Blindheit einsehen müssen, unser einseitiges Denken und das völlige Fehlen von Flexibilität?

Die ganze Wissenschaft müsste geändert werden. Die **Autoritäten** würden keine Autoritäten mehr darstellen, sie würden zu durchschnittlichen Brotessern werden. Wie sehr wäre dann ihr Bedürfnis nach Außergewöhnlichkeit gestört, danach, wichtig zu sein, ihr Bedarf nach Sicherheit, dass alles so ist, wie es war. Man müsste die Religionen verändern. Im Mittelalter wäre das keine große Sache gewesen. Man hätte einfach mich, die Priesterin und die anderen Personen unserer Gruppe auf dem Scheiterhaufen verbrannt und das Problem wäre gelöst. In der heutigen Zeit ist das ganze ein bisschen komplizierter, aber die Fanatiker verschiedener Religionen würden sicher eine Gelegenheit suchen, um auch jetzt noch einen Scheiterhaufen zu errichten.

Niemand aus unserer Gruppe, ich eingeschlossen, fühlte sich darauf vorbereitet, die Rolle eines Märtyrers zu spielen, den vielleicht die kommenden Generationen in ein paar Jahrhunderten ehren werden. Bedeutend näher war uns unsere irdische Ruhe. Ich überlegte mir auch, dass schließlich der Kosmos die ganze Sache mit Lucyna, Łucja, Iwona und mir begonnen hatte, also sollte er sich auch darum kümmern, wie alles sicher zu einem glücklichen Ende geführt werden kann, wie der Pharao ausgegraben wird.

Wenn ich mir die tägliche Wirklichkeit ansah, dann dachte ich, dass der Kosmos vielleicht sogar Recht mit seiner Behauptung hatte, dass die Menschen nicht zu leben verstehen. Um uns herum gab es immer mehr Spannungen, immer mehr Terrorismus, Hass, immer mehr Konflikte. Immer weniger Verständnis und Liebe. Die Menschen sind immer mehr gestresst durch ihr Wettrennen nach besserer Arbeit, nach der Sicherung eines höheren Lebensstandards, nach einer Illusion des Glücks.

Nach den Träumen der Priesterin werden nach der Öffnung der Großen Pyramide, also nach der Auffindung des Pharaos, die Weißen Brüder vom Orion auf die Erde kommen und die wirkliche Bedeutung der Liebe erklären, die in der vollständigen Akzeptanz des anderen Menschen und seiner Außergewöhnlichkeit besteht.

– Was können uns die Weißen Brüder noch lehren? – fragte ich Ki in ihren Träumen.

– Sie lehren uns, anders zu denken – antwortete sie.

Tatsächlich? Wenn niemand auf der Welt böse Gedanken hätte, dann würde das Böse von der Erde verschwinden. Das ist so einfach und gleichzeitig so schwer. Die Gedanken hängen schließlich von den Gefühlen ab, die ein Mensch durchlebt. Und die Gefühle hängen von verschiedenen Situationen ab, in denen wir uns befinden und auf die wir nicht immer einen Einfluss haben. Wir können lediglich die Art beeinflussen, wie wir die Situation interpretieren, und auf diese Weise unsere Emotionen kontrollieren. Viele Menschen benötigen dazu ein spezielles Training. Notwendig ist innere Beruhigung, Meditation, Entspannung. Es gibt nicht viele, die dies tun können, vor allem in Zeiten, wo die Jagd nach Reichtum, Geld und Überleben das wichtigste ist.

Ich begann immer besser zu verstehen, was die „Säuberung" bedeuten würde. Anscheinend hat sich auf der Erde soviel Böses gesammelt, dass unsere Welt „von oben" nicht mehr sichtbar ist. Sie ist so sehr durch schlechte Energien verschmutzt, dass ganze Teile der Erde durch sie wie durch Wolken eingehüllt sind und der Herrgott zu der Überzeugung gelangt ist, dass damit Schluss sein muss. Schließlich wurde die Erde nach seinem Plan als **Paradiesischer Planet** geschaffen, der ein Vorbild für andere sein sollte. Unser freier Wille führte nun zu einer solchen Verschmutzung, dass ein kosmischer Besen, ein Staubsauger notwendig ist, um alles in einen besseren Zustand zu bringen.

Als ich den Kosmos durch Lucyna dazu befragte, antwortete er mir:

– Du kannst nicht glücklich sein, Wanderer, wenn in Deinem Verstand negative Gedanken dominieren.

Negative Gedanken stellen schlechte Energien dar, die in den Raum entsandt werden und die nächsten schlechten Energien anziehen. Dominierend sollte die Energie der Liebe sein. Es gibt keine Liebe, wenn es Missmut, Hass, Zorn, Eifersucht und Gier gibt. Dann bildet sich um die Erde herum eine schmutzige Wolke – und diese Wolke muss gesäubert werden.

Ich wollte nicht weiter fragen. Ich beschloss, all das zu beobachten, was um mich herum und auf der Welt während meiner Wanderungen geschieht. Ich wollte sehen, welche Szenarien das Leben zu schreiben beginnt. Welche Ereignisse auf der Erde geschehen.

Doch was hilft es, wenn ich das sehe? – dachte ich. – Was hilft es, wenn der Kosmos mir, dem Wanderer, diese andere Bedeutung der beginnenden Konflikte zwischen den Menschen und den Völkern offenbart hat? Was hilft es, dass der Terrorismus sich ausweitet, dass die Temperatur im Sommer in England, Frankreich und Deutschland alle Rekorde bricht, dass Hochwasser und Erdbeben immer häufiger in verschiedenen Teilen der Welt auftreten? Schließlich kann ich den Menschen nicht sagen, dass dies eine gewollte Handlung des Kosmos ist, denn selbst wenn der Papst selbst dies erklären würde, dann würde man ihn für einen Verrückten halten.

Ich glaubte daran, dass der Kosmos einen Weg finden würde, damit die Menschen verstehen, dass das sich um sie abspielende Welttheater der Ereignisse kein Ablauf von Zufällen oder Launen der Natur ist, sondern diese Ereignisse ihre Richtung haben. Dass sie eine logische, von Höheren Kräften geleitete Abfolge sind, welche die Aufmerksamkeit der Menschen auf Veränderungen richten soll, auf die Notwendigkeit der Rettung der Erde.

Ich verstand auch, dass es kein „**Weltende**“ geben würde, von dem so viele religiöse Gruppen schon seit langem nach rechts und links posaunten und das schon so viele Male vorhergesagt worden war.

Es wird eher eine „Weltveränderung“ geben, eine Umschichtung der qualitativen Werte. Vielleicht wird das schmerzhaft für viele sein, aber die Erde wird nicht verschwinden, sondern sich ändern.

Ich dachte auch daran, dass es für uns eine große Behinderung sein würde, dass die Entscheidungsträger dieser Welt – die Politiker, die Menschen des Großen Geschäfts – ein so riesiges Gefühl der Sicherheit haben. Sie haben Geld, sie haben Gold und sie kümmern sich einzig und allein um die Stimmen der Wähler oder darum, dass sich dieses Gold auf ihren Bankkonten so schnell wie möglich weiter vermehrt. Geld gibt Kraft, Einfluss, Wichtigkeit, Geld treibt in den Übermut... und kann das Erkennen der tieferen Bedeutung der Ereignisse erschweren oder gar unmöglich machen. In diesem Moment fällt keinem von ihnen ein, dass jeder Mensch – ob reich oder arm – dem ewigen Zyklus des Lebens und des Todes unterliegt. Der Kosmos nimmt auf dem Sterbebett keine Bezahlung für ein weiteres Leben entgegen und das Gold ist auf einmal gar nicht mehr wichtig. Während meiner Wanderungen traf ich einen Pfarrer, der mir eine interessante Beobachtung anvertraute:

– Ich assistierte – sagte er – vielen Menschen bis zu den letzten Momenten ihres Lebens, viele von ihnen sprachen mit mir, unmittelbar bevor sie diese Welt verließen. Fast alle sahen auf ihr Leben zurück und überdachten es. Keiner dieser Menschen sagte dabei: „Ich bereue, dass ich nicht mehr Geld verdient habe“ oder „Ich bereue, dass in mir nicht mehr Hass war“. Alle sagten dagegen „Ich bereue, dass ich nicht mehr **Liebe** gegeben habe, dass ich zu selten den Satz „Ich liebe Dich“ gesagt habe, dass ich so vielen Menschen helfen konnte, es aber nicht getan habe“.

Viele der heutigen Priester, Pfarrer und Autoritäten verschiedener Religionen sagen: **„Beten wir zu Gott, senden wir Ihm die Energie unserer Liebe und die Welt wird gerettet werden“**. Der Kosmos von

Lucyna, der Priesterin Ki, sagt genau dasselbe, aber er fügt noch etwas hinzu: physische Aktivität. Diese Aktivität ist die Ausgrabung des Pharaonengrabes, die größte archäologische Entdeckung der Weltgeschichte, etwas, was selbst ein Atheist versteht, der überhaupt nicht weiß, was Beten bedeutet. Das ist etwas, was einem Politiker ein konkretes Argument in die Hand gibt, einem Archäologen den Ruhm, einem Geschäftsmann das Gold und der Welt... Tja... Um zu sehen, was die Welt davon hat, muss man beginnen zu graben. Einen anderen Weg gibt es nicht. So wenig und gleichzeitig so viel.

Theoretisch müssten die Menschen ihre Aufmerksamkeit auf alle merkwürdigen Dinge lenken, die auf der Welt geschehen. Wenn dem so wäre, dann müsste die Ausgrabung des Schlüssels zur Großen Pyramide, die Ausgrabung des Pharao eine Unternehmung werden, an der alle Regierungen dieser Welt teilnehmen würden. Jeder Mensch, der auf dem Planeten Erde lebt, hat sein persönliches Interesse daran. Die Schwierigkeit liegt leider darin, dass viel Menschen ein falsches Sicherheitsgefühl haben. Überschwemmungen, Kriege, Brände, Trockenheiten und andere Naturkatastrophen, welche die Erde heimsuchen, liegen meist weit entfernt. Für die Mehrheit sind dies nur zufällige natürliche Ereignisse. Außer ein paar kleinen Gruppen kommt niemand auf die Idee, das zu einem Ganzen zu verbinden.

„Vielleicht ist genau so Atlantis untergegangen“ – dachte ich.

Aber ich konnte mir in diesem Moment nicht vorstellen, dass ich so schnell Menschen treffen würde, die genau so denken, wie ich.

KAPITEL 13

DIE BEDEUTUNG DES LEBENS

Wenn auf der Erde einmal ein Paradies war, warum dauerte es dann nicht ewig? Warum gibt es dieses Paradies heute nicht mehr? Warum begannen die Menschen, so unterschiedliche Gefühle zu haben, sowohl gute, wie auch schlechte Gedanken?

Diese und ähnliche Fragen gingen mir durch den Kopf, nachdem Diejenige, Deren Name Das Leben Ist, mir vom Götterrat und der Säuberung der Erde berichtet hatte. Immer noch wusste ich nicht, was für ein Rat gemeint war und welche Götter teilgenommen hatten. Ich wusste nur von einem Gott: unserem Römisch–Katholischen, den wir den Herrgott nannten. Er hatte einen Bart und sah auf allen Zeichnungen für Kinder sehr alt aus. Augenscheinlich wird das Alter mit der Weisheit assoziiert, denn der Herrgott war für mich seit meiner Kindheit gut und weise. Hier wiederum beginnt der Kosmos, von irgendeinem Götterrat zu reden, so als ob es mehrere Götter gebe als nur einen. Anfangs wollte ich dieses Thema nicht all zu sehr vertiefen, weil mir das alles ziemlich absurd vorkam. Beim nächsten Traum der Priesterin wendete ich mich jedoch an den Kosmos.

– Bitte, sag mir etwas mehr über Gott.

– Er erschuf die Erde – entgegnete der Kosmos – er schuf alles, was auf ihr existiert. Er erschuf auch die geistigen Wesen. Er ist der Anfang und das Ende. Sein Name ist **Ewigkeit**. Sein Wille war der: Die menschlichen Wesen sollten nach dem Beispiel und Ebenbild Gottes erschaffen werden, also vollkommen sein, der Planet Erde sollte ein Paradiesischer Planet werden. Ein Planet, der als Beispiel für andere Wesen des Universums gelten sollte. Dies war Gottes Wille bis zu dem Moment, als sich die menschlichen Wesen auf der Erde einfanden und – anders gesagt begannen, einen guten Teig mit Ferment zu versetzen.

– Woher kam dieses „Ferment"?

– Gott gab den Menschen einen **freien Willen** und erlaubte ihnen, selbst über das eigene Schicksal zu entscheiden. Er gab die Möglichkeit der Wahl zwischen Gut und Böse.

– Manchmal kommt es mir so vor – merkte ich an – als ob unser „freier Wille" nur eine Illusion sei. Wir machen oft Dinge, von denen wir wissen, dass sie nicht gut für uns sind, aber trotzdem tun wir sie.

– Ihr entscheidet selbst darüber, was Ihr tut. Niemand, wirklich niemand hat das Recht, diesen freien Willen zu verletzen. Die Menschen wundern sich so oft darüber, wie Gott solche Verbrechen, wie Krieg, Ungerechtigkeit, geradezu unvorstellbare Grausamkeiten, Leid zulassen kann, die den einen Menschen von anderen zugefügt werden. Eben das ist Euer **freier Wille**, Wanderer. Der freie Wille der Menschen, welcher zu einer solchen Verschmutzung der Gedanken geführt hat, dass der Paradiesische Planet aufhörte, ein Paradies zu sein. Auf der Waage des Guten und Bösen liegt jetzt mehr Böses als Gutes. Gott kann nicht zulassen, dass sein Werk zerstört wird, deshalb muss die Säuberung kommen. In der Bibel wurde dies als Apokalypse beschrieben. Das Ende von etwas, damit etwas anderes, besseres, schöneres entstehen kann.

– Wieder sprichst Du von der Säuberung. Für Dich scheint dies ein unendliches Thema zu sein – merkte ich an.

– Die Menschen müssen verstehen, sich im Klaren darüber sein, dass sie in einer besonderen Zeit leben. Es ist eine Zeit der Veränderung und von ihnen allein hängt ab, wie diese Veränderung ausfallen wird.

– Und wenn wir das Grab nicht finden?

– Dann wird die Säuberung furchtbar sein...

– Es sieht so aus, als wolltest Du erneut drohen.

– Ich drohe nicht – antwortete nach einer Weile des Schweigens der Kosmos. – Ich will helfen, denn ich liebe alle Menschen. Ich möchte, dass alle gerettet werden.

– Ist das möglich?

– Wenn alle Menschen zu mir und zu Gott die Energie der Liebe senden würden, wäre eine Säuberung nicht notwendig. Aber sieh nur, was um Dich herum geschieht. Du lebst in einem modernen Babel und die Menschen haben vergessen, was für sie das wichtigste ist, wozu sie auf diese Welt gekommen sind.

– Du sprichst oft von der Sendung der Liebe in das Universum. Was heißt das – „Liebe versenden“? – fragte ich.

– Das heißt einen anderen Menschen wie den eigenen Bruder oder die eigene Schwester, Sohn oder Tochter, Mutter oder Vater zu sehen. Das heißt, den freien Willen und den Verstand gemäß den Absichten zu verwenden, nach denen Gott, der Besitzer der Erde, sie den Menschen gegeben hat. Das bedeutet, die ganze Zeit über eine Verbindung mit seinen Absichten zu erhalten, seinem geistigen Führer und der geistigen Welt. Das ist das wahre Gold, nach dem man nur die Hand ausstrecken muss, um es zu finden. Es reicht zu bitten, damit es gegeben wird, es reicht zu glauben, damit es geschieht. Der Kosmos fühlt die Energie, die von der Aura des Menschen ausgeht. Es reicht aus, seine Gedanken dem Schöpfer, Gott zuzuwenden und es erfolgt die „Sendung". So einfach ist das.

– Wird das je geschehen, dass die Mehrheit der Menschen auf der Erde beginnt, in den Kosmos Energie der Liebe zu senden?

– Wenn nach der Säuberung die Erde zum Gleichgewicht zurückkehrt und wieder zu einem Paradiesischen Planeten wird, dann wird dies gemäß dem Plan des Schöpfers geschehen.

Ja – dachte ich – wie ein Echo kehrt immer wieder die Energie der Liebe zurück. Was für eine Macht muss diese Energie besitzen, wenn sie allein zur Rettung der Menschen ausreichend ist. Aber offensichtlich gibt es zu wenig davon in unserer unvollkommenen Welt.

– Was geschieht nach der Erweckung des Pharaos? – fragte ich weiter.

– Es kommen die Weißen Brüder vom Orion und helfen den Menschen zu verstehen, was es heißt zu leben. Diejenigen, die das verstehen, werden gerettet. Sie erhalten das Zeichen des Lebens. Diejenigen, deren Herzen verschlossen bleiben, müssen abtreten.

– Drohst Du schon wieder?

– Ich warne. Übermittle den Menschen, Wanderer, dass sie ihre Augen öffnen und sehen, was um sie herum geschieht.

Dass sie verstehen, dass ich wirklich existiere und dass ich das Leben selbst bin. Gott ist kein abstrakter Begriff, mit dem man ungezogenen Kindern droht, sondern eine wirkliche Existenz, eine wahrhaft liebende Energie.

– Und was ist mit der Religion? Schließlich gibt es so viele Religionen, so viele verschiedene Arten des Verständnisses von Gott auf der Welt. Und außerdem sind da noch sehr viele Menschen, die überhaupt nicht daran glauben, dass Gott existiert.

– Hier, in meiner Dimension, ist es unwichtig, welcher Religion ein Mensch angehört, ob er gläubig ist oder nicht und an was er glaubt. Ich sehe Eure Gefühle. Ich sehe, wie viel Liebe in Euren Herzen ist, wie viel Hass, Zorn, Eifersucht und Habgier. Es wird einzig und allein das zählen, wie viel Gutes man getan hat, wie vielen Menschen man geholfen hat. Die Taten, die guten Taten für andere Menschen – das ist meine Währung, mein Geld. Nur damit kann man für das Leben bezahlen, Wanderer, das ist das heilige Recht des Kosmos.

– Ich verstehe, aber das Leben ist das höchste Gut des Menschen und jeder Mensch bemüht sich, es bestmöglich zu leben.

– Denke daran, das Leben ist ein Moment, eine Lektion, die Ihr auf der Erde zu lernen habt. Bevor Ihr Euch umsehen könnt, zieht Euch bereits das Jenseits zu sich, und was dann? Sieh in Dein Inneres und sieh Dich um. Schaue auf das Leben als Bild ständig neuer Umgestaltungen. Als Verbindung dessen, was ist, mit dem, was war und was sein wird. Schaue so, wie alle Menschen auf der Erde das Leben sehen sollten. Dann entsteht vor Deinen Augen eine andere, wunderbare, größere und um vieles interessantere Welt, die heute nicht zu sehen ist, da der Zugang zu ihr momentan verschlossen ist. Eine Welt, die ein wesentlicher Teil Eurer Existenz hier auf der Erde ist. Diese Existenz muss würdig gelebt werden, damit man nicht den Kopf vor Scham senken muss, wenn man vor dem Film des eigenen Lebens steht.

Ich dankte dem Kosmos für diese Worte, deren Bedeutung ich noch nicht ganz verstand. Ich wusste nur, dass irgendwann die Zeit kommt, in welcher der Mensch sich der wirklichen Bestimmung seines Lebens auf der Erde bewusst wird. Seiner vergangenen und seiner zukünftigen Inkarnationen. dieser „interessanteren Welt“, die für uns derzeit „momentan verdeckt“ ist. Sich seines Strebens zur Vollkommenheit und der Lektion bewusst wird, die er auf dieser Welt abarbeitet.

KAPITEL 14

DER WICHTIGSTE

Das Einstechen eines Spatens in den ägyptischen Sand ist eine einfache und leichte Arbeit für jeden. Um jedoch so etwas tun zu können, insbesondere im Bereich der Großen Pyramide, ist die Gnade Sehr Wichtiger Personen, Die Darüber Entscheiden, Wer Graben Darf Und Wo, notwendig. Ich weiß nicht, wie viele solche Personen es in Ägypten gibt, aber garantiert ist einer von ihnen der Wichtigste. Er ist der Direktor und selbst wenn man über eine superinteressante, absolut sensationelle Information hinsichtlich der Lage des Grabes von Cheops verfügt, ist es sehr schwer, einfach so nach Ägypten zu fahren, in das Büro des Direktors der Pyramiden zu gehen und zu sagen „Ich weiß!" Jeder Seriöse Direktor würde einen solchen Draufgänger mitleidig anlächeln und ihn dann auf seine weitere Wanderung schicken.

Wenn wir also einmal annehmen, dass sich jemand findet, welcher Derjenigen, Deren Name Das Leben Ist, glaubt und beschließt, in die Expedition nach Ägypten eine entsprechende Summe zu investieren, dann muss trotzdem noch ein Weg gefunden werden, damit der Wichtigste unter den Wichtigen Direktoren, der Generaldirektor, Derjenige, Der Über Alles Entscheidet, mit gnädigem Auge das Projekt betrachtet. Sein Name ist – **Dr. Zahi Hawass.**

– Der einzige Zugang zu einer So Wichtigen Person besteht nur durch eine andere Für Ägypten Sehr Verdienstvolle Und Wichtige Person. – meinte der Geschäftsmann.

Nach seiner Meinung war die einzige Person in Polen, die so etwas erledigen konnte, der Berühmteste Archäologe, Derjenige, Der In Ägypten Auf Außergewöhnliche Entdeckungen Jagd Macht und der als einziger eine Grabungsgenehmigung im Bereich der Großen Pyramide erlangen kann – Professor Karol Myśliwiec.

– Na dann gehen wir doch gemeinsam zum Herrn Professor und stellen ihm die Angelegenheit vor – sagte ich naiv zum Geschäftsmann.

Er lachte und klärte mich schnell über meinen Irrtum auf:

– Siehst Du, das ist so. Professor Karol ist ein Sehr Wichtiger Und Berühmter Professor. Jeder Sehr Wichtige Und Berühmte Professor sorgt sich immer sehr um seine tadellose wissenschaftliche Reputation. Stell Dir vor, Du gehst zu ihm und erklärst ihm die Sache. Was sagst Du?

– Ich sage, dass ich weiß, wo das Grab des Cheops ist und dass ich möchte, dass der Herr Professor uns dabei hilft.

– Und selbstverständlich fällt von Seiten des Herrn Professor als erstes die Frage „Woher wissen Sie das?“ – Was sagst Du dann?

– Dann erzähle ich ihm die Geschichte von Derjenigen, Deren Name Das Leben Ist.

– Gut, nehmen wir sogar einmal an, dass der Herr Professor Dir für einen Moment glaubt und auf Grundlage der Träume der

Priesterin Ki bereit ist, zum Großen Dr. Zahi Hawass zu fahren und um Genehmigung für Untersuchungen am aufgezeigten Ort zu bitten. Die ganze Welt der polnischen und ausländischen Archäologie wird seine Augen in Richtung unseres Herrn Professors wenden. Und stelle Dir jetzt einmal vor, dass die Grabungen am von der Priesterin Ki genannten Ort nichts ergeben. Denkst Du, dass irgendein Professor bei gesundem Verstand nach Ägypten fährt und nur auf Grundlage irgendwelcher Träume anfängt zu graben? Das wäre doch schließlich unwissenschaftlich. Er würde schließlich im Falle eines Misserfolgs zum Gespött der gesamten Welt der Wissenschaft werden und könnte als Berühmtester Archäologe Polens abdanken. Er würde zu einem Wissenschaftler, Der Einstmals Berühmt War werden, und das riskiert kein Berühmter Professor.

– Wahrscheinlich nicht, aber wir wissen ja, dass von einem Misserfolg keine Rede sein kann.

– Wir können das wissen, aber die Schwierigkeit liegt darin, diese Sicherheit dem Professor zu vermitteln. Das muss man ganz anders machen.

In diesem Moment legte der Geschäftsmann mir seinen hinterhältigen Plan dar, die Aufmerksamkeit des **Stolzes Der Polnischen Archäologie** auf unser Projekt zu wenden und es seriös zu behandeln. „Die Sache ist ganz einfach – sagte der Geschäftsmann. – Erst einmal müssen wir das Geld besorgen, danach fahren wir nach Ägypten und rufen von dort den Professor mit folgendem Text an: Wir haben Geld für Eure Reise nach Ägypten und ein Hotel mit fünf Sternchen. Bitte stellen Sie eine Mannschaft aus Ausschließlich Berühmten Archäologen zusammen, die ein bisschen Geld verdienen wollen und etwas Interessantes ausbuddeln möchten. Wir warten eine Woche auf Sie.“

– Siehst Du – überzeugte mich der Geschäftsmann – die polnische Archäologie versinkt nicht gerade im Geld. Wenn wir also die Sache so darstellen, wie ich es gesagt habe, dann brauchen wir keine Einzelheiten zu nennen, woher wir die Informationen haben. Wenn der Herr Professor mit seinem Team vor Ort in Ägypten ankommt, dann müssen wir ihm einfach die Stelle zeigen und mehr oder weniger sagen, was wir suchen. Außerdem wurde die Mehrheit der archäologischen Funde durch die Intuition der Archäologen selbst entdeckt, dass man dort und dort graben muss und nicht irgendwo anders. Alles, was der Herr Professor dann noch tun muss, ist den Wichtigsten Aller Wichtigen Direktoren, den Generaldirektor, Denjenigen, Der Über Alles Um Die Pyramiden Herum Entscheidet, zu bitten, dass er die Grabungen erlaubt.

– Woher die Sicherheit, dass der Professor das erledigt? – drückte ich meine Zweifel aus...

– Die beiden Herren kennen sich hervorragend und achten sich gegenseitig sehr. Außerdem können wir, wenn sich ein Sponsor findet, unser Bitte mit den entsprechenden „Argumenten" motivieren, die an das Herz des Herrn Dr. Zahi Hawass appellieren...

In diesem Moment unterstrich der Geschäftsmann seine Ausführungen mit einer eindeutigen Geste, die im Reiben von Zeigefinger und Daumen bestand.

– Ich verstehe – antwortete ich. – Sicher liegt Dr. Zahi Hawass das Gedeihen Ägyptens und die Hilfe für die gesamte Menschheit sehr am Herzen, besonders, wenn man solche „Argumente" in der Hand hält. Außerdem ist die Entdeckung von etwas, was ihm und seinen Leuten Ruhm und Ehre einbringt, ein Argument, dass sehr plastisch auf die Vorstellungskraft eines jeden Archäologen einwirkt. Ganz zu schweigen davon, dass die Auffindung des Grabes die Anzahl der Fernsehinterviews, Pressekonferenzen und Filme zum Thema Ägypten und der Großen Pyramide gewaltig ansteigen lässt.

– Unter der Voraussetzung, dass wir das Grab auch wirklich finden – der Geschäftsmann holte mich auf den Boden der Tatsachen zurück.

– Schließlich wissen wir, dass es gefunden wird.

– Und wenn nicht?

– Dann wird die ganze Angelegenheit totgeschwiegen, niemand wird irgendetwas erfahren und der Wichtigste Polnische Archäologe muss sich einen weiteren „Adler“ anrechnen lassen, also einen erfolglosen Versuch, von denen jeder bekannte Archäologe viele auf seinem Konto hat, bevor er auf etwas wirklich interessantes trifft.

Das Szenario war gut – es hatte nur einen Fehler. Um so an den Professor heranzukommen und ihm den Versuch bei Demjenigen, Der Über Alles Entscheidet, zu ermöglichen, musste Geld her, und das hatten wir immer noch nicht und es gab derzeit keine Chancen, dass es plötzlich in großer Menge auftauchen würde. Uns fehlte ein Investor mit der Seele von Indiana Jones, der das Risiko nicht scheut und gleichzeitig träumen kann. Jemand, der seinen Träumen glaubt und der vor allem den Träumen der Priesterin glaubt.

Da von Seiten des Geschäftsmannes in der Angelegenheit der potentiellen Sponsoren Funkstille herrschte, dachte ich mir, dass ich mich vielleicht selbst auf die Suche begebe. Aber dieser Gedanke hielt sich nur für einen Moment in meinem Kopf, dann vertrieb ich ihn. Schließlich ist er – der Geschäftsmann – dafür zuständig. Er kennt sich darin viel besser aus und schließlich wusste der Kosmos, was er tut, als er ihn auf meinen Weg gestellt hat.

Also beschloss ich, erneut dem Kosmos die Führung der Angelegenheit zu übergeben. Er weiß schließlich, dass wir ohne Gold, Geld, ohne jemanden, der Kontakte hat und uns Glauben schenkt, uns nicht von der Stelle rühren. Also soll er sich auch darum kümmern, dass auf dem Weg des Geschäftsmannes, auf meinem Weg oder auf dem Weg irgendeines der Mitglieder unserer Gruppe sich die Entsprechende Person findet. Diejenige, die uns aus diesem verzauberten Kreis reißt.

KAPITEL 15

DIEJENIGE, DIE DEN MUT HAT ZU REDEN

Reisen bedeutet an verschiedenen Orten dieser Welt zu sein. Ich mag es sehr, zu wandern, und meine Wanderungen führten mich eines Tages nach Chicago. Die polnischen Amerikaner sind etwas anders als die amerikanischen Amerikaner. Ein durchschnittlicher polnischer Amerikaner hat in der Regel mehr Geld als ein Pole in Polen (deshalb bleibt er auch in Amerika), aber er möchte gern noch mehr haben, denn der Appetit wächst beim Essen. Gern tut er auch etwas, was ihn aus der Gruppe der anderen Amerikaner hervorhebt, die – gleichzeitig heftig auf die Politik schimpfend – kombinieren, wie sie weitere Dollar für das nächste Auto, die nächste Wohnung, den nächsten Urlaub, das nächste Haus usw. usf. sparen können.

Einer der Wege zum Erreichen einer Ausnahmestellung ist, sich über die Existenz der Möglichkeiten zur Kontrolle des eigenen Lebens auf eine Art klar zu werden, die dem Menschen selbst am besten passt. Vielen Leuten kommt es so vor, als würde ihr Leben von Zufällen kontrolliert und sie vermuten gar nicht, dass sie selbst es sind, die diese Zufälle durch die Gedanken, die in ihren Köpfen dominieren, und durch die Energie, die durch diese Gedanken freigesetzt wird, selbst erschaffen. Deshalb sieht man so oft Menschen, die traurig und gestresst durch ihr Leben gehen, die – wie ein Schiff auf hohen Wellen ohne Segel und Steuer – sich von einem Unglück abstoßen, nur um unmittelbar in das nächste zu schlittern. Es kommt ihnen so vor, als hätte sich die ganze Welt gegen sie verschworen und als ob das Verhängnis unausweichlich über ihren Köpfen hinge. Sie sind sich nicht bewusst, dass das einzige, was über ihnen hängt, die Form ihrer eigenen Phantasie ist. Mit Eifersucht sehen sie auf die Menschen, denen im Leben alles gelingt, die glücklich und umgeben von Glück leben. Und sie sind sich nicht bewusst, dass dies Menschen sind, die sich entschieden haben, für sich selbst bessere Gedanken zu wählen und ihren freien Willen zu nutzen.

Während meiner Wanderungen lehre ich die Menschen die Selbstkontrolle ihres Geistes. Ich lehre, wie man die Gedanken ausrichten muss, wie sie kontrolliert werden können, damit sie den Menschen zum Hafen führen, der die "beste Bestimmung" genannt wird. Unter denen, die zu mir kommen, um mich zu hören, sind auch jene, die hören, aber nicht glauben und im Ergebnis gar nichts tun. Und dann ändert sich natürlich auch in ihrem Leben nichts. Andere versuchen es, geben aber schnell auf, obwohl der Kosmos ihnen ins Ohr flüstert und jeden Tag mit ihnen spricht... Sie hören dieses Flüstern nicht, sie sehen die Zufälle in ihrem Leben nicht, die ihnen suggerieren „Tue dies..." oder „Tue jenes nicht...". Und es gibt schließlich all diejenigen, die nicht probieren, sondern tun, was sie können, und immer ganze 100 Prozent geben. Sie beginnen, mit dem Kosmos zusammenzuarbeiten, um für sich selbst die beste aller möglichen Zukünfte zu bauen. Sie schaffen für sich ein neues Leben, eine besser Bestimmung.

Auf diese Art stellte ein weiterer Zufall auf meinen Weg **Diejenige, Die Den Mut Hat Zu Reden**. Sie hieß Barbara. Sie kam zu mir und fragte mich mit einem Lächeln, ob ich ihr helfen könnte, außergewöhnlich, bewundert und gehört zu werden. Ihre Kraft war ihre Stimme, die sich, vielmals verstärkt durch die Wunder der modernen Technik, in vielen Ecken Chicagos verbreitete. Ihre Stimme sprach zu den Menschen in deren Häusern und Autos in dem Moment, wenn diese den Knopf drehten und die Frequenz auf die Wellen ihrer Stimme einstellten. Bisher sprach sie von merkwürdigen Dingen, von den Geheimnissen dieser Welt, aber Cheops und das ganze Projekt waren die merkwürdigste aller merkwürdigen Angelegenheiten, von denen sie je gehört hatte. Sie stellten das größte Geheimnis dar, aber sie waren auch etwas Konkretes. Etwas, das man sehen, berühren konnte. Man konnte von Größe und Außergewöhnlichkeit träumen, die so riesig und herausragend waren, dass selbst die Phantasie nicht in der Lage war, all das zu umfassen. Das Projekt Pharao war gleichzeitig Mission und Bestimmung für all jene, die sich entschieden hatten zu glauben und tätig zu werden.

Ich sah sie überrascht an. Ich war von ihrem Mut und ihrer Leidenschaft überrascht. Sie brachte **Diejenige, Deren Name Der Ruhm War**, mit sich, die Sława hieß, was auf Polnisch Ruhm bedeutet. Heute kommt es mir so vor, dass der Kosmos ihr den Ruhm noch vor ihrer Geburt in die Bestimmung geschrieben hatte. Wenn Diejenige, Deren Name Der Ruhm War, nicht auf der Welt gewesen wäre, dann wären meine Wanderungen nach Chicago nicht möglich gewesen. Wenn sie nicht gewesen wäre, dann hätte Diejenige, Die Den Mut Hat Zu Reden, nie von mir gehört.

An einem gewissen Novembernachmittag des Jahres 2002 hörten Sława und Barbara zum ersten Mal von mir die Geschichte über Cheops. Jede Information muss auf den entsprechenden Boden treffen, um aufzublühen. Es zeigte sich, dass beide der entsprechende Boden waren.

– Kann ich allen Menschen, die mich hören wollen, von Cheops erzählen? – fragte sofort Diejenige, Die Den Mut Hat Zu Reden.

– Das möchte der Kosmos – antwortete ich. – Sprich, wenn Du keine Angst hast.

– Ich habe keine Angst, ich darf keine Angst haben, mein Beruf ist der Mut zu Reden – antwortete sie.

Und so begann nach meinem Besuch auf den Radiowellen von Chicago einmal in der Woche die Stimme Derjenigen, Die Den Mut Hat Zu Reden, zu erklingen. Sie sprach von der Mission, von Cheops, von der Erde und ihrer Säuberung, vom Kosmos, von Derjenigen, Deren Name Das Leben Ist, und von den Teilnehmern der Mission. Sie sprach von all dem, was wir bisher vom Kosmos erfahren hatten. Sie war so mutig, dass die Menschen, die ihr zuhörten und ihre Stimme hörten, fasziniert von der Tatsache waren, dass die Rettung der Erde so nah und so real war.

Selbstverständlich gab es auch solche, die zuhörten, mit dem Finger an die Stirn pochten und entsprechende geschlossene Anstalten empfahlen. Es gab andere, die nach den Sendungen empört darüber waren, dass eine Polin über die Ausgrabung des Pharaos spricht. Mit welchem Recht? Schließlich wurden dabei so viele hervorragende Staaten und wissenschaftlichen Koryphäen übergangen. Das kann nicht die Wahrheit sein. Es gab wieder andere, die hörten, aber nicht verstanden, die diese Informationen einfach ignorierten, weil es so viele idiotische Ideen auf der Welt gab. Die Phantasien über die Ausgrabung des Pharaos helfen schließlich nicht beim Kauf eines neuen Autos, lassen sich nicht sofort zu Geld machen, haben keinen Einfluss auf das Preisniveau an der New York Stock Exchange, also wozu sich damit den Kopf verdrehen.

Und es gab Diejenigen, Die Hörten Und Verstanden. Personen, deren Herzen und Seelen der Mut der Sprecherin und ihre Leidenschaft berührten, die von der Kraft des Kosmos noch verstärkt wurden. Denn der Kosmos begann, als er ihr Engagement sah, ihr selbst zu helfen, den Ruhm zu erlangen, die Außergewöhnlichkeit, von der sie früher nur träumen konnte. Er begann, für sie besondere Zufälle und besondere Proben zu schaffen.

Ich bat die Priesterin um einen weiteren Tagtraum. Ich wollte wissen, ob uns Chicago bei unserem wichtigsten Problem helfen konnte: dem Problem des Goldes. Schließlich ist Amerika voll von Millionären. Lucyna erklärte sich ohne Zögern einverstanden.

– Kann Diejenige, Die Den Mut Hat Zu Reden, uns wirklich helfen? – fragte ich den Kosmos. – Das ist schließlich so furchtbar schwer, so ungewöhnlich, untypisch.

– Ja – antwortete er. – Sie kann sehr viel tun. Ihre Mission hat das Ziel, zu den Menschen vorzudringen, denn viele Menschen hören ihr zu.

– Aber verstehen sie auch?

– Es werden sich Anhänger und Gegner finden, sie werden sie attackieren. Aber denke daran. Alle Personen, die mir helfen, genießen Schutz. Auch Barbara.

– Was für einen Schutz? – wunderte ich mich.

Ich war mir nicht im Klaren darüber, dass der Kosmos uns Schutz gewähren kann. Schließlich stellt er uns doch keine Wachleute der Abmaße „sechs mal neun“ an die Seite – dachte ich. Athleten, die mit uns überall hingehen und uns schützen. Das haben wir noch nicht nötig.

– Was ist das für ein Schutz? – fragte ich.

– Den Auserwählten, denen, die eine Arbeit übertragen bekommen haben, darf nichts passieren. – antwortete er. – Selbst wenn Ihr Euch alleingelassen glaubt, habt ihr doch einen Schutz.

– Was ist das für ein Schutz? – fragte ich erneut.

– Ein energetischer Schutz. Ich, der Kosmos, habe eine außergewöhnliche Energie.

Ich atmete mit Erleichterung auf. Plötzlich erinnerte ich mich wieder an meinen „programmierten" Traum: Der Energietunnel um mich und um Diejenige, Die Jeder Morgen Anlächelt!

– Wie können uns Barbaras Sendungen helfen? – fragte ich und dachte dabei an zukünftige Sponsoren.

– Mit diesen Sendungen – antwortete der Kosmos –bringt Barbara eine Saat aus. Wenn die Körner auf empfänglichen Boden fallen, dann beginnen sie zu keimen. Ein menschliches Wesen kann gerettet werden, denn sein Herz wird geöffnet. Wenn die Körner dagegen auf unempfänglichen Boden fallen, dann vermodern sie. Die Wahl liegt auf Seiten der zuhörenden Person.

Das klang sehr schön, aber mir ging es vor allem um die praktische Seite dieser neuen Zufälle. Es ging um das Geld. Ohne Geld gibt es keine Chance, endlich anzufangen.

– Hilf uns – bat ich. – Hilf uns, das Gold zu finden, das für die Ausgrabung des Cheops notwendig ist. Schließlich bist Du der Kosmos, Du kannst alles.

– Alles kann nur Der Höchste, der Besitzer der Erde, Gott. Ich bin auch von ihm abhängig.

– Worauf kommt es Dir an? Was willst Du? Nicht das gleiche, wie wir?

– Natürlich liegt mir viel daran, dass Ihr das Gold findet, aber auch daran, dass meine Botschaft in alle Ecken dieser Welt vordringt. Dass alle Menschen ohne Rücksicht auf ihre Hautfarbe mich hören. Und dabei hilft Barbara.

– Verschiedene Menschen hören sie – merkte ich an. – Viele von ihnen sind ungläubig.

– Für mich ist jeder Mensch gleich wichtig. Ich habe das bereits oft gesagt – ich sehe in die Herzen. Der Herrgott, Euer irdischer Herrgott hat Euch bei der Schöpfung ein Recht und eine Liebe gegeben, und deshalb achte ich alle Menschen, wirklich alle gleich.

– Wie ist Dein Rat für Diejenige, Die Den Mut Hat Zu Reden?

– Sie sollte mit Achtung und Ruhe jedem Menschen gegenübertreten – antwortete der Kosmos. – Selbst denen, die sie nach ihren Sendungen schmähen. Es wird viele geben, die sie zertreten wollen, die sagen, sie erzähle Blödsinn, sie verwirrt die Menschen. Sollen sie denken, was sie wollen. Sie muss ihre Aufgabe erfüllen. Darum bitte ich sie.

Auf diese Weise schuf Diejenige, Die Den Mut Hat Zu Reden, ihren eigenen Traum unter dem Namen „Mission Orion – Pharao“. Dies war ein Traum über all das, was wir bisher durch die Träume der Priesterin erfahren hatten und was uns der Kosmos mitgeteilt hatte. Sie verstand, dass sie die Gelegenheit bekam, außergewöhnlich zu sein und erhielt einen Auftrag. Einen schwierigen Auftrag: Korn auszusäen...

Ich freute mich über ihren Mut und dachte weiterhin vor allem daran, wie wir einen strategischen Sponsor finden können. Ich wusste, dass es viele davon auf der Welt gibt, die auf eine solche Gelegenheit, wie die unsere warten, aber leider nichts von unserer Existenz wissen. Ich war mir im Klaren darüber, dass selbst dann, wenn sie von uns erfahren, sie nicht sofort glauben werden.

Barbara gab uns die Möglichkeit, neue Tore zu öffnen, neue Herzen, neuen Verstand. Die Chance, diese Welt zu öffnen.

Als ich Barbara traf, war es November des Jahres 2002. Ich setzte also das Datum der Abreise nach Ägypten auf März des Jahres 2003 fest und beschloss zu warten, was der Kosmos durch Barbara erreicht. Wen er uns sendet, wem er hilft, sein Herz zu öffnen...

KAPITEL 16

ACH, DIESE ZUFÄLLE

Nach dem letzten Traum der Priesterin hatte ich über lange Zeit aufdringliche, immer wiederkehrende Gedanken über die Pyramide und das Grab. Wie lange sollen wir noch darauf warten, bis endlich etwas passiert? Schließlich wissen wir bereits so viel. Schließlich ist alles so logisch. Schließlich erklärt und erläutert das, was die Priesterin sagt, auf einfache Weise das Unerklärliche. Warum hören die Menschen dann unsere Berichte mit einer solchen Gleichgültigkeit?

Auf der anderen Seite wiederum überlegte ich mir, was ich vom Kosmos auf meinem Weg zur Pyramide lernen sollte. Ich wusste, dass jede mit mir zusammentreffende Person ein Signal darstellt, eine Information, die ich interpretieren muss. Ich begann, meine Umgebung genauer zu beobachten, die Menschen, mit denen ich mich unterhalte und begann, interessante Dinge zu bemerken. Einige Worte und Sätze, die ich selbst von zufällig getroffenen Personen auf meinem Weg hörte, erlangten eine andere, tiefere Bedeutung. Dies war so etwas wie ein „Neues Wörterbuch des Kosmos".

Eines Tages traf ich auf meiner Wanderung in Ottawa den **Sehr Klugen Menschen**. Er hieß Andrzej und war ein Wissenschaftler, ein Forscher auf dem Gebiet reiner Energien. Er schien den Kosmos und seine Arten der Verständigung mit den Menschen zu verstehen. Wir kannten uns bereits lange und führten sehr häufig Gespräche zum Thema des Wesens unerklärlicher Phänomene. Der Sehr Kluge Mensch versuchte, diese Phänomene wissenschaftlich auf dem Niveau der Quantenphysik und der Skalarenergien zu erläutern, und ich hörte, fasziniert von seiner Weisheit, meist wortlos zu. Die Träume der Priesterin gehörten zu dieser Kategorie der unerklärlichen Phänomene, deshalb erzählte ich ihm von ihren Erfahrungen, vom Pharao, von der Pyramide...

– Glaubst Du der Priesterin wirklich? – fragte er mich.

– Ja – antwortete ich. – In meinem Leben findet tatsächlich das statt, von dem der Kosmos sagt, dass es stattfinden wird. Ich treffe die Menschen, die ich treffen soll, ich erhalte Signale.

– Das alles sind subjektive Erfahrungen – der Sehr Kluge Mensch nickte langsam. – Ich bin Wissenschaftler, also interessiert mich irgendein objektiver Beweis, dass all das, was sie erzählt, die Wahrheit ist. Etwas Fassbares.

– Ein objektiver und sehr konkreter Beweis wäre die Ausgrabung des Grabes.

– Also hast Du keinen Beweis. Warum glaubst Du dann? – fragte er erneut.

– Weil der Glaube notwendig dazu ist, dass ich aktiv werde. Ich sehe keinen anderen Weg.

– Es gibt einen anderen Weg. Du kannst einfach aufhören zu glauben.

– Ich kann nicht aufhören zu glauben. Wenn ich das tun würde, wäre ich nicht in der Lage, irgendjemanden von dem zu überzeugen, was ich sage – entrüstet ich mich.

– Wenn Du glaubst, dann hörst Du auf, frei zu sein. Außerdem ist der Kosmos gut und böse... Woher weißt Du, welcher dieser beiden sich mit Dir unterhält? Woher weißt Du, dass nicht die böse Seite versucht, Dich zu manipulieren, zu verwirren?

– Ich weiß, dass derjenige, der mit mir spricht, der gute Kosmos ist – antwortete ich ruhig.

– Woher diese Sicherheit? – Ich fühlte in seiner Stimme eine gewisse Ironie.

– Du bist ein Sehr Kluger Mensch – sagte ich zu ihm. – Sag mir, was kann es Schlimmes an außergewöhnlich wichtigen archäologischen Funden geben? Was ist Schlimmes in der Absicht, den Menschen zu helfen und sie vor der Möglichkeit einer aufziehenden Katastrophe zu warnen? Was ist Schlimmes in dem Vorschlag, dass die Menschen beginnen, besser zu denken, dass sie Liebe in den Kosmos senden?

– Es gibt nichts Schlimmes in dem, was Du sagst, aber es gibt immer die Möglichkeit, dass dies nicht die Wahrheit ist, solange Du das alles nicht überprüft hast. Die beste Methode der Überprüfung ist aufhören zu glauben.

Ich schwieg einen Moment lang. Ich wusste nicht, was ich antworten sollte. Ich wunderte mich, dass er – solch ein Kenner der
Phänomene des Kosmos – solche merkwürdigen Dinge sagt. Er sah mein Zögern und erläuterte:

– Es geht nicht darum, dass Du aufhörst zu handeln, sondern darum, dass Du objektiv bist. Ein hervorragendes Rezept für das Leben ist es, an nichts zu glauben, bis etwas nicht physisch bestätigt wurde, gleichzeitig aber den Intellekt für alles offen zu halten.

– Erläuterc das genauer – bat ich ihn.

– Wenn es um die Träume Derjenigen, Deren Name Das Leben Ist, geht, dann ist mein Rat folgender: Glaube an nichts, was der Kosmos Dir mitteilt, solange Du auf physischem Niveau eine Information nicht bestätigt hast. Sei aber gleichzeitig offen für die Möglichkeit, dass all das die Wahrheit ist.

– Das tue ich. Ich sehe mich als Beobachter der Ereignisse – entrüstete ich mich – aber ich will auch glauben. Unglauben nimmt mir meine Leidenschaft, mein Durchschlagskraft, außerdem benötigt der Kosmos meinen Glauben, mein Vertrauen, um mir helfen zu können.

– Aber blinder Glaube bewirkt, dass Du Dich von Deinen Überzeugungen abhängig machst. Du bist nicht mehr frei. Noch ein Stückchen weiter und Du wirst zu einem Fanatiker und verlierst vollkommen die objektive Sicht auf die Sache. Jeder, der nicht so denkt, wie Du, wird Dein Feind sein. Freunde sind nur jene, die Dir schmeicheln. Das ist ein sehr gefährlicher Standpunkt.

In Gedanken musste ich ihm Recht geben. Wirklich – besser war es, ein beobachtender Wanderer zu werden als ein wandernder Fanatiker. Ich wäre glaubhafter, wenn ich dem Kosmos erlauben würde zu beweisen, dass das, was er mir erzählt, seine Widerspiegelung in der Sphäre der physischen Welt findet. Wie er das tut – das ist seine Sache. Um das Grab auszugraben, müssen die Informationen der Priesterin mit einem überprüfbaren Zeichen dieser Informationen auf der Erde verbunden werden. In irgendeiner Form, selbst der einfachsten, solange das Auge und der Verstand nur einen Bezugspunkt sehen. Ich muss schließlich nicht gleich das Pharaonengrab ausgraben, um mich zu überzeugen, dass ihre Träume wahr sind. Es reicht aus, sie zu bitten, etwas anderes zu träumen, was einfacher zu überprüfen ist. Ich war böse auf mich selbst, dass mir so etwas nicht früher eingefallen war.

Beim nächsten Treffen mit Derjenigen, Deren Name Das Leben Ist, bat ich um ein weiteres Gespräch mit dem Kosmos. „Kein Problem – antwortete sie. – Er unterhält sich immer gern mit Dir.“

Ki träumte ihren Tagtraum und bat mich, Fragen zu stellen.

– Kannst Du mir physisch beweisen, dass Du wirklich existierst? – wendete ich mich an den Kosmos.

– Willst Du, dass ich Dir das Bein breche? – antwortete er. – Du weißt doch, dass es mich gibt.

– Na ja, solche Beweise habe ich eigentlich nicht gemeint – lachte ich. – Ich weiß, dass es Dich gibt, dass Du existierst, denn ich spreche mit Dir, in meinem Leben geschehen verschiedene Dinge. Damit aber irgendein Geschäftsmann mit Geld sich überzeugen lässt, musst Du Dir etwas anderes ausdenken. Vielleicht etwas weniger drastisches – fügte ich vorsichtshalber hinzu.

Ich überlegte mir, wie gut es war, dass der Kosmos einen Sinn für Humor besaß. Außerdem – mir das Bein zu brechen, würde auch keinen überzeugen. Schließlich kann jedem ein Unfall passieren. Das ist keine große Sache.

– Ich denke mir bestimmt etwas aus – sagte der Kosmos. – Gib mir etwas Zeit.

– Du sagst doch selbst, dass wir wenig Zeit haben...

– Sei geduldig... Ich weiß, dass Ihr Menschen immer etwas Fassbares benötigt. Es reicht nicht aus, Euch etwas einmal zu zeigen. Ich muss ständig von neuem beweisen, dass es mich gibt. Selbst Du hast manchmal Zweifel.

– Jetzt nicht mehr. Ich weiß dass Deine Wahrheitsliebe hervorragend ist, dass Du all das hältst, was Du versprichst. Manchmal hast Du nur Probleme, das alles in die richtige Zeit zu bringen. Versuche, es diesmal so schnell wie möglich zu tun.

– Tja – bestätigte der Kosmos – ich habe meine Probleme mit Eurer Zeit, so wurde ich erschaffen. Aber dieses Mal wirst Du nicht lange warten müssen. Mir liegt auch viel an der Zeit. Eines kann ich Dir noch sagen: Du bist durch meine Energie mit Derjenigen, Die Jeder Morgen Anlächelt, verbunden. Ihr werdet gemeinsam zum Pharao gehen.

Ich verließ die Priesterin und beschloss, darauf zu warten, was sich der Kosmos in der Sache konkreter Beweise ausdenken würde. In der Zwischenzeit endete das Jahr 2002 und 2003 begann.

Zu meiner Überraschung begann Diejenige, Die Jeder Morgen Anlächelt, mich wieder anzulächeln. Ihr Lächeln war zwar noch ein bisschen traurig, aber es war wieder da. „Woher wusste er das?“ – überlegte ich mir und dachte dabei an den Kosmos und seine Prophezeiung. Für mich war dies ein weiterer Beweis der Weisheit, die aus den Träumen der Priesterin floss. Es war die Antwort auf die Zweifel des Sehr Klugen Menschen und eine weitere Stärkung meines Glaubens, obwohl immer noch auf subjektivem Niveau.

Damit ich besser wandern kann, schenkte mir Diejenige, Die Jeder Morgen Anlächelt, ein Buch über den Orion. Das Buch trug den Titel *Die Orion–Prophezeiung für das Jahr 2012*, sein Autor war Patrick Geryl. Ich las es sofort durch und wunderte mich, warum der Autor die Zukunft der Erde in so schwarzen Farben sah. Nach den Schriften und Kalendern der Maja, nach altägyptischen Schriften und anderen Dokumenten, die der Autor entziffert hatte, soll am **23. Dezember des Jahres 2012** eine Umpolung der Erde und eine globale Katastrophe stattfinden, ähnlich der, die Atlantis zerstörte. „Na ja – dachte ich – bis zum Jahre 2012 haben wir ja noch ein wenig Zeit“. Und sofort danach kam mir folgender Gedanke: „Vielleicht hat das Grab des Cheops damit etwas zu tun?“

Schließlich meint der Kosmos, dass das Grab bei der Verhinderung einer Katastrophe auf der Erde helfen wird.

Ich wusste nicht, wer dieser Autor war, aber aus dem Text ging hervor, dass er aus Belgien stammte. In seinem Buch schrieb er ebenfalls über das Große Labyrinth, dass in Ägypten in der Nähe des Moeris–Sees existiert. In diesem Labyrinth sollen sich Informationen zur Vergangenheit und zur Zukunft der Erde befinden sowie Angaben, wie sie gerettet werden kann.

Mir kam der Gedanke, dass es vielleicht nicht dumm wäre, mit dem Autor Kontakt aufzunehmen und ihm von Cheops, von dem Grab und von unserem Projekt zu berichten. Leider brachte meine Suche keinen Erfolg. Entmutigt verlegte ich diese Angelegenheit auf eine unbestimmte Zukunft.

Und plötzlich kam ein weiterer Zufall ins Spiel. Ich erhielt eine Einladung nach Brüssel zu einer speziellen Wanderung. Dort warteten auf mich Leute, die lernen wollten, ihre Gedanken besser zu kontrollieren. Die Abreise kam plötzlich, ungeplant, unerwartet. Ich freute mich, denn ich hatte gerade genug freie Zeit. Die Reise nach Ägypten im vorher geplanten Zeitraum erwies sich als unmöglich. Es gab kein Geld, keine Genehmigung und es lief alles auf einen Krieg im Irak aus. Es war März des Jahres 2003.

Vor der Abreise fragte ich den Kosmos nach dem Autor dieses Buches.

– Du wolltest Beweise von mir, Du wirst sie bekommen. – antwortete er. – Du musst Dich mit ihm treffen. Er wird Dir helfen.

– Aber ich weiß nicht, wo ich ihn suchen soll.

– Du sollst Dich mit ihm treffen – wiederholte der Kosmos. –

Wenn sie Dich durch die Tür hinauswerfen, dann kommst Du durch das Fenster wieder hinein. – und mit diesen Worten beendete er das Thema.

Ich fühlte mich verbittert, denn ich wusste nicht, was er mit diesem Rauswurf meinte. „Er will sicher, dass ich aufdringlich werde“ – dachte ich, aber das war überhaupt nicht mein Stil.

Nach der Ankunft in Brüssel zeigte sich, dass auf mich 13 Personen warteten... Als ich ihnen vom „Cheopsprojekt“ berichtete, von Patrick und seinem Buch, da stand eine der Teilnehmerinnen auf und sagte zu mir mit einem Lächeln: „Mein Mann ist Flame und ein sehr guter Freund des Autors des Buches, von dem wir reden.“

Und auf diese Weise stellte der Kosmos durch einen erneuten Zufall Patrick Geryl auf meinen Weg. Ich nannte ihn **Denjenigen, Der Das Schicksal Der Welt In Schwarzen Farben Sieht**.

KAPITEL 17

DIE PROPHEZEIUNG DES ORION UND DIE GOLDENEN KAMMERN

Patrick, der Autor der *Prophezeiung des Orions für das Jahr 2012* sah das Schicksal dieser Welt wirklich sehr schwarz. Zusammen mit seinem Freund Gino, der von Beruf Astroarchäologe ist, berechneten sie, dass am 23. Dezember des Jahres 2012 die Sterne in der gleichen Konstellation stehen, wie sie im Moment des Untergangs von Atlantis vorherrschte. Diesen Untergang sehen sie als Tatsache an. Das war nach ihrer Meinung die Botschaft in den Schriften der Maja und der antiken Ägypter.

– Es gibt eine globale Katastrophe, die Umkehrung der Pole der Erde – sagte Patrick schon nach den ersten paar Minuten unseres Treffens in Brüssel. – Wir müssen uns darauf vorbereiten.

Ich weiß – antwortete ich. – Ich habe Dein Buch gelesen, ich kenne Deine Theorie. Du behauptest, dass der Nordpol zum Südpol wird und der Südpol zum Nordpol – auf Grund der Verschiebungen der Erdkruste. Denkst Du, dass man das irgendwie verhindern kann?

– Das ist unabwendbar. – Patrick war in dieser Hinsicht außergewöhnlich selbstsicher. – Die alten Maja und Ägypter wussten von unserer Welt bedeutend mehr, als wir dies heute glauben.

– In Deinem Buch schreibst Du vom Großen Labyrinth – sagte ich. – Wenn Du meinst, dass wir alle sterben werden, warum willst Du dann zu diesem Labyrinth vorstoßen?

Patricks Augen blitzten auf. Man sah, dass ich ein Thema angesprochen hatte, was im sehr wichtig war.

– Im Labyrinth gibt es Orte, zu denen man vordringen muss – sagte er leidenschaftlich. – Es gibt spezielle Kammern und an ihren Wänden soll all das beschrieben sein, was getan werden muss, um sich auf diese globale Katastrophe vorzubereiten. Dort gibt es auch sehr wichtige Informationen über unsere Zeiten.

Ich konnte mir vorstellen, dass dies in Patricks Falle ein sehr umfangreiches Thema war. Also unterbrach ich ihn für alle Fälle und erzählte ihm die Geschichte über Cheops und Diejenige, Deren Name Das Leben Ist, darüber, was ich vom Kosmos erfahren hatte... Er hörte sehr aufmerksam zu, aber ich fühlte, dass er von dem, was ich erzählte, nicht überzeugt war. Nach einem Moment kamen wir wieder auf sein Hauptthema zurück: das **Große Labyrinth** in Ägypten. Er suchte es schon seit langem, las alles, was er zu diesem Thema in die Finger bekam, und war davon überzeugt, dass die Auffindung des Labyrinths die Menschen retten kann, zumindest diejenigen, die sich entsprechend auf die Katastrophe vorbereiten.

– Ich erzähle Dir kurz etwas über das Labyrinth – setzte er seine Geschichte fort. – Es ist der größte Bau, der jemals von Menschen konstruiert wurde, es besteht aus über 3.000 Kammern. Nach Herodot dauerte der Bau allein 365 Jahre, von 4608 bis 4243 vor Christus. Der Durchmesser von Osten nach Westen beträgt

48 000 ägyptische Ellen, also 25,152 Kilometer! Es enthält den so genannten **„Goldenen Kreis"** – eine legendäre Kammer, an die das *Buch der Toten* anknüpft. Sie ist aus Granit erbaut und mit Gold nach einer Technik bedeckt, die von einer ausgestorbenen, viel älteren als die ägyptische Zivilisation übermittelt wurde.

– Unglaublich – ich war schockiert von dem, was ich gehört hatte. – Etwas so riesiges, und keiner weiß, wo es sich befindet?

– Warte, dass ist noch nicht alles – Patrick ging immer mehr in diesem Thema auf. – An den Wänden ist das astronomische Wissen der Ägypter vermerkt. Aus den Hieroglyphen können alle ihre astronomischen Entdeckungen herausgelesen werden. Auf einem gigantischen Tierkreis sind die Sternhaufen vermerkt. Viele der Wände sind beweglich. Die antiken Texte sprechen von Menschen, die dort gestorben sind, weil sie den Ausgang nicht mehr finden konnten. Sie erwähnen auch geheime Kammern im Inneren des Labyrinths, die mit Kunstschätzen und Dokumenten von Zivilisationen gefüllt sind, die vor Tausenden von Jahren auf der Erde lebten. Es gibt Kammern mit Dokumenten über die Geschichte Ägyptens und das astronomische Wissen der damaligen Zeit.

– Woher wusste Herodot von all dem? – fragte ich.

– Er behauptet, selbst da gewesen zu sein und die Mehrzahl dieser Dinge mit eigenen Augen gesehen zu haben. Außerdem schreibt Herodot, dass auf 36 riesigen Tafeln in Hieroglyphen die Art der Berechnung der letzten Umkehrung der Erdpole angegeben ist. Das ist ein Wissen, dass die heutigen Menschen so schnell wie möglich erlangen müssen, weil uns genau das heute droht.

– Was sagen dazu die Archäologen, was sagt die Wissenschaft?

– Das **Große Labyrinth** wird durch die Mehrzahl der heutigen Wissenschaftler als ein ehemals real existierendes Bauwerk angesehen, das von der Zeit zerstört wurde oder unter dem Gewicht der

Wüste „eingefallen“ ist. Seine Auffindung ist heute sehr schwierig, fast unmöglich. Es ist komisch, aber bisher sucht niemand danach.

Patrick erzählte noch lange über das Labyrinth, mich dagegen wunderte unsere „zufällige’ Begegnung in Brüssel. Kann Derjenige, Der Das Schicksal Der Welt In Schwarzen Farben Sieht, in der „Cheops–Sache: helfen? Der Kosmos konnte mir ganz einfach kein deutlicheres Zeichen als diesen „Zufall“ senden.

– Wundert es Dich nicht, dass wir uns auf eine so merkwürdige Weise getroffen haben? – fragte ich, als er seine Erzählung endlich beendet hatte.

– Mich wundert, warum ich hierher gekommen bin, um mich mit Dir zu treffen – antwortete er mir. – Im Allgemeinen bin ich sehr vorsichtig, denn seitdem ich mein Buch geschrieben habe, melden sich bei mir verschiedene Verrückte und Schwarzseher, also treffe ich mich nur mit ausgewählten Leuten...

– Ich fühle mich geehrt, dass Du zu dem Treffen mit mir gekommen bist – bemerkte ich etwas sarkastisch, aber ehrlich.

– Als ich die *Prophezeiung des Orion* geschrieben habe – erzählte er – geschahen verschiedene unerklärbare Ereignisse, Umstände und Zufälle, dank derer ich das notwendige Wissen erlangte, die Informationen für das Buch, so, als ob ich durch eine unsichtbare Hand geführt würde. Du bist so ein „Zufall“. Deshalb kam ich hierher, obwohl das, was Du erzählst, selbst für mich sehr merkwürdig klingt.

Ich wusste, dass diese „unsichtbare Hand“ der Kosmos war, der entschied, dass der Wanderer an diesem Zeit– und Raumpunkt auf seinem Weg Denjenigen, Der Das Schicksal Der Welt In Schwarzen Farben Sieht, treffen soll und dass beide von diesem Moment an gemeinsam in die gleiche Richtung, auf dem gleichen Weg gehen sollen.

– Sieht so aus, als ob jemand da oben – ich sah den Himmel an – beschlossen hat, dass wir uns kennen lernen und einander helfen sollen.

– Okay, kein Problem – erklärte er sich ohne Zögern in seinem etwas holprigen Englisch einverstanden. – Was schlägst Du vor?

– Ich schlage vor, durch die Priesterin mit dem Kosmos zu reden. Ich kann in Deinem Namen Fragen stellen, die Fragen, die Du stellen würdest.

– Fragen gibt es viele, aber drei davon sind am wichtigsten. Gibt es das Labyrinth wirklich? Wie kann man es ausgraben? Gibt es dort für uns wichtige Informationen, die die Menschheit retten können?

Als ich nach Wrocław zurückkam, bat ich Lucyna um den nächsten Traum. Das sollte ein wichtiger Traum werden, dieses Mal zu einem anderen Thema als das Grab.

– Frage den Kosmos – bat ich – ob er Patrick helfen kann.

– Wir helfen dem Kosmos bei der Erfüllung der Aufgabe, die er von der Höchsten Energie, von Gott erhalten hat – antwortete sie. – Ich muss nicht fragen. Er ist für uns immer zugänglich, es reicht zu bitten. Wann willst Du, dass ich einschlafe?

– Schlafe jetzt ein – bat ich.

Wir waren in der Wohnung Derjenigen, Die Jeder Morgen Anlächelt. Die Sonne schien durch ihr Fenster und lächelte uns ebenso freundlich an, wie alle anderen Menschen auf dieser Welt. Ich sah auf ihr goldenes Licht, auf die Priesterin und überlegte mir, ob dies alles wirklich in ein paar Jahren verschwinden sollte. Dringen wir mit unserer Information zu irgendjemand Wichtigem durch, der uns erhören wird? Und wenn Patrick Recht hat? Sollen all die Jahre des Lächelns, die der Kosmos mir und So Vielen Anderen

Auf Der Erde Lebenden Menschen beschert hat, umsonst gewesen sein? Sich in Nichts auflösen? Ich wollte nicht daran glauben, dass wir alle aufhören sollten zu existieren.

– Hat Patrick Recht? – fragte ich den Kosmos, als die Priesterin ihren Tagtraum zu träumen begann. – Werden wirklich im Dezember des Jahres 2012 die Pole der Erde umgekehrt und kommt eine Katastrophe, wie zu Zeiten von Atlantis? Ich das die Wahrheit?

– Nicht unbedingt – antwortete der Kosmos. – Ich will die Erde nicht vernichten, sie ist zu wertvoll. Die Erde ist in einem Streifen des Sonnensystems mit anderen Planeten verbunden. Die Störung dieses Systems könnte eine Katastrophe im gesamten Universum hervorrufen. Andere Zivilisationen müssen sich frei im Kosmos bewegen können. Wenn die Erde aus dem Sonnensystem fallen würde, dann entsteht ein kosmisches Loch, das für andere Zivilisationen nicht zu durchqueren ist. Deshalb – wie Du bereits weißt – werde ich, wenn die Menschen weiterhin so hartherzig sind und nicht hören wollen, was ich zu ihnen sage, ihre Herzen nicht für mein Rufen öffnen wollen, sie alle von dieser Welt entfernen. Die Erde selbst muss bleiben.

– Aber Patrick meint... – begann ich endlich zu fragen.

– Ich unterbreche Dich – warf der Kosmos ein. – Und ich wiederhole noch einmal: Das, was Patrick sagt, ist nicht ganz die Wahrheit. Tatsächlich, in diesem Moment, bei so viel negativer Energie, die von der Erde fließt, haben die Menschen keinen Einfluss darauf, was passieren kann. Hier hat Patrick Recht. Wenn wirklich nichts Wesentliches passiert, dann wird mein Eingreifen, also meine Energie, beginnen, stärker auf die Erde einzuwirken. Ich werde die Naturkräfte nutzen. Das, was ich machen kann, ist, den Planeten radikal zu säubern. Ob das im Jahre 2012 geschieht – das ist eine umstrittene Frage.

– Was wird dann mit uns passieren?

– Seid nicht so entsetzt. – beruhigte mich der Kosmos. – Ich wähle Euch deshalb aus allen anderen Menschen aus, damit Ihr auf der Erde bleibt. Alle diejenigen, die mir helfen, erhalten von mir ein „Lebenszeichen". Derjenigen, Die Jeder Morgen Anlächelt, habe ich das bereits im Traum – einem normalen Traum – gesagt. Sie weiß es.

Ich fühlte eine angenehme Wärme im Herzen. Der Kosmos nannte Iwona Diejenige, Die Jeder Morgen Anlächelt, so, wie ich sie auch nannte. Ich überlegte mir, ob er wohl begonnen hat, Techniken der zwischenmenschlichen Kommunikation zu studieren, die sagen: „Wenn Du willst, dass Dein Gesprächspartner sich gut mit Dir fühlt, dann benütze die gleichen Bezeichnungen wie er."

– Heißt das, dass es keine Umpolung geben wird? – fragte ich erneut.

– Wenn der Pharao das Sonnenlicht erblickt, wird es keine Umpolung geben – wiederholte der Kosmos.

– Und wenn nicht?

– Dann wird die Erde keinen Schutz vor dem haben, was passieren wird. Es werden Menschen sterben, aber der Planet bleibt.

– Was für einen Schutz?

– Das erfährst Du später...

– Weshalb hast Du denn dann mein Treffen mit Patrick arrangiert? Wobei kann er uns helfen?

– Du hast mich doch darum gebeten.

– Ich habe Dich darum gebeten? – rief ich verwundert. – Vor einem Monat hatte ich doch noch gar keine Ahnung, dass er existiert...

– Du hast darum gebeten, dass ich Euch einen konkreten Beweis dafür gebe, dass ich, der Kosmos, existiere – antwortete er – dass das, was die Priesterin sagt, die Wahrheit ist.

– Patrick soll dieser Beweis sein? – wunderte ich mich. – Das ist doch für jeden Menschen eine einfache Verkettung von Zufällen und keine fassbarer Beweis.

– Euer Treffen ist nicht der Beweis – gab mir der Kosmos Recht. – Aber das Labyrinth schon.

– Patrick ist sich sicher, dass das Labyrinth tatsächlich existiert, aber er weiß nicht, wie er es finden soll – merkte ich an.

– Das Labyrinth existiert, aber ich muss jetzt das Thema etwas erweitern, damit Du das Wesen dieser Sache verstehen kannst. Ich möchte Dir erklären, wozu das Labyrinth erbaut wurde. Also: Die Existenz von Atlantis ist eine Tatsache und als die Menschen von Atlantis auf den Rest der Erde umsiedelten, haben sie auch ihre Fähigkeiten, ihren Glauben und ihre Traditionen mitgenommen. Auf Atlantis gab es ebenfalls ein Labyrinth und als die Menschen nach Ägypten evakuierten, beschlossen sie, dort etwas Ähnliches zu bauen.

– Der griechische Reisende Herodot schrieb, dass es dort 3000 Räume gibt.

– Sind es 3000? – überlegte der Kosmos. – Da habe ich meine Zweifel. Vielleicht zusammen mit den Korridoren, aber aus meinen Berechnungen geht hervor, dass es nicht so viele sind. Ich kann Dir dagegen sagen, dass das Labyrinth mit den Pyramiden in Gizeh verbunden ist, so wie Regenwürmer in der Erde Tunnel graben. Durch das Labyrinth kann man zu den Pyramiden und zur Sphinx gelangen. Dieses gesamte unterirdische Netz hat Verbindungen zu den Pyramiden, hauptsächlich zur Cheops–Pyramide.

Ich wunderte mich, dass der Kosmos bei der Angabe der genauen Anzahl der Kammern zögerte. Dauernd kam es mir so vor, dass er alles wissen muss – und dann zeigt sich, dass er Probleme beim Zählen von Zimmern hat. Ich verdrängte den Gedanken und fragte weiter.

– Aus dem, was ich verstehe, geht hervor, dass das Labyrinth sich über ein ziemlich bedeutendes Gelände erstreckt. Wo ist es?

– Das Labyrinth beginnt in einer Stadt, die einstmals **Stadt der Krokodile** genannt wurde – sagte der Kosmos mit Lucynas Stimme. – Es umfasst den so genannten Moeris–See. Weiter beschreibt es einen Kreis um den See und zieht sich in Richtung der Pyramiden hin. So sieht die Lage des Labyrinths aus. Es verfügt über ein paar ganz einfache Eingänge. Einer davon befindet sich in der dritten in Gizeh gebauten Pyramide. Die drei Pyramiden sind miteinander verbunden. Die Dritte von ihnen ist mit dem Labyrinth verbunden. Deshalb ist es nicht schwer, in das Labyrinth zu gelangen. Schwerer ist es schon, sich in ihm zu bewegen. Jeder, der ohne Kenntnis des Labyrinths dort eindringt, wird ganz einfach sterben.

– Wann und wozu wurde das Labyrinth erbaut? – fragte ich weiter.

– Der Bau des Labyrinths begann noch vor dem Bau der Sphinx, er wurde ungefähr 500 Jahre vor der Sphinx begonnen.

– Mit welchem Ziel? – wiederholte ich meine Frage.

– Ziel war die Überführung all dessen, was auf Atlantis war, an einen anderen Ort dieser Welt, die Erhaltung der gleichen Geschichte, die auf Atlantis bekannt war. Wie Du weißt, mussten alle, die Atlantis bewohnten, diese Insel verlassen, aber sie konnten sich nicht damit abfinden, was sie verloren hatten.

Sie wollten die gleiche Insel und die gleiche Geschichte, die sie dort gehabt hatten, wiedererschaffen.

Mir kam es so vor, als ob der Kosmos mir nicht alles sagen würde. Es musste noch ein anderes Ziel geben, als ausschließlich die Geschichte... Vorübergehend ließ ich dieses Thema sein, um nicht den Eindruck zu erwecken, dass ich dem Kosmos nicht glauben würde. „Schließlich kann ich immer noch bei einer anderen Gelegenheit danach fragen.“ – dachte ich mir.

– Wozu soll uns dieses Labyrinth nützlich sein? – fragte ich weiter.

– Endlich stellst Du die Frage, auf die ich gewartet habe – freute sich der Kosmos. – Du hast um einen Beweis meiner Existenz und die physische Bestätigung meiner Worte gebeten. Ein Beweis, der einfacher zu finden ist, als das Grab des Cheops. Im Labyrinth existiert solch ein Beweis. Es gibt dort den „Goldenen Kreis“. Das ist eine Reihe von Räumen, die bis zur Decke mit Gold gefüllt sind.

Ich war vor Überraschung sprachlos. Das ist genau das, was Patrick während unseres Treffens gesagt hatte, worüber er in seinem Buch schrieb. Ich hatte nicht gedacht, dass der Kosmos selbst dieses Thema aufgreift...

– Das ist eben dieser irdische, fassbare Beweis, um den Du gebeten hast – fuhr der Kosmos fort. – Zwar bedeutet **Gold** nichts im Vergleich zur Geschichte, mit Gold kann man keine Menschen satt machen, aber in Deiner Zeit ist es ein starker Magnet. Ich sage Dir und Patrick, wie Ihr in diese Kammern gelangen könnt und das erleichtert Euch die Suche nach Sponsoren, denn diejenigen, die Geld haben, wollen noch mehr davon bekommen.

– Ja, Du hast Recht. Nur wie sollen wir diese Goldenen Kammern finden?

– Wenn Du den Eingang in das Labyrinth und den kürzesten Weg zu den Goldenen Kammern kennen willst, dann zeige ich ihn Dir. Dort gibt es Gold, Geld, das auf Atlantis verwendet wurde, und viele andere wertvolle Dinge. Ein Prozent davon, was Ihr dort findet, reicht aus, um vierzehn Pharaonen auszugraben.

– Wo ist dann also der Eingang?

– Er liegt zwischen der dritten Pyramide in Gizeh und dem Moeris–See.

Ich dachte mir, dass diese Angaben ziemlich unpräzise waren. Zwar war ich noch nie in Ägypten, aber Patrick war da und verstand sicher besser als ich, worum es hier geht und wo man suchen muss.

– Kannst Du uns präzisere Angaben zu den Goldenen Kammern geben? – bat ich. – Wie kommen wir am besten dorthin?

– Ich versuche es, Wanderer. Wenn Ihr Euch bei den Pyramiden von Gizeh befindet, dann geht zur letzen Pyramide. Man muss mittags auf Seite der Sonne in der Mitte der Pyramide stehen. Wartet dort, bis es genau Mittag ist. Der Einfallswinkel der Sonne zeigt Euch genau den Ort, an dem Ihr graben müsst.

– Ich versteh das nicht – was meinst Du mit dem „Einfallswinkel der Sonne"... welcher Winkel? Wie kann ein Winkel einen Ort anzeigen?

– Du wirst das zur gegebenen Zeit verstehen, und jetzt will ich Euch das Leben noch ein bisschen erleichtern – sprach der Kosmos mit Lucynas stimme weiter. – Die Entfernung zwischen dem Moeris–See und der letzten Pyramide müsst Ihr halbieren – dort ist der Eingang, von dem ich rede. Dort müsst Ihr graben, aber ich sage Euch gleich, dass er ziemlich tief liegt. Man muss sich über mehrere Stockwerke in die Erde graben, denn der Eingang liegt in einer Tiefe, die mit der Höhe der Sphinx vergleichbar ist.

Also, denk daran: Halbiere den Weg zwischen der letzten Pyramide und dem Moeris–See und Du findest dort den Einstieg zu der Goldenen Kammer. Der Zugang zu ihr ist um ein vielfaches einfacher als der Zugang zum Grab. Wenn Ihr das Gold findet, dann wird Cheops für Euch eine einfache Unternehmung sein.

Die Nachricht war hervorragend. Zwar schwirrte mir noch die Frage durch den Kopf, zu welchem Punkt des Moeris–Sees ich die Linie ziehen soll – zur Seemitte oder zum Ufer – aber ich beruhigte mich, dass ich danach immer noch fragen kann. Außerdem dachte ich mir, dass diese fehlende Präzision vielleicht eine gewisse Taktik des Kosmos sein könnte. Das, was wir suchen, sollte nur von denen, die er dafür auserwählt hatte, gefunden werden – und diejenigen werden nicht Gold, sondern vor allem die Rettung der Menschheit suchen. Nicht für den Ruhm, sondern als Hilfe für Mutter Erde.

Lucyna wartete auf weitere Fragen. Ich erinnerte mich daran, dass Patrick in seinem Buch über wichtige Informationen berichtete, die im Labyrinth, in den Goldenen Kammern versteckt sein sollen. Herodot erwähnte dies ebenfalls in seinen Schriften.

– Kann das im Labyrinth aufbewahrte Wissen – fragte ich also weiter – helfen, die Menschheit vor der Katastrophe zu retten?

– Nicht allein das Wissen oder die Ausgrabung des Labyrinths kann die Menschen retten – antwortete der Kosmos. – Die Menschen und die Erde können nur die Öffnung des Kommunikationskanals zwischen dem Orion und der Erde, also die Öffnung der Pyramide retten. Nicht ohne Grund wurde dies alles an einem Ort gebaut und angesiedelt. Ägypten und das Gebiet des heutigen Gizeh. Das eine und das andere sind eng miteinander verbunden und wenn Du den Verbindungskanal zwischen Erde und Orion öffnest, dann werden sich auch die Antworten auf alle anderen Rätsel zeigen.

– Ich verstehe, aber Patrick meint, dass im Labyrinth 36 Hieroglyphen an einer breiten Wand gefunden werden können und das dort die Art und Weise beschrieben wurde, wie die zeitgenössische Zivilisation das Datum der vorherigen Katastrophe berechnete.

– Die damaligen Zivilisationen arbeiteten sehr genau und gewissenhaft mit mir zusammen, Wanderer. Ich war es, der über die vergangenen Jahrhunderte half, das Wissen mit Hilfe menschlicher Hände niederzuschreiben.

– Weißt Du, wo das ist, wo diese Aufzeichnungen gefunden werden können?

– Alles, was wichtig und dazu notwendig ist, um einen Beweis meiner Existenz zu geben, befindet sich in der versunkenen Pyramide im Moeris–See. Dieser See ist kein natürlicher See. Er wurde künstlich erbaut und das Wasser wurde aus dem Nil dorthin geleitet. Wenn die Zeit gekommen ist, werdet Ihr auch dorthin gelangen.

– Wie viele Pyramiden gibt es um den Moeris–See?

Zwei. Nur zwei und beide sind versunken. Es gab noch eine dritte, aber diese wurde durch die Zeit zerstört. Sie war am wenigsten wertvoll.

Ich erinnerte mich, dass Patrick während unseres Gesprächs nur von einer Pyramide am See berichtet hatte.

– Patrick meint, es gibt dort nur eine Pyramide, die aus Schlammziegeln in der Ortschaft Hawara errichtet wurde. Ist das die zerstörte Pyramide? – fragte ich den Kosmos.

– Das ist diejenige, die nicht mehr existiert. Die versunkenen Pyramiden sind aus Stein. Und weiterhin werde ich hartnäckig auf dieser Information bestehen. – Der Kosmos klang auf einmal sehr entschieden.

– Auf welche Art bezieht sich das Wissen, dass im Labyrinth enthalten ist, auf das Wissen im Grab des Cheops? – stellte ich die nächste Frage.

– Ich musste mehrere Wege schaffen, die zu demselben Punkt führen. Als das Große Labyrinth erbaut wurde und danach die Sphinx, wurde gesagt: „In einer gewissen Zeit bauen wir eine Botschaft". Diese Botschaft sollte die Große Pyramide sein.

– Ist die Ausgrabung des Großen Labyrinths oder eines Teils davon genau so wichtig, wie die Ausgrabung der Mumie des Cheops?

– Weniger wichtig. Diese Ausgrabung ist wichtig für die Geschichte, denn die Offenlegung selbst eines Teils des Labyrinths gibt den Wissenschaftlern etwas, worüber sie heute spotten und annehmen, es gab kein Atlantis und viele andere Dinge. Auf diese Weise werden den Wissenschaftlern die Augen geöffnet und es wird bewiesen, dass sie nicht Recht haben und die menschliche Zivilisation viele Tausend Jahre zurückreicht. Deshalb sollte der Ort ausgegraben werden, den ich genannt habe. Man muss diesem „Beton" die Augen öffnen.

Diejenige, Deren Name Das Leben Ist, sah sehr müde aus, also dankte ich dem Kosmos und bat sie aufzuwachen. Lucyna seufzte tief, sah uns an und lächelte...

– Wovon habe ich geträumt? Hilft Euch mein Traum weiter? – fragte sie.

Sie hatte so viel geträumt, uns so viel erzählt, dass ich und Diejenige, Die Jeder Morgen Anlächelt, wie benommen waren. Es öffnete sich vor uns ein neuer Weg, neue Perspektiven.

In diesem Moment wusste ich noch nicht, ob wir erst die Ausgrabung des Grabes durchführen sollen oder das Labyrinth suchen müssen. Es sah so aus, als ob die Angelegenheit des Labyrinths das Auffinden des Grabes verspäten würde, aber andererseits wiederum hatte ich das Gefühl, dass der Kosmos uns genau in diese Richtung leitete. Augenscheinlich hat er seine Gründe... Und diese Gründe wurden mir erst viel später klar.

Ich war voller Bewunderung für den Kosmos und seine konstruktiven Fähigkeiten". Um in so kurzer Zeit so viele zufällige Umstände zu konstruieren, waren außergewöhnliche Energien notwendig. Dies war ein wahres Meisterstück, mich nach Belgien zu lotsen und meine Aufmerksamkeit auf das Labyrinth zu lenken.

Ich stellte mir diese „Zufälle" in einer gewissen chronologischen Abfolge zusammen. Der März des Jahres 2003 war der Ausgangspunkt, das Präludium für diese Symphonie.

Zuerst musste Diejenige, Die Jeder Morgen Anlächelt, auf die Idee kommen, für mich das Buch *Die Prophezeiung des Orion für das Jahr 2012* zu kaufen – eines von Tausenden in Frage kommenden Büchern.

Anschließend musste ich dieses Buch durchlesen, obwohl mich der Titel anfangs überhaupt nicht interessierte. Aber nach dem Lesen der ersten paar Sätze vertiefte ich mich so in den Text, dass ich mich nicht von ihm losreißen konnte. Damals wusste ich natürlich noch nicht, warum dies so geschah.

Anschließend musste in meinem Kopf der Gedanke reifen, mich mit dem Autor des Buches – mit Patrick – zu treffen. Ich musste im März, in meiner freien Zeit, eine Einladung aus Brüssel erhalten, um dorthin auf eine unerwartete Wanderung zu fahren. Und diese Einladung nahm ich nur deshalb an, weil ich in dieser Zeit nichts anderes zu tun hatte.

Schließlich – und das war vielleicht der interessanteste „Zufall“ – musste auf meine Vorlesung eine Entsprechende Person kommen, deren Ehemann den Autor des Buches – Denjenigen, Der Das Schicksal Der Welt In Schwarzen Farben Sieht – persönlich kannte. Unter den vielen Millionen Einwohnern Belgiens befand sich unter meinen dreizehn Zuhörern genau die einzige in Frage kommende Person.

Dass Patrick sich entschied, von Antwerpen, wo er wohnte, nach Brüssel zu kommen, um sich mit mir zu treffen, das zähle ich schon nicht mehr zu den Zufällen, sondern zu Unserer Gemeinsamen Lebensgeschichte, dem Weg, auf den wir – ich und er – getrennt trafen, damit unsere Bestimmungen sich eines Tages treffen konnten. Und damit wir weiter zusammen in Richtung Ägypten gehen konnten.

KAPITEL 18

DIE SPHINX UND DIE SICHERUNG DER ERDE

Während meiner Wanderungen informierte ich immer lauter über das Projekt Zur Rettung Der Erde – denn das war ja schließlich das Projekt Pharao. Ich freute mich, dass unser Projekt sich so dynamisch in Chicago entwickelte. Diejenige, Die Den Mut Hat Zu Reden, also Barbara aus Chicago, schuf um das Projekt herum die Atmosphäre einer geheimnisvollen Außergewöhnlichkeit, die in die Herzen vieler in dieser Region wohnender Polen traf. Sie hörten ihre Worte und freuten sich über die Tatsache, dass der Impuls zur Rettung der Erde gerade von Polen ausgeht. Immer häufiger öffneten die Menschen nicht nur ihre Herzen und ihren Verstand, sondern unterstützten die Mission auch finanziell. Das waren noch keine großen Summen, aber die Finanzierung erster Untersuchungen in Ägypten war bereits möglich.

Währenddessen bat Barbara den Kosmos immer häufiger um die Enthüllung verschiedener Geheimnisse und er antwortete geduldig auf ihre Fragen. Die Menschen hörten von Dingen, welche über

Jahrhunderte ein Tabuthema waren und auf diese Weise vergrößerte sich die Schar der „Cheops–Anhänger". Ich dachte daran, dass es noch ein Geheimnis gab, dass vielen Gelehrten und Wissenschaftlern seit Jahrhunderten den Schlaf raubt. Ich beschloss, den Kosmos um Informationen über die Sphinx zu bitten.

Forscher, Archäologen und Wissenschaftler zerbrechen sich seit Jahrhunderten den Kopf über die Bestimmung dieses Wächters der Großen Pyramide mit dem Körper eines Löwen und dem Kopf eines Menschen. Was symbolisiert die Sphinx? Warum wurde sie errichtet? Warum sieht sie ausgerechnet so aus? Man ist sich nicht einmal sicher, wann sie gebaut wurde. Die Priesterin Ki träumt oft von ihr und erwähnt sie immer mit großem Respekt. Außerdem stellt sie einen der Beziehungspunkte zur Lage des Cheops–Grabes dar. Die Sphinx „sieht in die Richtung des Grabes des Pharaos" und als die Priesterin vom Bau der Pyramide träumte, gab es die Sphinx bereits. Ich überlegte mir, ob Ki mir wohl mehr über sie erzählen könnte. Wenn sie in ihrem Schlaf träumte, erzählte sie immer nur das, was sie als Ki sah. Wenn wir uns jedoch durch sie mit dem Kosmos unterhielten, dann konnte sie sich in der Zeit und im Raum bewegen und wurde auf diese Weise zu einer Energie, die verband, was war und was ist. Ich war davon überzeugt, dass der Kosmos ebenfalls wusste, was sein wird, aber nicht immer wollte er darüber sprechen. „Ich bin keine Hellseherin, mach mich nicht zur Hellseherin" – antwortete er auf Fragen über die Zukunft. Er hatte seine Pläne, seine Art, uns zu leiten, damit wir zu dem kamen, was das Wichtigste war. Zum Grab. So, als ob es keine Abkürzungen geben würde.

– Meinst Du, wir könnten den Kosmos über die Sphinx befragen? – fragte ich einmal Diejenige, Deren Name Das Leben Ist. – Es ist so wenig über sie in unserer Welt bekannt. Irgendjemand musste sie doch irgendwann bauen, für irgendjemanden musste sie eine Bedeutung haben. Sie entstand schließlich nicht aus dem Nichts. Irgendeine Zivilisation muss diesen Körper im Stein doch erschaffen haben, weil er für sie wichtig war. Vielleicht erzählt uns der Kosmos etwas über die Sphinx?

– Ich weiß nicht, ob er uns ihr Geheimnis enthüllen will – zögerte Lucyna.

– Wenn er nicht will, dann sagt er eben nichts. Was riskieren wir?

– Praktisch nichts – antwortete sie. – Ich schlafe ein, und Du kannst fragen.

Ich mochte diese „direkten" Gespräche mit dem Kosmos, ihre Tagträume. Während der „normalen" Träume (wenn man sie überhaupt „normal" nennen kann), wenn sich der Kosmos mit uns unter Vermittlung der Priesterin Ki unterhielt, war die Verständigung schwerer. Ki erzählte nur das, was sie selbst sah oder was sie vom Priester Juno in den Zeiten erfahren hatte, als sie seine Helferin war. Sie sprach dann sehr langsam, völlig anders als im täglichen Leben. Während der direkten Gespräche mit dem Kosmos konnte sie sich durch die Zeit in jede mögliche Epoche bewegen, so als ob sie selbst der Kosmos wäre. Sie sprach langsamer als normal, denn sie musste wiederholen, was sie in Gedanken von ihm hörte. Ihre Tagträume hatten zwar nicht mehr die Atmosphäre der Einmaligkeit und des großen Geheimnisses, aber sie waren bequemer. Man konnte die ganzen Prozeduren des Einschläferns und des Aufweckens übergehen. Außerdem war sie nach einem Tagtraum nicht so müde und erschöpft, wie im Falle der ausgerichteten Träume.

– Du musst Dein drittes Auge öffnen – erklärte mir Ki. – Dann kannst Du Dich auch mit ihm telepathisch verständigen. Du musst Dich konzentrieren, den entsprechenden Kanal öffnen und dann kannst Du mit irgendjemandem in Chicago oder in Australien sprechen oder selbst in einer anderen Galaxie. So verständigten sich einstmals die Ankömmlinge aus anderen Dimensionen und von anderen Planeten mit den Menschen. Die Menschen betrachteten sie als Götter, weil sie ihre Außergewöhnlichkeit, ihre Kleidung, ihre Fähigkeit zur Bewegung durch den Raum nicht verstanden. Für sie waren es Götter – und so blieb es.

Als sie ihren speziellen Kontakt aufgenommen hatte, begrüßte ich den Kosmos und fragte ihn, ob er uns etwas über die Sphinx erzählen könnte.

– Selbstverständlich – sagte er. – Aber denk daran, die Menschen werden Dir das sowieso nicht glauben, weil das nicht mit ihren Ansichten übereinstimmen wird.

– Erzähl uns trotzdem von der Sphinx – bat ich. – Wer es glaubt, der glaubt es. Vielleicht gibt es solche, die zuhören und anfangen zu denken. Wie ist die Geschichte der Sphinx? Wer hat sie erbaut? Zu welchem Zweck?

– Sie wurde von den Wesen von der Zweiten Erde erbaut. – sagte der Kosmos. – Sie ist der Wächter der Pyramide. Ihre Tradition besteht seit dem Moment, als die menschlichen Wesen auf die Erde transportiert wurden. Auf dem anderen Planeten, den ich Zweite Erde nenne, war die Sphinx eine geliebte Gottheit. Als die Wesen von der Zweiten Erde sich auf Deiner Erde ansiedelten, brachten sie die Sphinx mit hierher. Da sie sich hauptsächlich auf Atlantis aufhielten, war die Sphinx ebenfalls auf Atlantis. Als sie nach Ägypten übersiedelten, nahmen sie die Sphinx mit.

Diejenige, Deren Name Das Leben Ist, unterbrach ihre Ausführungen für einen Augenblick, aber nach einer kurzen Pause träumte sie weiter.

– Die klügsten Intellektuellen von Atlantis siedelten sich in

Ägypten an und schon zu Zeiten von Atlantis wurde die irdische Geschichte aufgeschrieben. Schon damals war klar, dass die Große Pyramide entstehen wird, also der Schlüssel... der Code, das Tor zum Universum, zur Zweiten Erde. So wurde dies programmiert. Die Sphinx ist der Wächter dieses Tors.

Ich überlegte mir, dass wenn die Wesen von der Zweiten Erde, also Ankömmlinge von außerhalb unseres Planeten die Sphinx gebaut hatten, dann hieß das, dass solche Kontakte irgendwann einmal Alltäglichkeit waren und aus irgendeinem Grund abgebrochen wurden.

– Sag mir bitte, wann die Sphinx erbaut wurde.

– Die Geschichte der Sphinx – erzählte der Kosmos – ist auf den Steintafeln festgehalten, die sich an verschiedenen Orten befinden. Sie sind in der Grabkammer des Cheops, sie sind in der Pyramide und noch an anderen Stellen. Die Cheopspyramide und die Sphinx wurden in einem Abstand von 1000 Jahren erbaut.

Das, was ich über die Sphinx erfahren hatte, war eine Überraschung. Nach dem Kosmos wurde die Sphinx 1000 Jahre vor der Großen Pyramide gebaut, ist also um vieles älter, als die offizielle Version der orthodoxen Wissenschaft dies annimmt.

– Wenn Du die ehemalige Sphinx ansiehst, wie sieht sie aus? – fragte ich den Kosmos. – Ist sie verschlissen oder glatt? Wie sieht ihr Kopf aus und wie ihr Körper?

– Über welche Zeit sprichst Du? – fragte der Kosmos.

– Ich spreche von der Zeit des Baus der Großen Pyramide.

– Sie ist wunderschön, glänzend und glatt wie ein Spiegel. Sie hat den Kopf eines Löwen.

Wieder dachte ich, dass die Priesterin etwas verwechseln würde. Schließlich hat die Sphinx nicht den Kopf eines Löwen, sondern eines Menschen. Jeder, der eine Fotografie der Sphinx gesehen hat oder in Ägypten war, weiß, dass nur der Körper der Sphinx vom Löwen stammt.

– Was erzählst Du da? – protestierte ich. – Sieh noch einmal genau hin. Die Sphinx hat keinen Löwenkopf. Sie hat das Gesicht eines Menschen.

Die Priesterin schwieg einen Augenblick. Danach begann sie, langsam und sehr deutlich zu reden.

– Wanderer, Du hast mich über die Zeit des Baus der Pyramide gefragt. Als die Cheopspyramide gebaut wurde, hatte die Sphinx den Kopf eines Löwen. Sie war der Liebling aller. Erst als Pharao Chefren mit dem Bau seiner Pyramide begann, wollte er auch etwas von sich hinterlassen. Chefren besaß eine etwas spezielle Art Humorgefühl und beauftragte seine Steinmetze damit, den Kopf der Sphinx nach seinem Ebenbild umzugestalten. Chefren hinterließ also sein Bild zur Einsicht.

– Ist diese Glätte, von der Du sprichst, die Glätte des Steins selbst oder war die Sphinx mit irgendetwas bedeckt... bedeckt mit... ich weiß nicht... einem Kunststoff? – fragte ich weiter.

– Das nächste Rätsel – antwortete der Kosmos. – Nach dem Bau wurde die Sphinx tatsächlich mit einem speziellen Stoff überzogen, damit sie glatt war. Von Anfang an besaß sie Risse, die noch heute, in Deiner Zeit, sichtbar sind. Diese Risse wurden speziell angebracht, denn die Sphinx war ein genaues Abbild der gleichen Sphinx, die sich auf dem genannten Planeten und auf Atlantis befand.

Ich erinnerte mich, dass ich Spekulationen über das Alter der Sphinx gelesen hatte. Das Alter sollte durch die Einkerbungen an ihrem Körper bestimmt werden, die durch Regenwasser hervorgerufen sein sollten. Ich wusste nicht, ob der Kosmos eben diese

Einkerbungen meinte oder irgendwelche andere. Nach Meinung einiger unorthodoxer Forscher war die Sphinx älter als die Große Pyramide, und zwar nicht um Tausend Jahre, sondern um mehrere Tausend Jahre und wurde als Löwe im Zeitalter des Löwen errichtet. Ich beschloss, das noch einmal zu präzisieren.

– Bist Du in der Lage, ein genaueres Datum des Baus der Sphinx anzugeben? Wie viel Jahre vor Christus wurde sie gebaut?

– Wanderer – antwortete der Kosmos – ich möchte etwas erläutern, über das ich schon mehrere Male gesprochen habe. Wenn es um die Berechnung Eurer Erdenjahre geht, habe ich als nichtmaterielle Existenz meine Schwierigkeiten. Deshalb kann es zu Verfälschungen kommen. Als Priesterin, also als menschliches Wesen, das in der Zeit des Baus der Pyramide lebt, sagt Ki das, was sie sieht, aber die Zeit vermag sie nicht zu sehen. Ich dagegen sehe die Zeit, aber ich empfange sie in einer riesigen Skala. Selbst eine Million Jahre ist für mich ein kurzer Zeitraum, um von Tausend Jahren gar nicht erst zu reden. Es fällt mir leichter, die Sternzeichen zu verwenden und das Ganze auf diese Weise zu präzisieren. Vom Skorpion musst Du um 1000 Jahre zurückgehen, dann weißt Du, wann die Sphinx erbaut wurde.

Ich kenne mich mit Sternzeichendaten nicht aus, also wusste ich wieder nicht, wovon die Rede ist und um welche Jahre es geht. Als Wesen, das an konkrete historische Daten gewöhnt war, bevorzugte ich Antworten wie etwa: „Die Sphinx wurde (angenommen) 7.564 Jahre vor Christi Geburt erbaut und ihre Einweihung fand am 15. Mai statt.“ Leider war die Erreichung einer solchen Genauigkeit nicht möglich, weshalb die Gespräche mit dem Kosmos in dieser Beziehung schwierig waren. Außerdem sprach er in Symbolen, Metaphern, Gleichnissen und nicht, wie wir Menschen – in konkreten Fakten. Ich beschloss, ihn hinsichtlich der Daten nicht weiter zu quälen und stellte die nächste Frage.

– Kannst Du mir sagen, wer die Sphinx erbaut hat? Waren das Menschen?

– Wie ich bereits erwähnte – fuhr der Kosmos fort – wurde die Sphinx eintausend Jahre vor dem Bau der Cheopspyramide errichtet. Du fragst, auf welche Weise und wer sie erbaute. In der Zeit vor der Sphinx gab es eine Siedlung mit dem Namen Irr – und die Einwohner dieser Siedlung halfen den Geflügelten Brüdern beim Bau der Sphinx.

– Das heißt, die Sphinx wurde von den Ankömmlingen aus dem Orion erbaut?

– Es ist doch klar, dass die Menschen allein nicht in der Lage waren, einen solchen Koloss zu errichten. Der Bau dieses Wächters hätte zu lange gedauert, also wurde er auf die gleiche Weise errichtet, die auch beim Bau der Pyramide angewendet wurde. Die Steinblöcke wurden aus den Steinbrüchen auf der anderen Seite des Nils geholt. Sie wurden geschnitten, geschliffen, nach dem Ebenbild der Sphinx gestaltet und verlegt. Selbstverständlich mussten vor dem eigentlichen Bau die Fundamente und unterirdischen Kammern errichtet werden, auf denen die Sphinx steht. Hier war keine große Bearbeitung notwendig, nur die Aufstellung der abgeschnittenen Blöcke. Der Bau wurde mit sehr hohem Tempo ausgeführt. Zur Fertigstellung des Inneren der Sphinx und der Kammern wurden die Geflügelten Brüder nicht mehr benötigt. Die Priester erhielten genaue Anweisungen, was sich wo zu befinden hat und führten diese Arbeiten gemeinsam mit den Arbeitern aus.

– Kannst Du mir sagen, was im Inneren der Sphinx ist?

– Bis zum Bau der Pyramide war die Sphinx leer! Erst bei ihrer Errichtung wurde begonnen, in ihr verschiedene Geräte einzubauen.

Es wurde schon spät, also beschloss ich, den Traum der Priesterin zu unterbrechen und zu diesem Thema später zurückzukehren. Ich wollte wissen, was im Inneren der Sphinx ist und ob es unter ihr irgendwelche Durchgänge, Kammern und Korridore gibt.

Bei meinem nächsten Besuch in Wrocław bat ich Diejenige, Deren Name Das Leben Ist, um noch einen Traum über die Sphinx. Dieses Mal gab sich Lucyna kämpferisch und widerwillig.

– Du hast schließlich schon so viel gehört. Ich sage Dir doch, dass sowieso keiner daran glauben wird. – widersprach sie meinem Wunsch.

– Kopernikus hat anfangs auch keiner geglaubt – antwortete ich.

– Aber Kopernikus träumte nicht davon, was er entdeckte. Er untersuchte das. – Diejenige, Deren Name Das Leben Ist, wurde auf einmal sehr logisch.

– Woher willst Du das wissen? – fragte ich. – Vielleicht hatte er Träume. Vielleicht begann so sein Abenteuer mit der Sonne und der Erde? Vielleicht hat der Kosmos auch mit ihm durch seine Träume geredet. Schließlich ist der Kosmos ewig. Ihn gab es bereits zu Zeiten von Kopernikus. Für ihn war das vor ein paar Stunden, nicht mal vor einem ganzen Tag.

– Du hast Recht – stimmte sie zu. – Ich schlafe ein.

Ich bat sie darum, dieses Mal als Priesterin Ki auf die Sphinx zu schauen und bei ihr zu stehen, an ihren Pfoten.

– Es ist die Zeit des Baus der Pyramide, Du bist Priesterin Ki und stehst bei der Sphinx. Sag mir, was befindet sich in ihrem Inneren? – bat ich.

– Was sich im Inneren der Sphinx befindet? – Ki wiederholte meine Frage. – Ich kann nur das sagen, was ich weiß, denn nicht alle Räume darf man betreten. Die Tiefe der Sphinx ist gleich ihrer

Höhe. Die Räume befinden sich in beiden Pfoten der Sphinx. In der rechten Pfote befindet sich ein Raum, in welchem die Riten der Einbalsamierung der Leichen vorgenommen werden. Dagegen ist die linke Pfote geheim. Im Raum in der linken Pfote befinden sich die Geräte.

– Welche Geräte?

– Ich kenne mich damit nicht aus – antwortete Ki. – Die Geflügelten Brüder haben einen Namen dafür. Dort ist ein Raum, in welchem sich Geräte aus der Zweiten Erde befinden, von ihrem Mutterplaneten. Sie haben sich oft mit ihrem Planeten in Verbindung gesetzt, oder mit anderen Planeten, wie dem Mars. Sie haben sich auch mit ihrer Basis verbunden, die sich hinter dem Erdenmond befand. Auch auf dem Kleinen Mond war eine Basis. Zu diesem Raum hatte keiner Zutritt – nur die Geflügelten Brüder, der Pharao und Juno. Vor dem Eintritt mussten sie sich reinigen. Unterhalb des Kopfes der Sphinx befinden sich in ihrem Inneren noch andere Räume.

– Hast Du diese Räume gesehen?

– Nein, ich habe sie nicht gesehen. Dass sie da sind, hat mir Juno erzählt. Dort werden die Tafeln über den Bau der Pyramide und den Pharao aufbewahrt.

– Aber solche Tafeln sollen doch im Grab sein – merkte ich an.

– Die Tafeln befinden sich an verschiedenen Orten. Es wird die Zeit kommen, in welcher die Menschen diese Informationen suchen werden und auf diese Weise ist die Chance größer, dass sie sie finden.

Interessant, wo noch solche Tafeln aufbewahrt wurden – dachte ich. Sie sind im Grab, sie sind im Labyrinth, sie sind in der Sphinx und sie sind ganz sicher in der Pyramide. Wir haben jetzt das einundzwanzigste Jahrhundert und über so viele Tausend Jahre haben die Menschen keine dieser Tafeln gefunden. Wieso eigentlich nicht?

– Warum hat bis zum Zeitalter des Wassermanns niemand diese Tafeln gefunden? – fragte ich Ki und war mir bereits nach einem Moment über die Unsinnigkeit dieser Frage im Klaren. Woher sollte die Priesterin das wissen? Schließlich träumt sie von den Zeiten des Cheops, ihr Traum geschah vor vielen Tausenden von Jahren. Aber zu meiner Überraschung begann Ki zu reden.

– Ich frage Juno, ich frage Cheops, ich frage die Weißen Brüder und alle sagen dasselbe. Es muss die Zeit vergehen, damit die Prophezeiung erfüllt werden kann. Die Menschen müssen selbst lernen, das zu nutzen, was sie vom Besitzer der Erde – dem Gott Jahwe – erhalten haben. Die Pyramide und ihre gesamte Umgebung haben eine Sicherung und niemand, absolut niemand wird diese Informationen ohne Genehmigung finden, bevor die für die Menschen bestimmte Zeit nicht abläuft. Wenn die Fische dem Wassermann die Herrschaft übergeben, dann erscheinen die Schlüssel auf der Erde. Dank dieser Schlüssel wird man dahin gelangen können, wo sich die größten Schätze befinden.

– Was sind das für Schätze? – fragte ich.

– Das Wissen und das Tor zur Zweiten Erde.

Es folgte ein Moment des Schweigens. Jeder von uns (im Zimmer waren mehrere Personen) stellte sich die Frage: „Soll ich bei der Auffindung dieser Schlüssel helfen?". Die Priesterin sprach weiter.

– Unter der Großen Pyramide befindet sich eine unterirdische Kammer. Von Seiten der Sphinx gibt es einen unterirdischen Durchgang zur Cheopspyramide, aber diese Kammer ist mit Sand verschüttet. Die nächste Kammer ist mit Wasser gefüllt. Von Seiten der zweiten Pyramide existiert auch eine Kammer, die mit

Sand zugeschüttet ist, aber im Inneren der Pyramide ist noch eine andere. Diese Kammer ist leer, scheinbar leer. In ihr sind die Informationen versteckt, die Steintafeln, auf welchen sich die Aufzeichnungen darüber befinden, wer die Pyramide gebaut hat und auf welche Weise. Es gibt dort auch Informationen über die Ankömmlinge von der Zweiten Erde.

– Wie kann man in diese Kammer gelangen? – fragte ich.

– Man kann in diese Kammern von der Seite der Pyramide selbst gelangen – träumte die Priesterin. – Aber hier warten Hindernisse auf die Forscher. In diesem leeren Raum befindet sich eine Anlage, die unehrliche Schatzsucher erfolgreich behindern wird.

– Was heißt „unehrliche Schatzsucher“?

– Solche, die nur Ruhm und Gold suchen.

– Woher will die Anlage wissen, ob jemand ehrlich ist und was er sucht?

– Der Kosmos weiß das, ihn kann man nicht betrügen. Er liest unsere Absichten, unsere Gedanken. Er bestimmt die Menschen für die Mission.

– Sprich weiter – bat ich.

– Das Gerät ist mit einem nächsten Gerät verbunden, das sich fast an der Spitze der Cheopspyramide befindet. Alle diese Sicherungsgeräte sind über ein Netz mit dem Grab und der Sphinx verbunden. Die Energie stammt vom Sternbild des Orion.

– Woher weißt Du das alles?

– So sagt es Juno. Es sagt, dass ich in der Zukunft diese Informationen an die Menschen weitergeben werde. Ich habe die Erlaubnis erhalten, viele wichtige Informationen zu übermitteln.

– Alles, was Du sagst, ist wichtig für Diejenige, Die Zuhören Wollen.

– Ich sage Dir jetzt etwas, was der Kosmos mit heute erlaubt hat mitzuteilen – träumte Ki weiter, ohne darauf zu achten, was ich sage.

Ihre Stimme wurde auf einmal sehr ernst. Sie sprach langsam – ich fühlte, dass sie im Traum gehörte Worte wiederholt.

– Also, wenn ihr die Mumie des Pharao findet, dann hat diese in ihrem Inneren ein eingebautes Gerät. Dieses Gerät haben die Weißen Brüder dort installiert. Über dieses Gerät besteht eine regelmäßige Verbindung mit der Pyramide und der Sphinx. Es ist der Schlüssel zur Öffnung der Pyramide. Dank dieses Schlüssels öffnet sich nach dem Hineinlegen der Mumie des Cheops in den Sarkophag in der Königskammer das energetische Tor, das Tor zum Kosmos, das Tor der Außerirdischen Kommunikation. Deshalb ist das Auffinden der Mumie des Cheops so wichtig. Er muss in die Pyramide gebracht werden, damit die Weißen Brüder helfen können, die Säuberung der Erde zu lindern, damit die Erde ein solcher Planet wird, wie der Schöpfer ihn sich erträumt hat. Ein wunderschöner und paradiesischer Planet. Ein Planet, der ein Vorbild für alle anderen Zivilisationen des Universums sein wird...

Also darum geht es, das ist diese Sicherung der Erde, von der ich andauernd etwas höre – dachte ich – ein in die Mumie des Erbauers der Großen Pyramide eingebautes Gerät. Deshalb MUSS der Pharao gefunden werden, muss „die Sonne erblicken“. Ich hatte zwar noch nicht verstanden, wie das funktionieren sollte, aber soviel stand fest: Der Kosmos enthüllte mir durch die Priesterin ein Stückchen eines weiteren Geheimnisses. Ich dankte ihm dafür in Gedanken und fragte weiter.

– Wann wird das Geheimnis der Sphinx gelöst?

– Es kann nur dann gelöst werden – sagte Ki – wenn die Menschen bereit dazu sind. Bereit zur Aufnahme der Wahrheit. Wenn das nicht geschieht, dann werden die Sphinx und der Pharao für immer ein Geheimnis bleiben. Aber in diesem Falle wird es die Erde derer, die diese Wahrheit durch ihre Arroganz zurückgewiesen haben, nicht mehr geben.

„Ja – dachte ich. – Einige Menschen behandeln solche Informationen sehr arrogant." Wenn im Verständnis des Kosmos die „Wahrheit" der Glaube an die Existenz Außerirdischer Zivilisationen ist, dann sind das für viele Menschen Märchen für Kinder. Wie viel von dem, was Ki vor ein paar Momenten gesagt hat, kann in dieser Situation zum Bewusstsein der Menschen vordringen, die hier, auf der Erde, über das Schicksal der Welt entscheiden?

Der Kosmos hatte Recht. Damit der Mensch Zugang zum Wissen erlangen kann, muss er Glauben besitzen. Und derzeit gibt es noch viel zu wenige, die glauben...

KAPITEL 19

DIE PHILOSOPHIE DES KOSMOS

Das Jahr 2003 neigte sich zu Ende. Ich sah mir an, was der Kosmos uns zu Beginn des Jahres gesagt hatte und das, was wirklich passiert war. Es sollte das Jahr werden, dass von ihm „der Beginn der Säuberung“ genannt wurde. Der Kosmos meinte, dass das, was geschehen wird, keine Ansammlung von zufälligen Naturkatastrophen, durch Launen der Natur hervorgerufenen Unglücken und inneren Spannungen zwischen den Menschen mehr ist. Es handelt sich vielmehr um die organisierte Aktion geistiger Kräfte, die bewusste Kommunikation von den Niveaus Höherer Intelligenz. Gläubige Menschen nennen solche Ereignisse den „Willen Gottes“ und sind überzeugt, dass man dagegen nichts tun kann, weil „Gott es so will“. Nach dem Kosmos sind die Ereignisse tatsächlich der Wille Gottes, aber sie sind gleichzeitig eine Information, eine Bitte von Gott, sich anzusehen und Veränderungen vorzunehmen.

Wenn man sich unsere Welt im Jahre 2003 ansieht, dann geschah sehr vieles. Es war das Jahr der Naturkatastrophen. Bei dem Erdbeben im Dezember im Iran starben mehr als

30.000 Menschen. Es gab Tornados und Erdrutsche in den Vereinigten Staaten und Überschwemmungen in China. Es war das Jahr des Irakkrieges. Täglich starben und sterben Soldaten, explodieren Bomben, werden unschuldige Menschen getötet.

– Das ist erst der Anfang, Wanderer – sagte der Kosmos während eines weiteren Traumes von Lucyna. – Das ist erst das Präludium zur Großen Symphonie, deren Dirigent die **Höchste Energie** ist. Ich habe es schon viele Male gesagt, aber ich wiederhole es auch zum hundertsten und tausendsten Mal, wenn es notwendig ist. Die Auffindung des Grabes, die Überführung von Cheops in die Pyramide, das Hineinlegen seiner Mumie in den Sarkophag öffnen Kommunikationskanäle zwischen Deiner Welt und anderen Welten, die helfen wollen.

– Ich verstehe eines nicht – sagte ich – wenn die anderen Welten so einen riesigen Vorsprung vor uns haben, wenn sie technologisch so weit fortgeschritten sind, während wir weit zurück sind, warum helfen sie uns dann nicht schon jetzt? Warum ist Cheops dazu notwendig?

– Ihr erhieltet Eure Zeit vom Besitzer der Erde. In dieser Zeit hat niemand das Recht, Euch zu helfen oder Euch zu stören. Keine fremde Zivilisation. Ich selbst konnte nur soufflieren, Gedanken unterschieben, während Ihr mit Eurem von Gott gegebenen Verstand und freien Willen entscheiden müsst, was Ihr mit diesen Gedanken machen wollt.

– Aus dem, was Du sagst, verstehe ich, dass die Zeit bereits abgelaufen ist, dass man uns jetzt helfen kann...

– Die Zeit wird erst ablaufen, aber sie schrumpft blitzschnell. Es verbleiben noch ein paar Jahre, von denen 2003, 2006, 2009 und 2012 die wichtigsten Daten sein werden. In diesem Zeitraum kommt es zu einer anfänglichen Säuberung und entweder die

Menschen verstehen die Informationen, die von mir ausgehen, oder sie werden in Massen sterben, ohne zu wissen, warum das passiert. So hat es die Höchste Energie entschieden. Das ist der Prozess der Aufklärung über die Notwendigkeit der Veränderungen.

– Ist die Erde wirklich so sehr „verschmutzt“, dass man uns vernichten muss? – fragte ich und bereute sofort meine Frage.

– Sieh Dir die Erde an, Wanderer, sieh Dir diese geplagte Erde an – die Stimme von Lucyna war eindeutig erregt. – Hat Gott, der Herr der Ewigkeit, sich eine solche Erde gewünscht? Ist das ein Paradiesischer Planet? Sie Dir die Menschen an, wie sie ihr tägliches Dasein leben! Sie wurden nach Gottes Bild und Gleichnis geschaffen. Jeder von Euch trägt in sich das göttliche Element, jeder besitzt einen Teil der Vollkommenheit – und was habt Ihr mit dieser Vollkommenheit gemacht? Gottes Wunsch ist eine Erde, auf der der Mensch der Gastgeber ist, der sich selbst in anderen wieder findet, der den anderen hilft und einen anderen Menschen wie sich selbst liebt. Ein Mensch, der das Gefühl der Liebe in den Kosmos sendet, ein glücklicher Mensch. Sieh Dir die Erde an – sprach der Kosmos weiter. – Wie viel Menschen siehst Du, die eines der Hauptgebote Gottes erfüllen: „Liebe Deinen Nächsten wie Dich selbst“? Sieh Dir an, wie viel Leid es auf dieser Welt gibt, wie viel Lügen und wie viel Betrug. Wie viel Freude den Menschen die Quälerei eines anderen Menschen bereitet. Du wunderst Dich, dass ich die ganze Zeit über von der Säuberung rede. Aber schließlich redet die Bibel davon, redete Jesus davon, als er auf die Welt kam, um den Menschen zu zeigen, wie sie leben sollen. Die Erde schreit nach einer Atempause. Sie schreit nach Liebe, nach dieser stärksten Energie im Universum. Diese Energie brauchen wir, die Geistigen Wesen, braucht Gott, um die Erde zu schützen und die Menschen vor der Vernichtung dieses Planeten zu bewahren.

Sieh, Wanderer auf die menschlichen Gedanken. Die Menschen sehen nichts außer sich selbst und selbst wenn ich mit starker Stimme schreien würde, sie würden doch nicht verstehen, wovon ich spreche. Diejenigen, die mich hören und verstehen, werden als Verrückte angesehen. Diejenigen, die mich ignorieren, sind die Klugen.

– Wie sollen Deiner Meinung nach die Menschen den Verstand gebrauchen? – fragte ich schüchtern.

– Der Höchste Gott sagte den Menschen: „Liebe Deinen Nächsten wie Dich selbst". Achtest Du Deinen Körper nicht? Spielt bei der Nächstenliebe die Hautfarbe oder die Herkunft eine Rolle? Nein. Wichtig allein ist der Mensch. Man muss die nationalen Vorlieben erhalten und gleichzeitig den allgemeinmenschlichen Bestrebungen aufmerksam zuhören. Hören, was ein anderer Mensch sagt. Dazu ist der Verstand notwendig, um zu lernen, wie man einem anderen Menschen zuhört. Um zu lernen, die Intuition und die Logik zu gebrauchen und um zu hören, was Dir meine Welt zuflüstert, die geistige Welt. Um zu lernen, all das auszuwählen, was gut für Dich und für andere Menschen ist.

– Was rätst Du den Menschen noch?

– Ich habe die stille Hoffnung – sprach der Kosmos – dass die Menschen zumindest für einen Moment das Tempo verringern wollen, über das Morgen nachdenken, über sich selbst, die Augen öffnen und täglich alles etwas anders sehen. Dass sie andere Menschen wie Brüder betrachten, ohne Rücksicht darauf, ob diese gut oder böse sind, schön oder hässlich. Dass sie einander wie Brüder behandeln, die durch dasselbe Band der Geburt und des Todes miteinander verbunden sind. Dann erfasst Du mit Deiner Phantasie die Millionen vor Schmerz vibrierenden Herzen verzweifelter Menschen. Die menschlichen Leiden sind allen gemeinsam. Heute leiden Deine Nächsten, morgen leidest Du selbst.

Ich schwieg und hörte das Echo seiner Worte, nicht wissend, ob ich etwas sagen sollte oder nicht.

– In den menschlichen Herzen – setzte der Kosmos fort – gibt es die Sehnsucht zur Beherrschung von Raum und Zeit, aber nur wenige Menschen geben zu, dass sie diese Sehnsucht in sich tragen. Die Menschen haben Angst, solche Gefühle zu zeigen. Diese Sehnsucht erfasst sowohl den einfachen Verstand, wie auch den Herausragendsten. Auch das verbindet sie.

– Es gibt mehr, was uns verbindet – warf ich ein.

Ich dachte dabei an das Streben des Menschen nach Vervollkommnung, an das Bedürfnis einer inneren Gewissheit des Überlebens, das Bedürfnis des Gebens und Nehmens von Liebe, manchmal auch das Bedürfnis nach Veränderungen...

– Allen Menschen gemeinsam ist das Leid – unterbrach der Kosmos meine Gedanken. – Deshalb soll dieses Leid und diese allgemeinmenschliche Sehnsucht für alle Menschen der Motor zur Entwicklung des Geistes sein. Beginnt schon heute damit, den Menschen neben Euch zu beachten, seht in ihm Euer Ebenbild, wie in einem Spiegel.

– Heißt das, dass wir leiden und uns auf diese Weise vervollkommnen sollen? – fragte ich mit leichter Besorgnis, dass der Kosmos jetzt nicht den Ton eines Pfarrers anschlägt, der zur Kasteiung aufruft.

– Euer Bewusstsein mag es nicht zu leiden. Ich, der Kosmos, tue alles, was in meiner Kraft steht, um Euch aus der geistigen Lustlosigkeit zu wecken und Euch zu helfen, glücklich zu leben. Euch zu wecken, ohne Rücksicht auf Klassenunterschiede, Herkunft, Nationalität und Glauben. Jetzt erdrückt Euch die Last des Lebens, der Materialismus, der furchtbare Existenzkampf. Es würgt Euch das Gewand des Pessimismus. Das ist der Schmutz, der abgewaschen werden muss, um die Schönheit des Lebens zu finden, sowohl in physischer, körperlicher, aber auch geistiger Dimension.

Der Kosmos verstummte für einen Augenblick und ich wusste nicht, ob er weiterreden wollte. So kritisch und von Sorgen erfüllt hatte ich ihn noch nie zuvor gehört.

– Im Unterbewusstsein der Menschen – führte er seinen Gedanken fort – beginnt die höhere Idee bereits zu reifen. Diese Reifung dauert jedoch Tausend Jahre – so wurde es von der Höchsten Weisheit festgelegt. Aber der Höchste Geist wird siegen und nach vorheriger Filtrierung die Seele der gesamten Menschheit in sich einsaugen.

– Denkst Du an die Säuberung der Erde?

– Ja, diese Filtrierung erfolgt nach dem Willen Gottes. Dann wird das heutige „Ich" Eures Bewusstseins für immer verschwinden und das göttliche Element, das in jedem Menschen existiert, wird sich immer mehr mit dem Höchsten Geist verbinden. In ihm wird Euer Leben überdauern. Die Menschen guten Willens, mit offenen Herzen, ohne Eitelkeit, werden wissen, wie sie sich des Bewusstseins des Zeit– und Raumgefühls entledigen müssen, das in Wirklichkeit der Alptraum des täglichen Lebens ist.

– Heißt das, dass die Erde doch ihre Pole ändert? – fragte ich.

– Wanderer – antwortete der Kosmos – wie oft muss ich noch wiederholen, dass es nicht so sein muss, dass ihr Hilfe erhaltet, ihr aber um diese Hilfe bitten müsst. Ihr müsst an diese Hilfe glauben und verstehen, dass Ihr selbst gar nichts tun könnt. Allein führt Ihr die Erde in die Katastrophe. Der Schlüssel... Den Schlüssel zum Tor werde ich Euch geben, denn das Tor muss geöffnet werden.

– Worüber redest Du eigentlich wirklich – fragte ich erneut – wenn Du behauptest: „Im Geiste überdauert Euer Leben“? Heißt das, dass das Leben im Körper zu Ende geht?

– Ich spreche von Vollkommenheit, von der Entwicklung des Geistes. Der menschliche Verstand strebt nach Vollkommenheit und die absolute Vollkommenheit gibt es nur im Höchsten Geiste, obwohl auch in den Menschen ein Teil Vollkommenheit sitzt. Ihr Teil ist in jedem Menschen. Also wiederhole ich noch einmal: Menschen, wacht auf aus Eurer geistigen Trägheit. Gebt der Höchsten Kraft eine Chance, lasst Euch führen.

– Viele Menschen werden bereits geführt. Viele suchen die Entwicklung des Geistes, sehen in ihm die Rettung vor dem Wahnsinn der heutigen Gesellschaft.

– Bei vielen Menschen erfolgt die Weckung aus der Lethargie des Lebens zu spät, meist erst dann, wenn die Uhr des Todes die Stunden bis zum Abtritt zählt. Dann ist es für Reue bereits zu spät... Sag den Menschen, Wanderer – das Leben auf der Erde ist nur ein Halt und die Vorbereitung auf die weitere Reise. Sie müssen zu guten Reisenden werden.

– Ich versuche, den Menschen das auf meinen Wanderungen zu vermitteln, ich versuche, darüber zu schreiben – sagte ich dem Kosmos. – Aber wie soll ich einem Menschen, der von seinen täglichen Angelegenheiten gehetzt wird, vermitteln, dass er an den Film seines Lebens denken muss, den er nach seinem Tod sehen wird. Für ihn ist das Überleben eines Tages, eines Monats, Jahres wichtig... Der Tod ist weit weg, liegt in der Zukunft, die Alltäglichkeit ist jetzt.

– Der Mensch lebt deshalb, um eine gesunde Ansicht über die Welt zu lernen. Gesund nenne ich ein solches Bewusstsein, das den Sinn der Existenz sieht und sich in der Überzeugung stärkt, dass es wert ist zu leben, zu fallen und sich wieder zu erheben, denn dieser Weg führt zum Sieg über das Chaos. Deshalb will ich, der Kosmos, in jedem Menschen die Willenskraft im Kampf mit dem Bösen stärken. Ich verstehe das Leid, deshalb steht mir jeder nahe, der Erlösung sucht, der Hilfe sucht.

Wer bist Du wirklich, Kosmos? – wollte ich fragen, aber der Traum von Lucyna war bereits beendet und die Frage blieb ohne Antwort.

KAPITEL 20

DERJENIGE, DER DEN MUT HATTE, WEISE ZU SEIN

Das war eine starke Lektion Philosophie. Solch einen Kosmos hatte ich bisher noch nicht gehört, weder in den Träumen der Priesterin Ki, noch in Lucynas Träumen. Das war sein Aufruf an die Menschen, seine Bitte nach Aufmerksamkeit, nach Erweckung. Ich fühlte, dass unsere Zeit ablief, aber im Projekt Cheops änderte sich nicht allzu viel. Die Großen dieser Welt und die Geschäftsleute ignorierten uns, der Direktor der Pyramiden schwieg, obwohl die Vision des Labyrinths und des in ihm versteckten Goldes sehr aussichtsreich aussah. Das Labyrinth sollte der Beweis für die Wahrheit der Träume der Priesterin sein, aber damit dieser Beweis auf physischem Niveau existieren konnte, musste jemand gefunden werden, der an ihn glaubte. Notwendig waren neue Genehmigungen, zwar nicht so schwierig zu erlangen, wie im Falle des Grabes, aber trotzdem musste das jemand für uns erledigen. Ich unterhielt mich mit Archäologen, aber sie bemühten sich, von uns fernzubleiben, weil sie Angst um ihre wissenschaftliche Reputation hatten. Mir kam es so vor, als ob sich in der ganzen Angelegenheit überhaupt nichts tun würde... Aber erneut unterschätzte ich die Möglichkeiten des Kosmos.

Im Juni des Jahres 2003 bereitete ich mich auf eine weitere Wanderung vor. Dieses Mal führte mich mein Weg nach Gdańsk – einer Stadt, die ich sehr gerne besuchte und wo ich viele Freunde und Zuhörer hatte. Umso mehr war ich überrascht, als ich vor der Abreise die Nachricht erhielt, dass es keine Interessenten für ein Treffen mit mir gäbe. Es waren noch ein paar Tage Zeit, also dachte ich mir: „Tja, so ist die Natur des polnischen Volkes – immer alles auf den letzten Moment", denn ich hoffte, dass wie immer doch noch viele Interessierte kommen würden. Als die Zeit des Treffens gekommen war, kannte meine Verwunderung keine Grenzen. Es gab keine Zuhörer.

Ich wusste nicht, worum es hier ging uns was los ist. Ich war sehr überrascht, dass so plötzlich niemand mich hören wollte.

Und ein weiteres Mal zeigte sich, dass in meinem Leben nichts mehr dem Zufall überlassen war. Weil ich nicht nach Gdańsk (Danzig) wanderte, blieb ich in Warschau. Und das wiederum erlaubte mir, einen weiteren Schritt in Richtung des Pharao zu tun – zumindest verstand ich das so. Ich traf **Denjenigen, Der Sich Nicht Fürchtet, Weise Zu Sein**. Er nannte sich Andrzej Kapłanek. Von Beruf war er Ingenieur für Bergbau und Geologie, aus Vorliebe Schriftsteller, Dichter und Reisender. Sein Buch mit dem Titel *Auf den Spuren der Sonnensöhne* wurde gerade in Polen herausgegeben. Ich traf mich mit ihm nur deshalb, weil ich an dem Ort blieb, an welchen er reiste, um über sich zu erzählen.

Als ich ihm von Derjenigen, Deren Name Das Leben Ist, von Cheops, dem Labyrinth und unserer Mission erzählte, war er geschockt. Er hätte nicht gedacht, dass solche Informationen in einem Land auftauchen könnten, dass von den Großen dieser Welt so völlig unbeachtet blieb.

Wir wanderten zusammen in der Umgebung von Tomaszów Mazowiecki, um unsere unerwartete Bekanntschaft zu vertiefen.

– Kannst Du uns helfen? – fragte ich ihn, nachdem die ersten zwei Flaschen Wein geleert waren und wir die Formalitäten der Art „Herr Schriftsteller“ – „Herr Wanderer“ beiseite gelegt hatten.

– Das, was Du sagst, macht Sinn und stimmt mit meinen Schlussfolgerungen aus den Wanderungen überein, die ich selbst unternommen habe – sagte er. – Ich weiß noch nicht, in wieweit die Träume der Priesterin Ki wahr und glaubwürdig sind, aber das ist ein Abenteuer, von dem viele Menschen träumen. Ich liebe Abenteuer und wenn ich Euch helfen kann, dann tue ich das mit ganzem Herzen.

– Gut – freute ich mich. – Ich bitte die Priesterin, einen Traum in Deiner Anwesenheit zu träumen.

Diejenige, Deren Name Das Leben Ist, wunderte sich keinesfalls über das Treffen.

– Der Kosmos hat Dir gesagt, er wird auf Deinen Weg interessante Menschen stellen – sagte sie ruhig.

– Ja, aber sieh mal, wie viel Anstrengungen dieser Kosmos unternehmen musste – merkte ich, erregt durch diesen Zufall an. – Um allen, die sich mit mir in Gdańsk treffen wollten so den Kopf zu verdrehen, dass niemand sich zu der Veranstaltung gemeldet hat.

– Er hat seine Möglichkeiten, nimmt Einfluss auf unsere Gedanken, auf unsere Gefühle.

– Und ich dachte immer, wir haben einen freien Willen.

– Haben wir. Er hat schließlich keinen dazu gezwungen, niemandem eine Pistole an die Schläfe gehalten... Er hat nur einen Gedanken gesendet. Jeder musste diesen Gedanken bewusst abwägen und eine Entscheidung treffen – auf das Treffen mit Dir gehen oder nicht. Der Kosmos hat nur die Kraft, Gedanken zu senden. Bei uns liegt die Kraft der Entscheidung, welche der Gedanken wir auswählen.

– So wie die Kraft, Gutes oder Böses zu tun?

– Genau so – sagte Diejenige, Deren Name Das Leben Ist – darin besteht unser freier Wille.

Anfangs war Andrzej sehr aufmerksam und angespannt. Er nahm zum ersten Mal an einem Traum Lucynas teil, also wusste er nicht, was er zu erwarten hatte und wie er sich verhalten sollte.

– Du kannst Fragen stellen – beruhigte ich ihn. – Der Kosmos wird Dir antworten.

– Welcher Kosmos? – fragte er beunruhigt und sah mich misstrauisch an.

– Derjenige, der täglich zu uns spricht, der bewirkt hat, dass wir uns getroffen haben.

Er war nicht all zu sehr überzeugt, aber er hatte keine Wahl. Diejenige, Deren Name Das Leben Ist, die Priesterin Ki, war bereit. Sie begann, ihren Traum zu träumen...

– Ich grüße Dich, Ki – begrüßte ich sie. – Wo bist Du?

– Ich bin an der Dritten Pyramide in Gizeh – antwortete sie ruhig – an der Mykerinos–Pyramide. Es ist Nullzeit, Zeit des Wassermanns. Ich werde jetzt sagen, was mir der Kosmos übermittelt hat.

Ich verstand, dass die Priesterin von der heutigen Zeit träumt. Dass es August des Jahres 2003 ist. Für den Kosmos ist das die Nullzeit. Ich hörte fasziniert zu.

– Ich grüße Dich, Andrzej – Der Kosmos wendete sich mit

Vornamen an Denjenigen, Der Den Mut Hatte, Weise Zu Sein. – Zufälle gibt es nicht in unseren Welten, Deiner physischen und meiner geistigen. Dass Du hierher gebracht wurdest, dass Du auf den Weg des Wanderers gestellt wurdest, bedeutet nicht, dass Du immer hier sein wirst. Wie alle anderen auch, wirst Du Proben unterzogen. Einige Deiner Vorgänger haben diese Proben nicht bestanden, sind abgefallen. Ihr Eifer war riesig, aber in Wirklichkeit waren das alles nur Worte und der Wille, Ruhm oder Gold zu erlangen.

Ich konnte mir denken, dass der Kosmos, als er von den „Vorgängern, die abgefallen sind" sprach, an Roman, Denjenigen, Der Zweifeln Wollte, und an den Geschäftsmann dachte. Letzteren betrachtete ich als Lektion für mich selbst. Einmal fragte ich die Priesterin, warum der Kosmos ihn auf meinen Weg gestellt hatte, wo er doch nichts brachte und unser Projekt nur verzögerte.

– Der Geschäftsmann hat Dich etwas gelehrt, Wanderer – antwortete damals der Kosmos. – Und zwar Vorsicht beim Betrachten der Menschen. Bevor Du Dich einem Menschen öffnest, musst Du Dein Herz öffnen und musst Du ihn Dir ansehen. Und der Geschäftsmann hat Dich noch etwas gelehrt. Du musst den Menschen zuhören können, Kleinigkeiten erkennen, einzelne Worte, manchmal flüchtige. Deshalb war er notwendig. Dass er nicht ehrlich ist, habe ich von Beginn an gesehen, aber Du musstest diese Lektion lernen, um in Zukunft vorsichtiger zu sein, Und, Wanderer, er hat Dich noch etwas gelehrt: Dass Du nicht so glaubst und vertraust, wie Du es bisher getan hast.

Das war eine starke Lektion, die mir der Kosmos erteilte, und deshalb betrachtete ich viel aufmerksamer und mit größerer Distanz Denjenigen, Der Den Mut Hatte, Weise Zu Sein.

– Sei gegrüßt, Kosmos – Andrzej hatte eine leichte zitternde Stimme. – Ich möchte fragen... weil Cheops... Das Projekt...

– Du erhältst heute die Informationen, für welche Du hierher gekommen bist – unterbrach ihn der Kosmos. – Aber ich erwarte Vertrauen von Dir. Ich sehe Dein Herz, ich sehe Deine Zweifel. Tu das, worum ich Dich bitte, entledige Dich Deines Stolzes und ich werde Dich nicht enttäuschen. Das verspreche ich.

– Ich wollte fragen... – wiederholte Andrzej.

– Ich weiß – unterbrach ihn der Kosmos erneut. – Du wolltest fragen, warum die Priesterin Ki den Namen des Pharaos als „Cheops" ausspricht. Das war schließlich nicht der wahre Name des Pharaos der damaligen Zeit. Habe ich Recht?

– Ja – antwortete Derjenige, Der Den Mut Hatte, Weise Zu Sein, und seine Augen weiteten sich vor Verblüffung. Er verstand, dass der Kosmos seine Gedanken durch die Priesterin Ki lesen konnte.

– Also erkläre ich es Dir – setzte der Kosmos fort. – Den Menschen ist der Name „Cheops" bekannt. Der Pharao hieß wirklich **KHUFU**, aber dieser Name ist jetzt, im Zeitalter des Wassermanns, weniger bekannt. Ein durchschnittlicher Mensch hat von Cheops gehört, von Khufu nicht unbedingt. Deshalb erhielt die Priesterin von mir die Erlaubnis zur Verwendung des Namens Cheops. So nennt sie ihn, so sieht sie ihn, so fühlt sie ihn.

– Es wird noch viel mehr Rätsel geben – fuhr Ki mit der Stimme des Kosmos fort – die Du mit Deinem wissenschaftlichen Verstand nicht akzeptieren und verstehen kannst. Bestimmte Dinge, die Euch Wissenschaftlern selbstverständlich vorkommen, werden streng durch mich und die Wesen vom Sternbild des Orion kontrolliert. Glaub mir, es wird nur das übermittelt, was wir Euch übermitteln wollen. Denke an eines. Die Tatsache, dass Wissenschaftler bestimmte Dinge untersucht und bestimmt haben, bedeutet nicht, dass dies auch wahr ist.

Sieh nur, wie viel Theorien es über den Bau der Großen Pyramide gibt.

– Danke – sagte Derjenige, Der Den Mut Hatte, Weise Zu Sein, jetzt schon mit sichererer Stimme. – Ich versteh und ich akzeptiere Eure Geheimnisse. Bitte, gib mir die genauen Angaben zur Lage des Großen Labyrinths. Ich möchte wissen, ob ich das, was Du Patrick gesagt hast, richtig verstehe.

Ich wusste, dass Andrzej bereits häufig in Ägypten gewesen war, dass er das Gebiet von Gizeh kannte und die Pyramiden in seinen Büchern beschrieben hatte, aber von meinen Erzählungen interessierte ihn das Labyrinth am meisten. Er glaubte, dass wenn die Angaben des Kosmos sich als genau erweisen, eine Chance für die Erlangung der Grabungsgenehmigung besteht.

– Gut – sagte der Kosmos. – Was willst Du wissen?

– Einige Meter nach links oder nach rechts bedeuten in diesem steinigen Gebiet bereits eine große Erschwerung für potentielle Forscher. Wenn wir diese Entfernung nehmen, von der Du bereits früher gesprochen hast, die Entfernung von der dritten Pyramide zum See, dem heutigen Ufer des Sees, wenn ich das richtig verstehe? Ich teile die Entfernung von der Pyramide zum heutigen Ufer des Sees durch zwei?

– Ja, zum heutigen Moeris–See, dem See im Zeitalter des Wassermanns. – wiederholte der Kosmos. – Wenn Du durch die Zeiten wandern könntest, würdest Du den Umfang des wirklichen Sees sehen, des Sees aus der Zeit des Baus der Großen Pyramide. Damals lag das Ufer viel weiter, als heute. Das heißt: viel näher an der dritten Pyramide. Aber einen großen Teil des ehemaligen Sees hat der Sand verschlungen – wir müssen uns auf das konzentrieren, was übrig geblieben ist.

– Du siehst das, was ich nicht sehen kann. Sag mir bitte, warum hat bis heute niemand das Labyrinth gefunden? Nach Herodot soll es in diesem Palast schließlich 3000 Räume geben!

– Ich denke, man kann das nicht Palast nennen – überlegte der Kosmos. – Es gibt Korridore, Kammern, Zimmer – träumte Ki. – Ob es wirklich 3000 sind, ist schwer zu sagen. Vielleicht zusammen mit den Korridoren, wie ich bereits Patrick erklärt habe. Du fragst, warum bisher niemand einen solch riesigen Bau gefunden hat. Andrzej, im Labyrinth gibt es spezielle Geräte, die Eure heutigen Anlagen stören, die den Boden untersuchenden Radare. Die Geräte, die nach unterirdischen Freiräumen suchen. Das geschieht, weil die Intentionen der Menschen, insbesondere im Zeitalter des Wassermanns, in der Mehrzahl nicht rein sind. Sie treibt die Absicht zur Bereicherung, die Absicht, nicht nur die Erde zu beherrschen. Euch sollte nur eines interessieren – das Finden der Wahrheit. Das Labyrinth soll meine Worte beglaubigen, um so zu Cheops, zu Khufu zu treffen. Das Labyrinth wurde Euch deshalb gegeben, damit ihr überzeugt werdet. Die Archäologen haben dieses Labyrinth seit langem gesucht und es ist so nahe. Am einfachsten wäre es, unterirdisch dahin zu gelangen. Die Pyramide und das Labyrinth sind schließlich verbunden, aber eine solche Untersuchung erlaubt die ägyptische Regierung nicht.

Wir schwiegen eine Weile und Derjenige, Der Den Mut Hatte, Weise Zu Sein, dachte über die Antwort des Kosmos nach und formulierte die nächste Frage.

– Wie tief liegt das Labyrinth? Wie tief müssen wir graben?

– Ich habe diese Stelle deshalb ausgewählt, weil sie am einfachsten zu bestimmen ist und man hier am einfachsten unter die Erde gelangt. Du fragst wie tief – ich versuche das zu skizzieren. Die Sandschicht kann ein bis zwei Stockwerke hoch sein. Danach kommt Stein, aber wenn Ihr grabt, wird er Euch keinen Widerstand entgegensetzen. Er ist weich und Ihr könnt leicht hindurchgelangen. Danach trefft Ihr bereits auf die Platte des ersten Niveaus des Labyrinths. Vier Stockwerke – so könnte das aussehen.

– Gibt es ein zweites Niveau?

– Ja, es gibt ein zweites Niveau. Das erste ist vollständig mit Sand verschüttet und man kann sich in ihm nicht bewegen. Unter ihm befindet sich das zweite Niveau des Labyrinths, und das ist unbeschädigt. Man kann sich in ihm völlig frei bewegen. Auf diesem Niveau kann man zu den Goldenen Kammern gelangen.

– Wie sollen wir uns in ihm bewegen, ohne uns zu verirren?

– Benutze Deinen Verstand, Andrzej – Der Kosmos war eindeutig von dieser Frage amüsiert. – Nutze die Methoden der Pfadfinder.

– Das heißt welche? – Andrzej verstand trotz seines Ingenieurwissens nicht, worum es ging.

– Benutze eine Schnur... eine einfache Schnur.

Wir lachten über diesen Vorschlag. Schließlich hatte Ariadne eben durch diesen Trick ihren Geliebten aus dem Labyrinth gerettet.

– Wie genau sind Deine Angaben zur Tiefe? – Andrzej fragte weiter.

– Sie sind nicht genau – träumte Ki. – Schließlich bin ich eine geistige Welt. Ich sehe die Zeit anders als Ihr, den Raum auch. Verstehe, Andrzej. Ich messe nicht in Zentimetern, ich habe keine Uhr, die mir Stunden und Minuten anzeigt. Meine Zeit ist die Ewigkeit, mein Raum kennt keine Grenzen, also kann ich nur raten. Präzision erhältst Du, wenn die Priesterin nach Ägypten fährt. Dann wird der Ort mit einer Genauigkeit angezeigt, die Du erwartest, die genaue Tiefe zeigt das Radar.

– Ich dachte, Du bist allwissend.

– Dann ändere Dein Denken. Ich benötige Deinen Glauben und Dein Vertrauen. Was willst Du noch über das Labyrinth wissen?

– Danke, das reicht mir erst einmal. – antwortete Derjenige, Der Den Mut Hatte, Weise Zu Sein. Nach dem Ton seiner Stimme merkte ich, dass in seinem Unterbewusstsein noch Reste von Unsicherheit saßen.

Wir weckten die Priesterin. Als sie nach Hause gegangen war, begannen wir, uns über das ganze Projekt zu unterhalten.

– Das alles ist für mich zu ungenau – ließ sich Andrzej vernehmen.

– Du bist doch schließlich Derjenige, Der Den Mut Hatte, Weise Zu Sein, Du bist Ingenieur und Geologe – merkte ich an. – Von Dir hängt es ab, das zu präzisieren. Wenn wir nach Ägypten fahren, dann stellen wir die Priesterin auf die Hochebene und bitten, dass sie den Ort auf den Meter genau angibt. Der Kosmos wird sie führen.

– Er führt sie... oder auch nicht... Ich will keine Reise nach Ägypten riskieren, wenn ich mir nicht sicher bin. Ich muss sie hier überprüfen.

Auf diese Weise beschloss Derjenige, Der Den Mut Hatte, Weise Zu Sein, zu überprüfen, ob die Priesterin eine wahre Priesterin ist und ob der Kosmos die Wahrheit sagt. Er beschloss, den Kosmos zu überlisten.

Wir wussten nichts davon, denn keinem von uns sagte er, was er tun will. Eines Tages führte er Diejenige, Deren Name Das Leben Ist, auf ein Feld und bat den Kosmos, den Ort anzugeben, wo etwas vergraben liegt. Aber eines hatte er nicht bedacht. Er hatte vergessen, dass der Kosmos seine Gedanken liest, sein

Intentionen kennt, und nur um eines bittet – um etwas Glauben. Er hatte vergessen, dass in der geistigen Welt andere Rechte gelten, als in der Welt der Menschen. Es reichte ihm nicht das riesige Wissen, das in den Worten der Priesterin Ki leuchtete, in der Worten Derjenigen, Deren Name Das Leben Ist, wenn sie mit der Stimme des Kosmos sprach. Er sah Einzelheiten, die ihm nicht in das Gesamtbild passten.

Derjenige, Der Den Mut Hatte, Weise Zu Sein, bewies sich selbst, dass die Priesterin sich täuschen kann, dass der Kosmos nicht existiert, dass er nur ein Gebilde unserer Phantasie ist. Er bewies sich selbst, dass all das, was zum Labyrinth, zum Grab, zur Welt gesagt wurde, keinen Sinn ergibt.

Der Kosmos sah diese Versuche mit Traurigkeit und erlaubte ihm, all das zu beweisen, was er beweisen wollte. Sich selbst zu beweisen...

Und auf diese Weise zog sich Derjenige, Der Den Mut Hatte, Weise Zu Sein, Andrzej, der Schriftsteller, aus der Gruppe des Pharao zurück. Ob für immer – dass wusste ich damals noch nicht, aber ich hatte das Gefühl, dass er zurückkommt. Ich fühlte von ihm eine unbewusste Sympathie, ich bewunderte seine Klugheit. Auch Diejenige, Die Jeder Morgen Anlächelt, mochte ihn. Es blieb uns aber nichts anderes übrig, als darauf zu warten, was der Kosmos sich ausdenkt. Er war schließlich die Quelle, er leitete uns.

KAPITEL 21

RICHTUNG ŚLĘŻA (ZOBTEN)

Das Treffen mit Demjenigen, Der Den Mut Hatte, Weise Zu Sein, regte nicht nur mich zum Denken an, sondern auch Lucyna, Łucja und Diejenige, Die Jeder Morgen Anlächelt. Alle, die damals mit uns waren, überlegten sich, was getan werden kann, um in das Bewusstsein von Dr. Zahi Hawass und anderen Autoritäten zu gelangen. Da die Angelegenheit das Labyrinth betraf, war der finanzielle Bedarf für die Eingangsuntersuchungen nicht besonders groß und wurde auf eine Summe von 30.000 US–Dollar geschätzt. Es ging um eine Reise nach Ägypten und die Miete eines Gerätes, das sich Georadar nennt. Das ist ein Gerät, mit dem man Freiräume unter der Erdoberfläche aufspüren kann. Wenn die Träume der Priesterin wahr waren, dann konnte man, wenn man an den von ihr aufgezeigten Ort ginge und das Georadar einsetzte, feststellen, dass „dort etwas ist". Dieses „Etwas", wonach wir suchten, waren die unterirdischen Räume des Labyrinths. Die Untersuchung ist relativ leicht durchzuführen und erfordert keine Grabungsarbeiten.

Am wichtigsten waren jedoch die Genehmigung der ägyptischen Behörden für die Voruntersuchungen und ein Spezialist, der diese mit einem entsprechend guten Gerät ausführen müsste. Für die Erlangung der Genehmigung wiederum war ein Archäologe von Nöten, der den Direktor der Pyramiden überzeugt, seinen Geist für unser Projekt zu öffnen.

Unser Hauptproblem war das Fehlen harter Argumente und der fehlende Glaube. Für einen Wissenschaftler, einen Archäologen, ist ein Traum Phantasie und es gibt keinerlei Beweise dafür, dass diese Phantasie der Wirklichkeit entspricht. Als ich mit Derjenigen, Deren Name Das Leben Ist, sprach, bezeichnet sie das auf eindeutige Weise.

– Du hast die Wahl zwischen Gut und Böse – stellte sie fest. – Ganz genauso hast Du die Wahl zwischen Glauben und Unglauben. Wenn Du glaubst, dass Gott existiert, dann glaubst Du nicht daran, weil Du Ihn gesehen hast, Ihn berührt hast oder irgendjemand Seine Existenz wissenschaftlich nachweisen konnte. Du glaubst deshalb, weil Du Dich entschieden hast zu glauben. Wenn Du Dich entscheidest zu glauben, ist alles andere nur noch eine Frage der Zeit.

– Hier geht es um den Glauben derjenigen, die nicht glauben wollen – antwortete ich. – Wenn das alles so wichtig ist, wenn wir den Pharao erwecken sollen, dann muss der Kosmos einen leichteren Weg zur Bestätigung Deiner Träume finden. In der Welt der Menschen der Wissenschaft sind konkrete Fakten notwendig, und die erhalten wir nicht durch Träume, sondern durch Grabungen. Das Labyrinth ist gut, aber der Weg nach Ägypten bleibt für uns verschlossen, solange nicht die kleinste Spur Deiner Träume in der physischen Welt existiert. Dann kommt der Glauben, der durch Wissen gestützt wird.

– Was schlägst Du vor? – fragte Lucyna.

– Ich schlage vor, mit dem Kosmos über Polen zu reden. Derjenige, Der Den Mut Hatte, Weise Zu Sein, hatte eine gute Idee, aber er hat sie schlecht umgesetzt. Ich will den Kosmos bitten, dass er uns etwas in unserem Land aufzeigt. Etwas, was Deine Träume auf eindeutige Art beweist.

Ich wusste, dass sich an verschiedenen Stellen in Polen archäologische Fundstätten befinden müssen, von denen der Kosmos weiß, aber von denen wir nichts wissen. Wenn er uns nur von einer solchen Stätte berichtet und wir das, was er uns sagt, finden können – dann haben wir die Beweise, die wir suchen.

– Ich habe eine Bitte an Dich – wendete ich mich an den Kosmos, als die Priesterin ihren Tagtraum träumte. – Um zum Labyrinth zu gelangen, benötigen wir etwas näher liegendes, etwas, was leichter zu finden ist als das Labyrinth. Kannst Du uns etwas in Polen zeigen?

– Kann ich – sagte der Kosmos. – Das ist eine gute Idee... Wenn das Dein Wunsch ist, Wanderer, dann zeige ich Euch einen Ort, der die Träume der Priesterin für immer beweisen wird. Hast Du vom Berg **Ślęża (Zobten)** gehört?

– Ja, habe ich. Kannst Du uns etwas Näheres über diesen Berg sagen?

– Ślęża ist ein Heiliger Berg und verfügt über eine riesige Energie. Auf seinem Gipfel steht heute eine Kirche und die Ruinen eines Schlosses. Unter den Ruinen sind Höhlen, unterirdische Durchgänge und Korridore alter Bergwerke. In die Höhlen unter dem Schloss kann man gelangen, aber bisher ist das noch niemandem gelungen. Mit meiner Hilfe versuchen wir, dort hinzugelangen, denn in ihnen sind kostbare Funde versteckt.

– Phantastisch – sagte ich. – Ich hoffe, Du sagst uns, wie wir dorthin gelangen können.

– Der einfachste Einstieg in die Höhlen des Berges liegt in der Kirche auf dem Gipfel.

– Wie machen wir das?

– Erst einmal fährt die Priesterin Ki dorthin und führt ihre Untersuchungen aus. Ich führe sie an der Hand und zeige ihr, wo gegraben werden muss. Ich zeige ihr den einfachsten Einstig unter die Erde und lasse sie die Energie dieses Ortes fühlen. In Deiner Sprache heißt das Radiästhesie, das dazu verwendete Instrument ist ein einfaches Pendel.

– Kannst Du genauer sagen, was sich dort befindet? Was werden wir suchen?

– Die unterirdischen Höhlen des Berges verteilen sich in mehreren Richtungen und haben einen Ausgang. Du fragst, was sich dort befindet? Die Menschen zu Zeiten von Bolesław Chrobry glaubten an **Światowid**. Das war der Gott der Sonne. Während verschiedener Feierlichkeiten wurden dem Gott Opfer gebracht... Meist waren das Gold und wertvolle Steine. Diese Gaben wurden unter dem Schloss aufbewahrt. In der Umgebung des Schlosses grassierten Banden, die von den Höhlen wussten. Sie waren ihr Versteck. Zwischen den einzelnen Höhlen gab es Durchgänge und aus diesen Höhlen heraus überfielen die Räuber Kaufleute, die dort entlang fuhren. Sie waren schwer zu fassen, denn sie verschwanden „unter dem Berg". Erst Bolesław Chrobry sorgte für Ordnung und vernichtete die gesamte Bande. Der Anführer wusste, dass er keine Chance hatte, die gesamte Beute aus den Höhlen zu holen, wo sie gelagert war. Also verwischte er die Spuren und versteckte die Eingänge zu den Höhlen, damit sie niemand finden kann. Die geheimen Räume und der Eingang waren nur der Bande bekannt. Er liegt in der Nähe der **Zwei Bären**, in der Mitte des Berges, dort, wo heute ein Steinkreuz steht. Aber dieser

Eingang ist heute nicht benutzbar. Wie man es auch sieht, es sind immerhin Tausend Jahre seit diesen Zeiten vergangen.

– Und deshalb ist der Eingang durch die Kirche besser?

– Ja, das ist der einfachste Weg. Nach dem Eintritt in die Höhlen muss man in Richtung des versteckten Raumes gehen.

– Was ist das für ein Raum? Wo ist er?

– Nach dem Eingang in die Höhle müsst ihr Euch in Richtung der Zwei Bären bewegen. Auf diesem Abschnitt befindet sich die Kammer, in welcher der Schatz versteckt ist.

– Was sind die „Zwei Bären"? – fragte ich, weil ich keine Ahnung hatte, wovon der Kosmos sprach.

– Das sind zwei sehr alte Steinskulpturen am Abhang des Ślęża. Die Archäologen werden wissen, worum es geht.

– Gibt es dort in diesen Höhlen irgendwelche Fallen oder Gefahren? Worauf muss man achten, was muss man meiden?

– Hier hast Du Recht, Wanderer, Deshalb müsst Ihr, wenn Ihr den Eingang geöffnet habt, als erstes Lucyna hineinführen. Ich werde sie schützen und ihr einen sicheren Weg zeigen.

– Was ist das für ein Weg?

– Die Richtung zu den Zwei Bären ist sicher – sagte der Kosmos. – Wenn ihr in Richtung des ersten Bären geht, der sich am Fuße der Ślęża von Seiten der Ortschaft Sobótka befindet, dann könnt Ihr auf Fallen treffen. Es sind sehr einfache, aber wirksame Fallen. Wenn Ihr nach einigen Metern einen bestimmten Stein berührt, dann fällt Euch der ganze Rest auf den Kopf.

Mir gab die Ungewöhnlichkeit dieser Informationen zu denken. Noch vor kurzem sorgten wir uns über Ägypten, das Labyrinth, um den Direktor der Pyramiden, und hier öffnete sich für uns eine völlig neue Perspektive, eine neue Vision, ein neues Projekt. In Gedanken dankte ich Andrzej, Demjenigen, Der Den Mut Hatte, Weise Zu Sein, für die Idee. Augenscheinlich war das die ihm zugeschriebene Rolle. Wenn das, was der Kosmos sagte, der Wahrheit entsprach, wenn wir die unterirdischen Höhlen und den Schatz fanden, dann gibt es keine bessere Bestätigung der Träume von Lucyna. Ich war dadurch immer aufgewühlter, also fragte ich weiter.

– Ist der Zugang zu diesem Schatz, zu diesem Raum oder Räumen, vermauert? Verschlossen, gesichert?

– Ja, er ist mit Steinen verschüttet. Aber die sind einfacher zu beseitigen als das Steinkreuz, also der Felsen, auf dem das Kreuz am Abhang der Ślęża eingeritzt ist. Und ich gebe Euch die Garantie – Euch wird nichts auf den Kopf fallen.

– Verstehe ich richtig, dass Du nach dem Einstieg in die Höhlen und nach dem Auffinden des entsprechenden Korridors Lucyna aufzeigst, welche Wand wir auseinander nehmen müssen, um in die Schatzkammer zu gelangen?

– Wenn ihr die Steine beseitigt, die den Durchgang verhindern, dann kommt ihr ohne Schwierigkeiten in die Kammer, Dort gibt es keine Sicherungen, nur eine Kammer, eine offene Kammer.

Die Angelegenheit schien einfach zu sein. Wenn man solche Informationen hat, dann bleibt nur, jemanden zu finden, der graben will. Ich war jedoch neugierig, wie der Kosmos ausgerechnet auf diesen Berg gekommen ist und ob das ganze eine Beziehung zu Ägypten hatte.

– Haben der Ślęża und ihre Umgebung irgendetwas mit Ägypten und den Pyramiden zu tun? – fragte ich.

– Der Ślęża ist ein Ort besonderer Kraft, wo die Energie an den Tagen der Sonnenwenden im Frühjahr und im Herbst von oben, also vom Mars oder vom Mond fließt. Der Ślęża besitzt zusätzlich noch die Kraft der Mondenergie, vor allem dann, wenn der erste Tag nach Vollmond beginnt. Der ganze Berg strahlt dann eine riesige Energie aus. Es reicht aus, an diesem ersten Tag nach Vollmond auf den Gipfel des Berges zu steigen, und man kann die Kraft der Energie dieses ungewöhnlichen Berges fühlen. Du fragst, was das Hochplateau in Gizeh mit dem Ślęża zu tun hat? Also auf dem Ślęża, noch zu Zeiten von Bolesław Chrobry, aber auch bedeutend früher, war ein Landeplatz. Die hiesigen Einwohner, die dieses Schauspiel sahen, glaubten, die Götter senden eine Strafe oder eine Belohnung.

Das war für mich eine überraschende Antwort. Der Ślęża ein ehemaligen Landeplatz für kosmische Flugobjekte? Ich begann zu verstehen, warum der Kosmos gerade diesen Berg ausgewählt hatte.

– Heißt das, dass der Ślęża künstlich von Außerirdischen geschaffen wurde? – fragte ich.

– Nein, Wanderer, der Berg ist ein Werk der Natur. Er wurde deshalb ausgewählt, weil er eine starke energetische Verbindung mit dem Mond hat. Außerdem war er reich an Mineralien, die vor langer Zeit hier ausgebeutet wurden.

– Gibt es unter den Schätzen etwas besonderes, etwas, was uns Aufmerksamkeit der ganzen Welt sichert? – fragte ich, immer an die Genehmigung für Ausgrabungen in Ägypten denkend.

– Ja, Wanderer, so etwas gibt es. Als die Menschen zu Zeiten von Bolesław Chrobry hier dem Sonnengott Opfer brachten, trafen sie auf die Überreste eines Raumschiffes. Genau vor 1000 Jahren, vor dem Zeitalter der Fische kam es zur Havarie eines solchen Schiffes. Die Sensation wird nicht das Gold sein, Wanderer, sondern die Tatsache, dass Ihr den Wissenschaftlern die Reste eines Raumschiffes zeigen könnt. Die Menschen in der damaligen Zeit verstanden das nicht. Sie glaubten, dass der Gott selbst in seinem Schiff auf die Erde gekommen war und dann wieder abflog und das Schiff zurückließ. Einige Teile, die nicht vollständig von Feuer zerstört wurden, befinden sich zwischen den Schätzen, und dieser Schatz ist der wichtigste.

Ich wollte nicht weiter fragen. Ich beschloss, etwas mehr zum Thema des Berges Ślęża und seiner Geschichte zu erfahren. Ich war neugierig, ob irgendetwas von dem, was mir der Kosmos erzählt hatte, in alten Dokumenten, Chroniken und Legenden enthalten war. Ich dankte Derjenigen, Deren Name Das Leben Ist, und erzählte ihr, worüber wir gesprochen hatten.

– Ja – sagte sie – wir haben ein wirklich nahe Aufgabe. Der Ślęża liegt 40 Kilometer von Wrocław entfernt.

KAPITEL 22

DIE ERSTEN BESTEIGUNGEN DES ŚLĘŻA

Es schien uns, dass die Erlangung einer Genehmigung für die Ausgrabungen auf dem Ślęża kindisch einfach sein sollte, umso mehr in Chicago bereits Forschungsgelder warteten. Sie wurden von **Demjenigen, Der Lieber Im Schatten Bleibt** angeboten. Als ich mich in Chicago auf einer weiteren Reise aufhielt, trat er an mich heran und fragte leise, ob er der alleinige Sponsor der Ausgrabungen auf dem Berg Ślęża sein dürfte. „Natürlich" – erwiderte ich. Auf diese Weise fand Ślęża seinen Sponsor und das gesamte „Projekt Cheops" wurde in drei Stufen unterteilt.

Die erste, dem Anschein nach einfachste Stufe war das „**Projekt Ślęża**" (so wurde es vom Kosmos genannt). Es war die Idee, in die Höhlen im Berg Ślęża zu gelangen und das auszugraben, wovon die Priesterin träumte. Um mit dem Graben anzufangen, war nur eine Genehmigung von den zuständigen Behörden notwendig.

Die zweite, kompliziertere Stufe war das „**Projekt Labyrinth**".

Dafür waren weitere Gelder und eine Genehmigung der ägyptischen Behörden notwendig, zunächst für die Untersuchungen mit einem Bodenradar und dann – bei einer Bestätigung durch das Bodenradar der von der Priesterin gemachten Angaben – für die Ausgrabungen. Die Entdeckung nur einer einzigen Kammer des Großen Labyrinths würde im Bereich der Archäologie eine Jahrtausendsensation bedeuten. Die Gelder dafür wurden von Derjenigen, Die Den Mut Hat Zu Sprechen, von Barbara aus Chicago, gesammelt.

Die dritte und wichtigste Stufe war das „**Projekt Cheops**". Sein Ziel war die Ausgrabung des Grabes von Cheops, Pharao **KHUFU**. Da den Träumen der Priesterin zufolge sich das Grab in der Nähe der Großen Pyramide befand, grenzte die Erlangung einer Genehmigung für die Ausgrabungsarbeiten an ein Wunder.

Ich dachte mir, dass **der Kosmos** mit seiner unbegrenzten Energie dazu da ist, um solche Kleinigkeiten wie Wunder zu verrichten. Es reicht doch, dass der Große Direktor der Pyramiden einen einzigen Gedanken dächte. Dass er „Ja", anstatt von „Nein" dächte. Es ist so einfach und manchmal doch so schwierig.

Der Plan war genau festgelegt und die erste Stufe der Forschungsarbeiten begann. Ich entschloss mich den Kosmos zu Rate zu ziehen, was wir bezüglich Ślęża nacheinander zu tun haben, um so schnell wie möglich ans Ziel zu gelangen. Ich bat Diejenige, Deren Name Das Leben Ist um einen weiteren Traum.

– Welche Vorgehensweise schlägst Du vor? Was sollen wir sagen? – fragte ich.

– Die Stufe hier ist einfacher als die Stufe „Pharao", weil nur die lokalen Wrocławer Behörden angesprochen werden müssen – antwortete der Kosmos. – Du musst die Wahrheit sagen, Wanderer. Jede Lüge, selbst mit den schönsten Kleidern verschmückt, am schönsten bemalt, kommt einmal heraus, sie platzt. Die Sache muss so dargestellt werden, wie sie tatsächlich ist.

– Das heißt wie? Soll ich sagen, dass wir die Informationen von Dir haben, durch die Träume der Priesterin, und wir daher wissen, was sich im Ślęża drin befindet?

– Die Forschungen können in der kleinen Kirche durchgeführt werden, deswegen muss die erste Genehmigung für die Vormessungen bei den Betreuern der Kirche, den Pfarrern eingeholt werden. Der Teil, der meine Person betrifft, sollte vorerst verschwiegen werden, sonst werden die Pfarrer verärgert und könnten Euch rauswerfen, wenn sie erfahren, dass die Informationen aus einer anderen Dimension stammen.

– Was sollen wir also sagen?

– Verwendet den Ausdruck „radiästhetische Untersuchungen". Das ist die beste Lösung und das ist die Wahrheit.

Ich begriff, dass der erste Schritt sein musste, Kontakt zu dem Pfarrer aufzunehmen, der die Kirche betreute, und eine Genehmigung für die radiästhetischen Untersuchungen zu erlangen.

– Erwarten uns irgendwelche Hindernisse vor dem Besteigen des Ślęża? – fragte ich.

– Ja, die wird es geben. Es ist mir lieber, wenn das Ganze vorerst geheim gehalten wird. Es wird Euch überraschen, aber ein Hindernis können die Deutschen sein und zwar deswegen, weil sie während des Krieges in den unterirdischen Gängen etwas versteckt haben, was für die polnische Regierung von Interesse sein könnte. Alle Eingänge wurden zugeschüttet, vermint. Sie haben nur einen einzigen Einlass hinterlassen und dieser Einlass befindet sich in der Kirche am Gipfel des Ślęża. Wenn die Deutschen erfahren, dass solch ein Forschungsprojekt oder Ausgrabungen vorbereitet werden, dann können sie Euch Hindernisse in den Weg stellen. Wanderer, ich bin nur eine geistige Welt. Ich tue alles, was ich vermag, um Euch zu helfen, aber wenn Ihr etwas macht, was außerhalb meiner Kontrolle liegt, dann kann ich die Folgen nicht verantworten. Es kann zu unnötigen Problemen kommen.

Diese Information überraschte mich nicht. Ich habe bereits Geschichten über Schätze gehört, welche die Deutschen kurz vor dem Kriegsende im Berg Ślęża versteckt hatten. Ich habe von einigen missglückten Versuchen gehört, an die Schätze zu gelangen. Unser Ziel war es jedoch nicht, nach dem deutschen Gold zu suchen, sondern die Worte der Priesterin glaubhaft zu machen, deswegen zerbrach ich mir darüber nicht allzu sehr den Kopf.

– Was rätst Du also? – fragte ich. – Soll ich das Ganze erst kurz vor der Bergbesteigung bekannt geben oder gar nicht?

– Mein Vorschlag ist, das Unternehmen erst „fünf vor zwölf" bekannt zu geben, damit diejenigen, die es verhindern wollten, es nicht mehr schafften. Vergiss nicht: Diejenigen, die dort diese Dinge aus der deutschen Zeit versteckt haben, wussten genau, was sie taten. Es ist ein unterirdisches Versteck in einer idealen Lage. Es würde doch keiner darauf kommen, dass die Gänge über die Kirche zu erreichen sind. Die Deutschen haben ihre Verbindungen und können das Unternehmen verhindern. Deswegen machen wir es kurz vor dem ersten Spatenstoß.

Der Plan fand meine Anerkennung umso mehr, als dass – wie ein russisches Sprichwort besagt – „Je leiser Du fährst, desto weiter kommst Du". In unserer Lage war es die beste Lösung.

Zusammen mit Derjenigen, Deren Name Das Leben Ist, fuhren wir an einem Septembernachmittag auf den Ślęża. Die kleine Kirche, die für uns von Interesse war, stand für die Gläubigen nur in den Sommermonaten offen. Sonntags fanden hier die Heiligen Messen statt, an den übrigen Tagen war sie geschlossen und wir wussten nicht, ob wir ohne die Erlaubnis des Pfarrers überhaupt hineinkämen.

Es stellte sich heraus, dass es einfacher war als gedacht. Den Schlüssel bekamen wir von der Betreuerin der Herberge, die sich am Gipfel des Ślęża befand, und so hatten wir die ganze Kirche ganz für uns allein. Lucyna machte sich gleich an die Arbeit und führte unter der Anleitung des Kosmos Messungen mit dem Pendel durch, das in ihren Hände die merkwürdigsten Pirouetten vollführte, manchmal so heftig, dass es ihr aus den Händen glitt und auf den Boden fiel.

– Warum dreht es sich so schnell? – wunderte ich mich. Ich habe in meinem Leben schon einige Radiästheten gesehen, aber bei keinem spielte das Instrument so verrückt. Das Pendel bewegte sich bei ihnen langsam und erhaben, gemäß der hoheitsvollen Würde der Person, die es in der Hand hielt.

– Das Pendeln ist mein Gespräch mit dem Kosmos. – antwortete Lucyna. – Ich bitte es in meinen Gedanken, dass es mir etwas zeigt und durch die pendelnde Bewegung gibt es mir Zeichen, beantwortet meine Fragen.

– Und warum kreiselt es so schnell? Ist der Kosmos böse auf Dich, wenn es Dir das Pendel aus der Hand reißt? – ich gab mich nicht geschlagen.

– Was weiß ich denn? – Lucyna lächelte warm. – Vielleicht will er sich auf diese Weise überzeugen, dass ich richtig seine Sprache verstehe.

Diejenige, Deren Name Das Leben Ist, fand einige Ausgrabungsstellen –am interessantesten waren jedoch zwei davon. Beide auf der rechten Seite der Kirche, mit dem Gesicht zum Altar stehend.

Eine unter der Kanzel, die andere näher am Eingang, etwa einen halben Meter von der Seitenwand entfernt.

– Hier müssen wir graben – sagte Lucyna und damit waren ihre Untersuchungen zu Ende.

Ich erinnerte mich, dass der Kosmos uns bat, ja, er sogar forderte, die gleichen Untersuchungen von drei unabhängigen Personen, von drei Radiästheten, die nicht wissen, wonach wir suchen, zu wiederholen.

– Jetzt müssen wir die drei Fachleute finden, damit sie es für uns nachprüfen. – sagte ich zu Lucyna.

– Natürlich, – erwiderte sie. – in Wrocław findest Du sie sicher.

Wirklich fand ich solche Spezialisten, und das nicht nur in Wrocław. Auf die nächste Reise kamen bereits drei neue Leute mit: Jozef, Mietek und Robert. Jozef und Mietek waren Radiästheten Großen Formats. Der eine bediente sich einer Wünschelrute, der andere eines Pendels. Robert war ein Journalist und suchte ehemals nach Schätzen. Er fand zwar keinen Schatz, aber er wusste, wie man es macht und hatte eine Ausrüstung dazu – eine Art Metalldetektor.

Jeder von ihnen führte seine Untersuchungen unabhängig voneinander durch. Beide Radiästheten legten Stellen in der Kirche fest, die radiästhetisch aktiv waren und relativ genau mit dem übereinstimmten, was Lucyna empfand. Am meisten aufgeregt war Robert, weil sein Gerät geheimnisvolle Geräusche von sich gab, die keiner von uns verstand. Robert behauptete, das Gerät gebe Piepser von sich, denn „es gibt da etwas“. Alle waren hocherfreut. In der Herberge tranken wir Glühwein, da es bereits kalt wurde. Wir hielten diesen Abschnitt der Untersuchungen für abgeschlossen.

Zwar ist die Radiästhese eine von vielen Archäologen anerkannte Forschungsmethode, doch es ist eine subjektive Methode und sie liefert keinen so genannten „harten Beweis". Sie ist keine Grundlage, eine Forschungsgenehmigung zu beantragen. Jetzt brauchten wir einen **Echten Wissenschaftlichen Beweis**, dass es unter dem Boden der Kirche wirklich „etwas gibt" und dass es sich lohnt, mit den Ausgrabungen anzufangen. Ein Echter Wissenschaftlicher Beweis ist eine Untersuchung mit einem Bodenradar, also einem Gerät, das mit Hilfe von elektromagnetischen Wellen ins Erdinnere „hineinsieht" und auf einem Bildschirm zeigt, was sich dort befindet. Ob sich dort massives Gestein oder Hohlräume befinden, ob es andere Störungen gibt, die auf Anomalien hinweisen, die als potentielle archäologische Funde interpretiert werden können.

Es gibt in Polen lediglich einige wenige Bodenradare. Eines von ihnen befand sich in Wrocław, am Lehrstuhl für Geologie der Wrocławer Universität. Ein weiterer Zufall? Vielleicht. Es wurde von Adam, einem Doktor der Geologie, bedient. Ich gab ihm den Namen **Derjenige, Der Die Sprache Der Erde Versteht**. Seine Weisheit beruhte auf einem riesigen Wissen im Bereich Bedienung und Auswertung des Bodenradars. Außerdem war er als ein Mensch mit einer Künstlerseele imstande, die Schönheit der ihn umgebenden Frauen anzuerkennen. Seinen Beruf betrieb er mit Leidenschaft.

Die Untersuchungen mit dem Bodenradar ließen sich nicht mehr geheim halten – notwendig waren die Genehmigungen. Das ging aber erstaunlich glatt. Sowohl der äußerst freundliche Pfarrer, der Betreuer der kleinen Kirche, erteilte eine Genehmigung, als auch das Wojewodschaftsamt für Denkmalsschutz hatte keine Probleme damit, die Untersuchungen zu genehmigen.

Ich freute mich, dass bei uns **Diejenige, Die Jeder Morgen Anlächelt**, mit dabei war. Sie kehrte zum Projekt Cheops mit Leidenschaft und Engagement zurück. Ihr Lächeln erhöhte bei der Gruppe den Grad an Motivation und die Energie.

Iwona wurde zu einer Kontaktstelle zwischen mir, Lucyna, Adam und den Leuten, mit denen ich aufgrund meiner Wanderungen durch die Welt nicht kommunizieren konnte. Für mich wurde sie wieder zum frühen Lächeln der Sonne, was bedeutete, dass der Weg, den wir bei ihrem ersten Lächeln wieder betraten, zu Unserer Gemeinsamen Lebensgeschichte wurde.

Die Messungen mit dem Radar im Innenraum der Kirche wurden im Februar 2004 durchgeführt. Sie wiesen Störungen und Anomalien auf, was Derjenige, Der Die Sprache Der Erde Versteht, als das mögliche Vorhandensein von Grabmälern unterirdischen Gängen und Kellern interpretierte.

Wir waren sehr stolz und glücklich darüber, dass die Offizielle Wissenschaft begann, sich den Träumen der Priesterin Ki zu nähern, dass zum ersten Mal das, was der Kosmos uns durch sie übermittelte, begann, eine nicht nur gedankliche, sondern auch körperliche, fassbare Gestalt anzunehmen.

Es war der erste Schritt, die Träume Derjenigen, Deren Name Das Leben Ist glaubhaft zu machen. Jetzt erwartete uns der zweite, der eigentliche Schritt – die Ausgrabungen.

KAPITEL 23

BONIFAZIUS, DER PATRON VOM ŚLĘŻA

Alles schien so einfach. Es reichte schließlich aus, in die Kirche hineinzugehen und mit den Ausgrabungen anzufangen. Es stellte sich jedoch heraus, dass der bloße Schein manchmal täuscht. Trotz der Einwilligung des Pfarrers, trotz des Sponsors aus Chicago, trotz der Radarangaben – die Kirche blieb weiterhin außerhalb unserer Reichweite, weil die Behörde, Die Ausgrabungen Bewilligt entschied, dass es für die Grabungen keine Zustimmung gab. Der Ślęża ist ein einmaliger Berg. Er ist von Sagen und Geheimnissen umwoben, die eine außergewöhnliche Atmosphäre, ja, sogar Furcht vor dem Unbekannten schaffen. Vor sehr langer Zeit befand sich hier eine urslawische Kultstätte des **VIERGESICHTIGEN GOTTES SWIATOWID**. Sie blieb immer unerforscht und Neugier erweckend. Eine Sage besagte, dass der Ślęża einen Bewacher hat, einen Geist, der darauf aufpasst, dass kein unbefugter Mensch ins Berginnere eindringt. Seit vielen Jahren wurden archäologischen Untersuchungen auf dem Ślęża geführt, sowohl an seinen Hängen, wie auch in der kleinen Kirche selbst. Der Grund für die Absage war die Tatsache, dass in der Kirche mehrmals Bohrungen durchgeführt wurden, die eindeutig erwiesen, dass die Kirche auf massivem Gestein ruht und dass sich nichts unter ihrem Boden befindet. Bei jeder Bohrung an einer beliebigen Stelle des Bodens stieß der Bohrer auf harten Felsen. Dort ist nur Gestein – entschieden die Forscher und gaben auf, sich für die Kirche zu interessieren.

Natürlich hatte es wenig Sinn, das Gestein unter der Kirche zu zertrümmern und untersagte die Ausgrabungen. Dass der Bodenradar „etwas" anzeigte, hielt man für einen Fehler in der Auswertung der Untersuchungsergebnisse.

Ich begann den Verdacht zu hegen, dass es vielleicht tatsächlich einen Geist gab, der uns an unserem Tun hinderte. Was die Geister betrifft, so ist der Kosmos der beste Erklärer des Unbekannten. Ich entschloss mich, die Angelegenheit direkt „oben" zu klären und einen Rat einzuholen, was weiter zu tun ist. Ich bat Lucyna um einen weiteren Traum.

– Was sollen wir jetzt tun? – fragte ich mit einer traurigen Stimme. – Sie wollen uns die Ausgrabungen nicht genehmigen.

– Aber Verstand hast Du? – fragte der Kosmos.

Ich war überrascht und wusste nicht recht, was ich erwidern sollte.

– So kommt es mir manchmal vor. – stotterte ich heraus.

– Warum benutzt Du ihn dann nicht manchmal?

– Wie, ich benutze ihn nicht? – erwiderte ich ohne zu wissen, worauf der Kosmos hinaus will.

– Lass mich Dir helfen. – sagte er wie zu einem Kind. – Ich werde Dir einige Fragen stellen und Du solltest Dich bemühen, sie zu beantworten.

– Einverstanden. Du kannst fragen, bitte.

– Besitzt die Kirche auf dem Ślęża so etwas wie einen Boden?

– Den hat sie – die Frage kam mir merkwürdig vor. Wie kann denn eine Kirche keinen Boden haben.

– Und wie sieht der aus?

Mein Kopf war leer. Als ein typischer Vertreter des männlichen Geschlechts, konnte ich mich nicht recht entsinnen, wie der Boden in der Kirche aussieht. Männer achten im Allgemeinen nicht auf solche Details. Sie sind für viel wichtigere Dinge geschaffen. Zum Glück war Diejenige, Die Jeder Morgen Anlächelt, bei dem Gespräch dabei und wie jede Frau merkt auch sie sich jede Einzelheit in jedem Raum und plant gleich im Kopf, wie sie diesen Raum verändern würde, wenn er ihr gehörte.

– Der Bodenbelag befindet sich im schrecklichen Zustand. – erwiderte sie sofort. – Die Steinplatten sind vergraut und hässlich, viele von ihnen sind gebrochen, sie liegen uneben, passen nicht zueinander.

– Bravo, Iwona – freute sich der Kosmos. – und jetzt die nächste Frage an den Wanderer. Habt ihr gute Beziehungen zu dem Pfarrer, der die Kirche betreut?

– Sehr gute sogar – beteuerte ich.

– Glaubst Du, dass der Pfarrer sich freuen würde, wenn wir ihm eine Erneuerung, gar einen Austausch anbieten würden?

Ich begriff, worum es ging. Der Kosmos, die geistige Welt, lehrte mich, den Wanderer, auf menschliche Art und Weise zu denken. „Wenn Du durch den Haupteingang nicht reinkommst, dann gehe durch die Hintertür.“

– Siehst Du, Wanderer, – sprach der Kosmos – manchmal

musst Du einen Umweg nehmen, wenn es keinen kürzeren Weg gibt. Diese Sehr Wichtige Behörde wird bestimmt nichts dagegen haben, dass in der kleinen Kirche den Bodenbelag erneuert wird. Wenn sie doch Einwände hätte, würde es mich wundern. Die Geistlichen haben bei Euch viel zu sagen und doch sind sie Euch in diesem Fall sehr zugetan. Wenn ihr den alten Bodenbelag abreißt, was steht im Wege, tiefer nachzusehen? Ich, der Kosmos, garantiere Euch, dass die kleine Kirche nicht auf massivem Gestein steht, dass es dort hindurch einen Eingang in die unterirdischen Gänge gibt.

Ich war überrascht und beschämt von der Logik des Kosmos. Das alles war doch so offensichtlich. Warum bin darauf bloß nicht gekommen?

– Ich habe noch eine Frage. – sagte ich. – Angeblich wird der Ślęża von einem Geist bewacht, der alle an jeglichen Untersuchungen hindert. Könntest Du den Geist sprechen, damit er uns hilft?

– Wanderer, – in Lucynas Stimme verspürte ich das Lachen des Kosmos – natürlich hat der Ślęża einen Beschützer. Sein Name lautet **Bonifazius**. Es ist ein sehr weiser Geist, der ausschließlich Menschen mit bösen Herzen wegjagt, die gierig nach Gold und Ruhm suchen. Euch wird er helfen, denn Ślęża ist Teil des Pharaoprogramms. Es ist die Stufe, die vor uns den Weg nach Ägypten öffnen soll. Es ist mein Projekt, ich betreue es selbstständig und ich werde Bonifazius bitten, der auserwählten Gruppe zu helfen. Mehr noch, ich werde es so organisieren, dass Ihr den Geist direkt sprechen könnt. Wenn die Zeit gekommen ist, werde ich ihn in einen der Träume der Priesterin einladen.

Ich freute mich und bat Diejenige, Deren Name Das Leben Ist, ein „Treffen“ mit Bonifazius zu arrangieren. Von diesem Moment an begannen die Dinge sich zu einem Weg zu formen, der nur so mit Genehmigungen ausgelegt war. Unser unschätzbarer Pfarrer bekam bei der Sehr Wichtigen Behörde eine Genehmigung für die Erneuerung des Bodenbelags. Aus Chicago kam die Gruppe mit Derjenigen, Die Den Mut Hat Zu Sprechen, Barbara. Auch Derjenige, Der Lieber Im Schatten Bleibt, der Hauptsponsor des Projektes, war dabei. Es kam Diejenige, Deren Name Der Ruhm Ist. Die amerikanische Gruppe ging sofort zum Frontalangriff auf das Archäologische Institut der Wrocławer Universität über, welches bisher ungebeugt in seinen Überzeugungen blieb, dass „die Kirche auf massivem Gestein steht, also wozu denn graben". Dem Reiz der beiden Frauen, Basia und Slawa, konnte keiner widerstehen, das Geld Desjenigen, Der Lieber Im Schatten Bleibt, stand zur Verfügung, die Herzen der Archäologen waren nicht aus Stein – und so konnte das Ergebnis nur eins sein. Es durfte gegraben werden, das heißt „der Boden ausgetauscht werden".

Diejenige, Deren Name Das Leben Ist, kam eines Tages mit einer interessanten Nachricht.

– Der Kosmos meinte, Bonifazius ist für ein Gespräch mit Euch bereit.

Wir versammelten uns alle zusammen mit der amerikanischen Gruppe in Iwonas Wohnung und es begann ein interessantes und merkwürdiges Gespräch, das durch Lucynas Traum vermittelt wurde. Zuerst begrüßte uns der Kosmos.

– Bevor ich die Stimme dem Berggeist, Bonifazius, übergebe, möchte ich Euch alle willkommen heißen. Ich versprach, Euch zu unterstützen und den Geist des Ślęża mitzubringen. Der Berggeist, Bonifazius, denn das ist sein Name, ist eine reelle Gestalt, nicht nur dazu ausgedacht, um zu ängstigen.

Dieses geistige Wesen ist jetzt bei Euch und ich übergebe ihm die Stimme.

Für einen Moment trat Stille ein und ich überlegte, wonach ich den Berggeist fragen sollte.

– Seid gegrüßt, ich bin der Berggeist von Ślęża, dem magischen und **Heiligen Berg**. – sprach Bonifazius mit Lucynas Stimme. Ihre Stimme war ganz normal, genauso wie bei anderen Träumen.

Ich hörte mir diesen Traum mit etwas Angst an, denn ein Gespräch mit Geistern war für mich etwas Mysteriöses und Unbekanntes. Der Kosmos war da schon etwas anderes. Es war eine Form der **Höheren Intelligenz**, der Ewigen Weisheit. Dank Derjenigen, Deren Name Das Leben Ist, unterhielt er sich mit uns wie mit Freunden. Er hatte Sinn für Humor, konnte scherzen, streicheln und zurechtweisen. Ich fühlte mich ungezwungen während dieser Träume, besonders wenn die Priesterin Ki auf einer Zeitreise war. Diesmal war es ein anderer Traum. Ein Traum von einem Geist, und ich hatte mich bereits in der Kindheit vor Geistern gefürchtet. Ich hörte so viele merkwürdige Geschichten über sie...

– Ich lebte am Fuße des Berges vor etwa 500 Jahren – träumte weiter Lucyna – und war ein Hirte, den man für einen Dorftrottel hielt. Dieser Trottel beherrschte die Heilkunst, denn zu meiner Zeit war der Berg – gemäß der heutigen Sprache – eine Apotheke. Ich fertigte unterschiedliche Tinkturen an. Heilte die Menschen von unterschiedlichen Krankheiten. Ich kannte den Berg wie kein anderer, ich kannte seine Energie und seine Geschichte. Ich kannte auch die Ankömmlinge, die Wesen, die hierher kamen. Die Ortsbewohner hielten sie für Götter.

– Warum taten sie das? – fragte Barbara.

– Es waren keine Götter, Barbara. Das waren Außerirdische. Sie kamen her, um Erz zu fördern. Zum letzten Mal kamen sie kurz vor meinem Tod. Die Ortsbewohner sahen sie auch und sagten, die Götter hätten eine Strafe herbeigeführt. Eine Strafe dafür, dass sie die Burg zerstörten, die sich dort noch befand. Sie zerstörten die Burg, weil sie etwas Wesentliches nicht verstanden... Der Berg spricht andauernd.

– Was heißt das, er spricht? – diesmal traute sich Slawa, eine Frage zu stellen.

– Das waren Erscheinungen und Manifestierungen geistiger Wesen. Jetzt gibt es diese Erscheinungen nicht mehr, aber noch zu meiner Zeit waren diese Wesen sichtbar und die Bewohner der Dörfer aus der Umgebung waren entsetzt. Aus diesem Grunde taten die örtlichen Pfarrer kund, dass die Burg eine „Teufelssiedlung“ sei und der Sitz des Satans müsse zerstört werden. Das war zwar völlig falsch, aber es wurde trotzdem vollbracht. Da ich Heiler war, wurde ich verschont, da ich ohnehin als Dorftrottel abgestempelt worden war. Nach dem einsamen Tod und nachdem ich meinen Körper verlassen hatte, versprach ich Gott, dass ich Bergwächter bleibe, bis das Geheimnis des Berges entdeckt wird. All diese Jahre bin ich ständig an den Berg, seine Burgruinen und seine Höhlen gebunden. Dass ich ein Trottel war – setzte Bonifazius fort – machte nicht viel aus. Ich wurde trotzdem geschätzt, obwohl die Leute Angst vor mir hatten. Die Pfarrer sagten, meine Leiche soll in die „Teufelshöhlen“ geworfen werden und jetzt steht die Kirche über den „Teufelshöhlen“.

– Sprich weiter – bat Iwona – es ist eine spannende Geschichte. Musstest Du sehr lange warten?

– Ja, sehr lange... Ich suchte mir die richtigen Menschen aus, indem ich ihnen selbst als Mensch erschien. Wenn ich auf dem Weg einen Menschen traf, dann bat ich ihn immer ums Brot. Es kam selten vor, dass ein Bettler Brot bekam. Es waren Proben, bis die Zeit... das Zeitalter des Wassermanns kam, als der Kosmos die Vermittlerin vorbereitete, die jetzt Lucyna heißt. Vor einigen

Jahren wurde sie zu einer Maimesse eingeladen und ich war auch dabei. Ich setzte mich neben sie – arm, verlumpt, dreckig. Als sie Essen bekam, bat ich sie ums Brot. Ich wusste, dass sie selbst sehr hungrig war. Ohne ein Wort gab sie mir das Brot und die Wurst. Sie sagte „Iss!". Als sie ging, um mir ein Getränk zu kaufen, ging ich fort. Wie überrascht war sie, als sie sich einen Augenblick später umdrehte und die Bank leer vorfand. Sie suchte nach mir, fand mich aber nicht. Dieses Brot verband uns und ich übermittelte Gott die Nachricht: „Das ist die richtige Person".

Ich war neugierig zu wissen, ob Lucyna sich an diesen Vorfall erinnerte. Ich verstand auch nicht ganz richtig, auf welche Art und Weise ein Geist eine körperliche Gestalt annehmen kann. Wahrscheinlich ist mir die geistige Welt zu wenig bekannt. Eigentlich bin ich in meinem Leben noch nie einem Geist begegnet, glaube ich zumindest...

– Ich sage Euch noch, – sprach Bonifazius – dass Lucyna beobachtet wurde. Wir hatten bereits Einfluss auf ihren Verstand. Die kleine Kirche zog sie ungewöhnlich an und ich wusste, dass meine Wahl richtig war. Hört, ich bin der Bergwächter und bewache nicht nur den Schatz, sondern auch die Knochen. Der Berg ist von Energie umgeben und Gott sagte, dass nur eine auserwählte Person den Schutz und die Verbindung durchbrechen könnte. Die Ortsbewohner sagen bis heute, dass die Ruinen und die Kirche selbst verwünscht sind und dass jeder, der es wagt, die Ruhe der in diesen Grüften begrabenen Knochen zu stören, verflucht wird. Und so war es tatsächlich. Sowohl die Energie als auch der Fluch schreckten die möglichen Räuber wirksam ab. Die Zeit ist gekommen und als mich und Lucyna eine Freundschaft verband, sagte ich zu ihren Gedanken: „Du wirst zu den Ruinen geführt". Sie hatte keine Ahnung von der Abschirmung und vom Fluch.

Sie war sich dessen völlig unbewusst. Jetzt gibt es die Gruppe und sie ist stark. Alle wichtigen Personen sind auserwählt. Der Fluch wurde zurückgenommen und ich kann jetzt mit Euch zusammenarbeiten. Ich, der Berggeist, Bonifazius.

– Wie kannst Du uns helfen? – fragte ich.

– Wanderer, von Anfang an, als Lucyna, Du und Iwona die Schwelle der Kirche übertratet, beobachte ich alles. Wäre die Gruppe nicht sorgfältig ausgesucht, dann bliebe der Eingang in die unterirdischen Gänge weiterhin versperrt. Dass nicht die ganze Gruppe ausnahmslos in das Geplante engagiert ist, ist nicht weiter von Bedeutung. Wichtig ist, dass Einige wirklich engagiert sind und diese Menschen werden das Geheimnis aufdecken, werden anderen die Geschichte darstellen. Diejenigen, die an die Macht der geistigen Wesen nicht glauben, werden sich unterwerfen müssen. Schon jetzt kann ich eins zusichern. Alle Versuche, Euch zu überlisten, werden scheitern, denn die Ausgrabungen sind meiner Obhut anvertraut. Das ist mein Auftrag. Wenn alles zu Ende ist, werden meine Knochen in der Erde beigesetzt und ich gehe endlich dorthin, wo meine Bestimmung ist. Meine Lieben, hier geht es nicht um meine Knochen, die immer noch in den Höhlen der Burg Ślęża verstreut liegen. Wichtiger ist das, was die Augen der Forscher zu sehen bekommen. Der Weg zum Pharao wird offen liegen. Das ist das Hauptziel und ich bin stolz, an einem so überragenden Ereignis teilnehmen zu dürfen.

Stille trat ein und es wurden von uns keine weiteren Fragen gestellt. Lucyna unterbrach den Traum und wir schwiegen weiterhin gerührt und in den Raum starrend. Irgendwo – über unseren Köpfen und unter uns – war Bonifazius, der Geist und Patron des Ślęża – von nun an auch unser Beschützer.

Kein Wunder dass die Dinge so gut stehen, dachte ich mir, wenn Bonifazius uns hilft.

In der zweiten Augusthälfte des Jahres 2004 gingen die Archäologen mit Lucyna in die Kirche und die Arbeiten begannen.

– Ich gebe Ihnen eine Chance von einem Prozent, dass sich unter dem Kirchenboden irgendetwas anderes als massives Gestein befindet. – sagte der Hauptarchäologe der Universität, der Forschungsleiter, Olek.

Wie schnell musste er seine Meinung ändern...

KAPITEL 24

DIE GEHEIMNISSE DES HEILIGEN BERGES

Olek – der Archäologe, **Derjenige, Der Ein Überzeugter Skeptiker War** – blickte Lucyna bereits nach den ersten Ausgrabungstagen völlig anders an – mit einem hohen Grad an Achtung und Bewunderung. Es stellte sich heraus, dass es unter dem Kirchenboden neben der Kanzel, dort, wo Lucyna es zeigte, kein Gestein gibt. Beim tieferem Graben entdeckten die erstaunten Archäologen Kreuzgänge und einen Schlosshof und sie konnten es nicht fassen, wie es möglich war, dass sie bei allen vorangehenden Bohrungen nur auf Gestein stießen, und das gleich in 60 cm Tiefe.

– Wir haben doch an verschiedenen Stellen gebohrt und jedes Mal trafen wir auf Stein – erklärte Olek.

Wie sollte ich es ihm erklären, dass Bonifazius derjenige war, der sie durcheinander brachte, mit ihnen scherzte und sie in die Irre führte? Dass er ihre Gedanken und die aus den Untersuchungen abgeleiteten Schlussfolgerungen beeinflusste. Lässt sich so etwas überhaupt logisch erklären? Ich wollte lieber den Forschern die Geschichte und die Sagen um den Geist des Ślęża, der seinen Heiligen Berg bewacht und nur das erlaubt, was er erlauben möchte, erst einmal vorenthalten.

Nachdem die Archäologen sich an die Sensation gewöhnt hatten, nachdem sie tiefer unter den Fußboden gesehen und festgestellt hatten, das Lucynas Träume und nicht sie selbst Recht gehabt hatten, regnete es Fragen: „Woher wusste sie das alles?“. Und wieder – wie sollte man einem Doktor der Wissenschaften erklären, dass der Kosmos durch sie spricht, dass unsere Aufgabe und unser Ziel nicht nur der Ślęża ist, sondern etwas viel Wichtigeres, etwas Größeres. Der Ślęża ist nur ein Vorspiel, die erste Stufe, die aus den Träumen der Priesterin eine fassbare Wirklichkeit schaffen soll.

Ich war mir dessen bewusst, dass es früher oder später nötig sein wird, Olek zu erklären, dass er nicht durch Zufall auf den Ślęża und zu uns kam. Vorerst verwandelte sich Olek, der Archäologe, von Demjenigen, Der Ein Überzeugter Skeptiker War, in **Denjenigen, Der Aus Der Bewunderung Nicht Herauskam**. Er war sichtlich gerührt. Der Ślęża war sein Leben, seine archäologische Leidenschaft. Jetzt hatte er sowohl die Forschungsmittel, als auch die Unterstützung einer Welt, von deren Existenz er bis vor kurzem vielleicht etwas wusste, aber nicht ahnte, dass sie so reell in seine archäologische Wirklichkeit eingreifen könnte.

Ich fragte Diejenige, Deren Name Das Leben Ist, ob sie einen nächsten Traum von Ślęża träumen könnte. Ich wollte wissen, wie Lucyna, Basia, Slawa und Derjenige, Der Lieber Im Schatten Bleibt, unseren Archäologen Olek leiten sollen, damit er sicher arbeiten kann und damit er das findet, was uns den Weg nach Ägypten öffnet.

Sie war damit sofort einverstanden und nach einer Weile war sie bereit, ihren Tagtraum zu träumen.

– Die Archäologen begannen an der von Dir gezeigten Stelle neben der Kanzel zu graben. Worauf werden sie unterwegs noch stoßen? Was erwartet sie? – fragte ich den Kosmos.

– Wanderer – träumte Lucyna – unter der Burg gibt es zwei Ebenen, den Keller und die Höhlen. Wie tief der erste Eingang ist? Ich bin mir nicht sicher, aber ich glaube, innerhalb von 5 Metern sollten wir es schaffen. Dann erreichen wir die erste Ebene der Gänge. Die Kirche als solche besitzt keine unterirdischen Gänge, denn sie steht auf dem ehemaligen Schlosshof. Nur die Burg besaß die unterirdischen Gänge.

– Was geschieht weiter, nachdem die Archäologen in die Höhlen gelangen?

– Nach Betreten der Höhlengänge – erklärte der Kosmos – geht in die Richtung der Zwei Bären. Es ist der sicherste Gang der Höhlenanlage, aber auch der Einzige Sichere.

– Das heißt, es gibt noch weitere Richtungen?

– In die andere Richtung sind Höhlen, die zum Abstieg oder zu der Straße, auf welcher die Autos den Berg hochfahren, führt. In Richtung des Dorfes Tąpadło. Es gibt noch eine dritte Richtung, zum Dorf Sulistrowiczki, aber dort ist ein Teil der Höhlengänge verschüttet. Das haben die Deutschen gemacht, Wanderer, denn wie kann man etwas am einfachsten verstecken? Den Weg abschneiden.

– Ist der Weg vermint? – fragte ich, da ich im Gedächtnis Geschichten über die deutschen Schätze hatte.

– Der einzig sichere Weg führt zu den zwei Bären. Dort ist ein Teil der Gänge zugeschüttet, jedoch nach Beseitigung der Steine bleibt der weitere Raum frei und man kann sich frei bewegen.

– Kannst Du uns das Geheimnis verraten, was die Deutschen im Ślęża versteckt haben?

– Bestimmt keine menschlichen Knochen, Wanderer. Aus Wrocław wurden wertvolle Dinge evakuiert, die zuvor geraubt und dann dort versteckt wurden. Wie Du weißt, erweckt der Ślęża Furcht, Achtung und Angst. Die Deutschen wussten das genau, als sie die wertvolle Beute dort versteckten. Zusätzlich haben sie alle Wege am Fuße des Berges abgeschnitten und erhielten nur den einen, von Lucyna gezeigten Noteingang. Die Deutschen wussten genau, was sie taten. Was glaubst Du, warum ich Dir verbot, das Ganze bekannt zu geben, bevor der erste Spaten in den Boden gestoßen wird? Wäre alles schon vorher bekannt gewesen, dann hätte selbst ich Euch nicht helfen können. Es wären Leute gekommen, die die Durchführung des Auftrags wirksam verhindert hätten.

– Sag mir bitte genauer, wie die Höhlen angelegt sind. – fragte ich weiter nach.

– Wenn die Ausgrabungen tief genug gehen, erreicht ihr einen großen Raum, von dem aus Gänge in drei Richtungen ausgehen, die ich bereits erwähnte.

– Wie hoch sind die Höhlen unter der Kirche? Kann ein Erwachsener dort gerade stehen?

– Oh ja... Zu Zeiten von Boleslaw dem Tapferen befand sich in den Höhlen ein Kerker. Es ist schwer vorstellbar, dass dort nicht nur die Häftlinge, sondern auch die Wächter auf allen vieren hätten laufen müssen. Natürlich ist es nicht die Höhe der Kammer in der Cheops–Pyramide, aber ein Mensch kann dort ruhig gerade stehen.

– Hütet der Berg Ślęża noch andere Geheimnisse?

– Der Ślęża hütet viele Geheimnisse, die ans Licht gelangen und eines nach dem anderen weitergegeben werden, wenn die Wissenschaft sich dafür öffnet.

– Lässt sich mehr dazu sagen?

– Auf der ersten Kellerebene findet ihr ein Grab. Es enthüllt ein Geheimnis. Das zweite Geheimnis wird enthüllt, nachdem von Außen durchgegraben wird – wenn es dazu kommt. Das dritte Geheimnis ist in der Mitte des Weges zum Ślęża versteckt. Die Stelle wird von der Skulptur angezeigt, die ihr als „Jungfrau mit dem Fisch" und „Bär" bezeichnet. Das Geheimnis der Skulptur „Jungfrau mit dem Fisch" wird ebenfalls enthüllt, denn in Wirklichkeit ist es keine „Jungfrau mit dem Fisch". Hier stellen wir ein Dreieck auf, das den Weg zur Höhle weist. Mit dem Fortschritt der Arbeiten werden auch nach und nach die Geheimnisse des Heiligen Berges enthüllt.

– Wessen Knochen befinden sich in dem Grab?

– Das kann ich jetzt noch nicht verraten. Dafür sage ich Euch, dass vor sehr langer Zeit über einen Zeitraum von 4000 Jahren bis in die Zeiten der Piasten–Dynastie der Ślęża eine Goldgrube war und dass es im Berginneren immer noch Stollen gibt, Überreste der damaligen Gruben. Mehr kann ich nicht verraten...

Für einen einzigen Traum waren es sehr viele Informationen. Ich entsann mich der Erzählung des Pfarrers, der die Kirche auf dem Ślęża betreute, darüber, dass die Kirche an der Tagundnachtgleiche mehrmals von einer Gruppe von Satanisten überfallen wurde. Sie beschädigten die Holzkanzel und versuchten das riesige

Holzkreuz anzuzünden. Merkwürdigerweise wollte es nicht brennen, und das trotz mehrerer Versuche. Es war eine Art Wunder und der Ton seiner Stimme suggerierte, dass hier höhere Kräfte am Werk waren...

Ich war neugierig zu hören, was der Kosmos dazu zu sagen hat.

– Wer waren diese Leute, die die Kirche auf dem Ślęża in ihrer Zerstörungswut verwüsteten? Der Pfarrer behauptete, es seien die Satanisten gewesen. – fragte ich.

– Eine falsche Interpretation des geistigen Wesens Satan. Diese Leute nennen sich Satanisten. Aber glaube mir, Wanderer, das geistige Wesen Satan will mit dieser Gruppe oder mit anderen auf der ganzen Welt zerstreuten Gruppen nichts zu tun haben und kann ruhig sagen: „Ich kenne diese Menschen nicht." Sie handeln gegen alle Grundsätze, gegen alle Normen des Universums. Diese und ähnliche Gruppen werden in erster Linie von der Erde entfernt. Für sie gibt es keine Möglichkeit und keine Chance irgendwelcher Besserung mehr.

– Angeblich versuchten sie mehrmals, das Kreuz in der Kirche anzuzünden, und es soll kein einziges Mal Flammen gefangen haben. Wessen Hilfe war das? Hat sich hier der Höchste Gott selbst eingeschaltet?

– Gott hat seine Gesandten, Wanderer. Bonifazius, den heiligen, wunderbaren Geist Bonifazius. Natürlich konnte er diese Menschen nicht daran hindern, die kleine Kirche zu verwüsten. Außerdem geht es hier nicht nur um die Kirche, sondern auch um den Kult, den Kult des **Swiatowid**. Man darf nicht, ich wiederhole, man darf nicht zerstören. Es war Bonifazius, der, als das Maß von ihnen überschritten wurde, sie endgültig verschreckte. Er gab somit ein Zeichen, dass es unzulässig ist, seine Hand gegen ein Heiligtum zu erheben. Die „Satanisten“ flohen panikartig aus der Kirche, ohne ihre Messe zu beenden.

Ich überlegte, wie sehr doch bei einigen Menschen der Bedarf nach Ungewöhnlichkeit entstellt sein muss, um eine fanatische Gruppe zu bilden, deren Ziel die Zerstörung des Allgemeingutes, der
Symbole, der Tradition ist.

– Kannst Du mir mehr über den viergesichtigen **GOTT SWIATOWID** erzählen? Was war es für ein Gott? – fragte ich zum Schluss.

– Ein göttlicher Geist, Wanderer. Die Götter nehmen Namen gemäß dem Bedarf der gegebenen Jahre, des gegebenen Zeitalters an. Hinter dem Namen **SWIATOWID** versteckt sich der **SONNENGOTT** selbst. Sein wirklicher Name, bekannt seit den frühesten Zeiten, lautet **EN–KI**.

Zum zweiten Mal nannte der Kosmos den Namen Desjenigen, Der Die Menschliche Rasse Schuf. Götter sind ewig, das wusste ich. In unterschiedlichen Kulturen können sie unterschiedliche Namen annehmen. Nur auf welche Art und Weise kam er in dieses Gebiet? Und er musste schließlich hierher kommen, um **SWIATOWID** genannt werden zu können. Wann war das und was machte er hier? Was hatten die Urslawen mit dem Volk der Sumerer zu tun?

Viele Fragen schossen mir in den Kopf, also versprach ich mir, einmal den Kosmos nach der Erdgeschichte zu befragen. Jetzt, als die Forschungsarbeiten auf dem Ślęża liefen, als es bereits klar war, dass Lucynas Träume, die Gespräche mit dem Kosmos kein Hirngespinst einer kranken Frau sind, sondern wirkliches, überprüfbares Wissen, richteten sich unsere Augen zurück nach Ägypten, zu Demjenigen, Der Über Alles Entscheidet, zu dem Großen Dr. Zahi Hawass.

Foto: *Robert Lapanowski*

ŚWIATOWID befindet sich im Archäologischen Museum in Krakau.

KAPITEL 25

DER WÄCHTER

Als ich bei meinen Wanderungen von dem Berg Ślęża, dem Grab, dem Großen Labyrinth erzählte, von unseren Plänen, Pharao Cheops auszugraben, die Pyramide zu öffnen und den Kanal in Betrieb zu setzen, der die Erde mit der Außerirdischen Dimension verbinden würde,– hörte ich immer wieder die gleichen Bemerkungen: „Du scheiterst an Dr. Zahi Hawass.", „Er ist ein Patriot" – meinten andere. „Er möchte, dass der ganze Glanz Ägypten und dem ägyptischen Volk zuteil wird". Aber in einer Hinsicht waren sich alle bezüglich des Doktors der Wissenschaften, des Wächters der Pyramiden, Dr. Zahi Hawass, einig: Er glaubt an keine außerirdische Zivilisationen

Ich kam zu der Überzeugung, dass jeder Mensch über mehrere Identitäten verfügt. Vielleicht ist Dr. Zahi Hawass doch gar nicht so schlecht. Er erfüllt seine ihm vom Kosmos aufgetragene Aufgabe hervorragend in dieser Zeit, in der das Interesse an Ägypten immer größer wird, in der alle Archäologen immer aggressiver versuchen herauszufinden, was sich in der Großen Pyramide wirklich befindet. Ich wusste, Dr. Zahi Hawass identifiziert sich mit jemand, der an nichts anderes glaubt als an die offizielle Version, nach der die Pyramide von Menschen aus dem Steinzeitalter erbaut wurde, die noch kein Rad erfunden hatten. Ich wusste auch, dass es sich bei ihm um einen hochintelligenten Menschen handelt, der denken kann. Wie also ist sein echtes Antlitz, seine richtige Identität? Vielleicht ist seine gegenwärtige Verhaltensweise notwendig, damit sich die, den Menschen zur Ausgrabung des Pharaos gegebene Zeit erfüllt. Vielleicht hätten andernfalls reiche Amerikaner auf der Suche nach Gold und Ruhm längst alles um die Pyramiden herum durchpflügt.

Ich wusste auch, dass dem Kosmos sehr viel daran lag, den Pharao im Zeitalter des Wassermanns auszugraben. Wenn das so wichtig war, dann war auch wichtig zu erfahren, wer Dr. Zahi Hawass wirklich ist und was er denkt. Er trat schon in mehreren Träumen der Priesterin auf, aber keiner der Träume bezog sich ausschließlich auf ihn. Er wurde einfach als ein sehr wichtiges Bindeglied der Kausalkette von Ursache und Wirkung genannt, an deren Ende die Ausgrabung des Labyrinth und später des Pharaos steht. Er ist ein Wächter und ohne seine Erlaubnis stößt keiner seinen Spaten in den ägyptischen Sand. Ich entschloss mich, Lucyna um einen „Traum von Dr. Zahi Hawass“ zu bitten. Ich war der Auffassung, dass der Kosmos mir sagen wird, was Derjenige, Der Über Alles Entscheidet, denkt, fühlt, welche Rolle er im ganzen Auftrag spielt.

Diesmal bat der Kosmos selbst um ein Treffen. Ich fuhr nach Wrocław und als Diejenige, Deren Name Das Leben Ist, einschlief, begrüßte ich der Kosmos.

– Der Ślęża gibt Euch Argumente in die Hand, – begann der Kosmos – Beweise, um die Du gebeten hast. Das nächste Ziel ist das Labyrinth, Ägypten. Die Zeit wird knapp, Wanderer...

– Du hast Recht – antwortete ich – der Ślęża erlaubt es uns, mit den Archäologen zu sprechen, liefert Tatsachen, aber die

Untersuchungen stehen erst am Anfang. Die Ausgrabungen in der kleinen Kirche schreiten langsam voran, die Archäologen graben langsam aus, Schicht um Schicht. Zurzeit ist die Ausgrabungsstelle erst 4 Meter tief und vor dem Winter werden die Archäologen nicht tiefer gehen. Wir haben den Keller noch nicht erreicht, wir haben noch keine Schätze gefunden. Wenn wir nach Ägypten gehen sollen, dann brauchen wir eine entsprechende Genehmigung, aber wir haben immer noch keinen Kontakt zu dem Wächter der Pyramiden. Du stellst Menschen auf unseren Weg und bestimmst die Geschwindigkeit unserer Handlungen. Wenn die Zeit knapp wird, wie sollen wir diese Handlungen beschleunigen?

– Euer „Zug" fährt noch langsam, noch steigen in seine Waggons neue „Schwalben" ein... Was geschehen muss, wird geschehen. Die Menschen sollten beginnen, bestimmte Relationen zu begreifen, damit immer mehr von ihnen die Augen aufgehen.

Ich merkte, dass der Kosmos sein philosophisches Lieblingslied anstimmt, mit dem Er uns manchmal reichlich beglückte. Diesmal wollte ich jedoch konkrete Informationen über den Wächter der Pyramiden erhalten. Wenn wir uns beeilen sollten, dann musste ich erfahren, wie ich mit ihm sprechen soll.

– Erzähl mir etwas mehr über Dr. Zahi Hawass. – bat ich.

– Warum lässt Du mich wiederholen, Wanderer? – der Kosmos war augenscheinlich nicht besonders entzückt von meiner Frage.

Es kam mir in den Sinn, dass dieses Thema für ihn zu schwierig sein könnte. Ich fragte jedoch weiter nach.

– Ich weiß noch, dass Du schon von ihm gesprochen hast, aber ich möchte mehr über diesen Menschen erfahren. Wenn wir nach Ägypten gehen sollen, dann erzähl mir etwas von seinem Herzen, seinem Charakter.

– Er ist ein Mensch, der mit beiden Füssen fest auf der Erde steht – träumte Lucyna. – Wichtig sind für ihn konkrete Dinge und Gold. Aber ich gebe ihm bereits Zeichen, versuche, in sein Bewusstsein zu gelangen. Diese Zeichen sind all die Katastrophen, die gegenwärtig passieren und zu denen es in der Zukunft kommen wird. Es wird keinen einzigen ruhigen Tag geben. Jeden Tag werden Menschen ums Leben kommen.

– Wie ist sein Herz wirklich, was ist seine Rolle?

– Sie ist sehr wichtig, Wanderer. Gäbe es ihn nicht, die ganze Welt würde sich zum Ausgraben von Schätzen nach Ägypten stürzen. Nicht zufällig wurde Dr. Zahi Hawass dieser Posten übertragen. Er wurde zur Erde gesandt, um Wächter zu werden. Der menschliche Neid und die Gewinnsucht sind mächtig. Gäbe es diesen Menschen nicht, so glaube mir, die Leute würden versuchen, ordinär mit Sprengstoffen an die Cheops–Pyramide heranzukommen. Er ist Wächter und mein Gesandter. Er wird nicht geliebt, weil seine Verhaltensweise von den Normen abweicht, aber er muss sich so verhalten. Dank seiner Skrupellosigkeit bekommt nicht jeder zufällige Mensch eine Ausgrabungsgenehmigung. Er hält an seinen Überzeugungen fest, obwohl er im Herzen fühlt, dass einige Elemente dieses logischen Puzzles, das er sich schuf, nicht zueinander passen. Zurzeit ist er immer noch ein stolzer Ägypter, der die Überlieferungen seiner Vorfahren bewacht, ein Wissenschaftler, der die Wirklichkeit nur mit den Sinnen erforscht, die ihm bekannt sind. Es wird der Tag kommen, an dem seine Intuition zu erwachen beginnt und er sich andere Fragen stellen wird. Er ist ein kluger Mensch, der von mir und von Euch auf der Erde gebraucht wird.

– Wenn er so gebraucht wird, warum wird er dermaßen unverstanden?

– Weil die Menschen keinen tieferen Sinn in der Erdgeschichte erkennen. Das Wissen um Atlantis wird schließlich als Märchen abgestempelt. Die so genannten „seriösen Wissenschaftler" nehmen von vornherein an, dass es Quatsch ist. Ich, der Kosmos, mit meiner ganzen geistigen Botschaft werde ebenfalls von der Wissenschaft ignoriert. Das, was ich über die Träume der Priesterin übermittle, richte ich nicht nur an sie. Tausende Menschen in der ganzen Welt haben ähnliche Träume. Aber wenn nur eine dieser Personen versucht, diese Träume zu erzählen, wird sie sofort verschmäht und bestenfalls gänzlich ignoriert.

– Was meinst Du mit „Erdgeschichte"?

– Die Erdgeschichte, Wanderer, ist das Ergebnis eines Zwischenspiels Deiner irdischen, körperlichen Welt mit der Welt der außerirdischen Zivilisationen und meiner geistigen Welt. **Ich bin Energie. Gott Jahwe, der Eigentümer der Erde, ist ebenfalls Energie, die Allerhöchste Energie.** Unsere Welt entschied über eure Geschichte und über eure menschliche Existenz. Diese Geschichte begann nicht so, wie es eure Wissenschaftler behaupten, vor einigen Tausend Jahren. Diese Geschichte begann vor vielen Millionen Jahren auf anderen Planeten. Wir erschufen Euch Menschen mit Hilfe anderer Zivilisationen. Wir siedelten die menschlichen Wesen von anderen Planeten um, zum Beispiel von dem Planeten, der zwischen Jupiter und Mars existierte. Erst jetzt beginnt der Mensch durch seinen Hochmut zu glauben, der einzige Bewohner des Universums zu sein. Alle Zeichen, die die heutigen Menschen auf der Erde je erhielten und weiterhin erhalten, werden ignoriert und sorgfältig vor anderen versteckt. Einst, zu Zeiten des Inselreichs Atlantis, zu Zeiten der Pyramidenerbauung, gehörten solche Begegnungen zum Alltag.

– Von welchen Zeichen sprichst Du?

– Zum Beispiel von den Kornkreisen auf Getreidefeldern. Bei Dir in Polen, in der Ortschaft Wylatowo gibt es doch viele solche

Getreidezeichen. In England, in Italien, in anderen Ländern gibt es doch auch reichlich davon – und? Sie werden missachtet. Alle Weltraumschiffe, die ihr Ufos nennt, und die ihr ab und an zu sehen bekommt, sind solche Zeichen der Existenz Außerirdischer Zivilisationen. Sieh Dir die Architektur euer Vorfahren in Peru, Mexiko, Bolivien, Ägypten und so vielen anderen Orten auf der ganzen Welt an. Solche Bauten hätten die damaligen Zivilisationen mit eigenen Händen und mit der Technik, über die sie damals verfügten, nicht erbauen können. Solle ich weiter sprechen?

– Ich verstehe das ganz genau, mich brauchst Du nicht zu überzeugen. Ich möchte lediglich Dr. Zahi Hawass überzeugen – und er glaubt weder an Dich, noch an die Zeichen, von denen Du sprichst.

– Er ist nicht der einzige, der nicht glaubt. Sein Verstand müsste sich für eine andere Erdgeschichte öffnen, als die, die ihm an den Schulen unterrichtet wurde. Er müsste begreifen, dass auf der Erde nichts ohne einen Grund geschieht und dass es kein Zufall ist, dass ausgerechnet er diesen Posten erhalten hatte. Er müsste begreifen, WARUM er so einzigartig und wichtig ist. Dank ihm warten doch das Labyrinth und das Grab auf den richtigen Tag und die richtigen Leute. Sie warten auf die, die ich auserwählt habe und ich immer noch auswähle.

Ich schwieg einen Moment lang. Ich konnte mir nicht vorstellen, wie ich diese Erkenntnis Dr. Zahi Hawass und anderen Leuten übermitteln sollte, deren einzige Sorge es ist, gutes Geld zu verdienen und sich mit dem verdienten Geld gut zu amüsieren.

– Wie soll ich bloß diesen Vorhang der Gleichgültigkeit durchstoßen? – fragte ich.

– Es gibt immer etwas, was das Herz eines jeden Menschen höher schlagen lässt, einmal ist es die Furcht, ein anderes Mal das

Gold, für andere wiederum die Liebe, oder der Stolz. Wenn Du den passenden Schlüssel findest, dann öffnest Du jede Seele und durch diesen Spalt hindurch hilfst Du ihr, etwas zu sehen, was sie vorher zu erkennen nicht imstande war. Immer mit der Ruhe. Auch die Seele und das Herz von Dr. Zahi Hawass werden sich öffnen. Wenn es dazu kommt, werden er und Ägypten den ihnen gebührenden Platz in der Menschheitsgeschichte und in der neuen Erdgeschichte einnehmen.

Ich verneigte meinen Kopf vor diesen Worten. Ich wusste nun, dass – wenn der richtige Zeitpunkt gekommen ist – die Türen nach Ägypten, zu den Forschungsarbeiten am Labyrinth und zur Ausgrabung des Pharaos vor uns geöffnet werden. Wann das passiert, darüber entscheidet der Kosmos.

KAPITEL 26

DAS LABYRINTH –
DER TRAUM VON DER ZUKUNFT

Träume über die Zukunft werden Präkognitionen genannt. Mit ihrer Hilfe kann man für einen Augenblick ein Zeittor öffnen. Solch ein Traum kann ein Weg der Kommunikation zwischen der Welt der menschlichen Wesen und der Welt der geistigen Wesen sein. Dies sind so weit entfernte Welten, die gleichzeitig so stark mit einander verbunden sind. Aus den Träumen der Priesterin ging hervor, dass die geistigen Wesen, die nicht über Materie verfügen, uns Menschen benötigen, um Veränderungen auf physischem Niveau herbeizuführen. Wir wiederum benötigen ihre Führung, um unseren Weg zur Vervollkommnung zu realisieren. Die Mission des Lebens, mit welcher jeder von uns geboren wird.

Ich bat darum, dass Diejenige, Deren Name Das Leben Ist einen Traum träumte, wie die Zukunft der Erde in dem Falle aussehen würde, wenn das Labyrinth gefunden, der Pharao ausgegraben und die Große Pyramide geöffnet wird. Ich bat den Kosmos darum, mir die Möglichkeit zu geben, das zu betrachten, was sein wird.

– Träume einen neuen, anderen Traum – sagte ich, als sie eingeschlafen war. – Einen Traum von der Auffindung des Labyrinths. Reise durch die Zeit in die Zukunft, nach Ägypten, und sage mir, wovon Du träumst. Welche Zukunft siehst Du?

– Ich kann – antwortete Ki – nur eine der möglichen Zukünfte erträumen. Ob diese Zukunft Wirklichkeit wird, weiß ich nicht, denn das hängt von den Menschen ab. In diesem Traum wird mich der Kosmos führen. Er wird zu Dir mit meiner Stimme sprechen.

– Was muss getan werden, damit die Menschen die beste aller möglichen Zukünfte erschaffen, damit wir das finden, was wir suchen? – wendete ich mich an den Kosmos.

– Das Durchdringen der menschlichen Ignoranz und Dummheit – antwortete er traurig – ist wie das Einschlagen mit einem Hammer auf eine dicke Betonwand. Manchmal platzt diese Wand, aber eben nur manchmal.

– Das vor uns liegende Ziel ist Ägypten und die Ausgrabung von mindestens einer Kammer des Labyrinths. Erlaubt uns der Wächter der Pyramiden solche Untersuchungen?

– Wanderer, ich bemühe mich, den Wächter der Pyramiden zu beeinflussen, auf seine Gedanken einzuwirken. Denke aber daran, dass er ein Wissenschaftler ist und wie jeder Mensch einen freien Willen besitzt. Er entscheidet selbst, ob er mich erhören will oder weiter seine Überzeugungen bewachen wird.

– Ich glaube an die Klugheit seines freien Willens und an Deine Hilfe – sagte ich. – Zeig mir, was geschieht, wenn Dr. Zahi Hawass eine für uns gute Entscheidung trifft, wenn wir anfangen zu graben und das Labyrinth finden. Diese Zukunft will ich sehen, damit ich sie in meiner Phantasie und der Phantasie derer, die mit uns sind, erschaffen kann. Auf diese Weise helfe ich Deiner und meiner Welt am Besten.

– Gut – antwortete der Kosmos. – Ich erlaube der Priesterin, einen solchen Traum zu träumen.

– Träume und erzähle, wovon Du träumst – wendete ich mich erneut an Ki.

Wir waren allein im Zimmer. Es war nur das laute Ticken der Uhr und der ruhige Atem Derjenigen, Deren Name Das Leben Ist, zu hören. Die Priesterin wartete auf die Stimme, die zu ihr sprechen sollte, sie wartete auf die Bilder, die in ihrer Phantasie einen speziellen Traum erstellen. Sie wartete auf ein Signal des Kosmos, dass sie beginnen kann zu mir, dem Wanderer, zu sprechen und meine Bitte zu erfüllen.

– Ich sehe ein Bild – begann Ki zu träumen. – Wir sind in Ägypten mit unserer ganzen Gruppe. Es sind sehr viele. Es gibt Personen, die ich kenne, aber auch solche, die ich noch nie gesehen habe und von denen ich nicht weiß, wer sie sind. Ich weiß, ich fühle, dass sie uns helfen, dass sie schon eine zeitlang bei uns sind, dass sie ein Teil unserer Mission geworden sind, aber ich kann mich nicht an ihre Namen erinnern. Wir sind jetzt in irgendeinem Raum. Insgesamt sehe ich fünf Personen. Du bist da, Wanderer, irgendein Ägypter, ich bin da und Iwona ist da. Vor uns sitzt der **Wächter der Pyramiden**, Derjenige, Der Über Alles Entscheidet. Er sieht uns ruhig an und schaut irgendwelche Unterlagen durch. Er sieht zu Iwona hinüber und ich habe das Gefühl, dass alles in Ordnung ist. Der Wächter lächelt. Iwona beschenkt ihn mit ihrem Lächeln des Morgens und das ist etwas, was er jetzt braucht. Ein einfaches, menschliches Lächeln... Ich sehe seine Gedanken noch nicht.

– Träume weiter, – bat ich die Priesterin – es ist ein wichtiger Traum. Du weist uns den Weg, träumst darüber, was kommen wird.

– Jetzt höre ich, was der Wächter sagt. – träumte Ki weiter– Er erzählt uns über sein Leben, seine Träume, seine Erfolge, die er als Archäologe erzielte.

– Kannst Du die Zeit sehen? – fragte ich. – Siehst Du wann das, was Du träumst, passiert? Welches Jahr ist das? Welcher Monat?

– Die Zeit sehe ich nicht... ich sehe sie nicht... – antwortete sie.

– In Ordnung, träum weiter – bat ich. – Worüber spricht Dr. Zahi Hawass jetzt? Sagt er etwas über das Labyrinth?

– Er sagt, dass er einen Traum hatte... Einen äußerst merkwürdigen Traum...

In meinen Gedanken bedankte ich mich beim Kosmos. Ich wusste zwar noch nicht, worüber Dr. Zahi Hawass träumte, aber die Priesterin berichtete von Dr. Zahi Hawass' Träumen, von Träumen eines Menschen, der den Träumen schließlich keinen Glauben schenkt. Der Archäologe sah bisher nur die eine Wirklichkeit. Die fassbare, reelle Wirklichkeit, die keinen Visionen von Hellsehern, Träumern und all den Anderen, die die Frechheit besitzen zu sagen, dass die Pyramiden von jemand anders als den Menschen erbaut wurden, unterliegt.

– Was träumte der Wächter der Pyramiden? – fragte ich. – Bitte ihn, von dem Traum zu erzählen.

– Ich brauche ihn nicht zu fragen – erwiderte sie. – er erzählt es mir selbst. Er träumte von einer verheerenden Katastrophe, von der Vernichtung der Erde. Er sah Fluten, vor Angst verzerrte Gesichter, und dann sah er Leere und Stille.

Es passiert doch jetzt schon, dachte ich mir. Der schreckliche Tsunami in Asien war ein Zeichen, eine Warnung für die Menschheit.

– Warum hat er das gesehen, warum träumte es ihm? – hakte ich weiter nach.

– Er sagt, er hat geträumt, um zu begreifen, dass die Zeit für Veränderungen reif ist. Er sagte, – erzählte Ki weiter – dass der Traum ein Signal war, dass die Zeit gekommen ist, all das, was er bisher bewachte, aus einer anderen Perspektive zu betrachten. Er sagt, dass... – hier unterbrach sie sich plötzlich und verstummte.

– Was träumte der Wächter noch? – ich drängte sie.

– Er sagt... er sagt... – die Priesterin zögerte.

Es wurde still. Ich war unschlüssig, ob ich nach der Fortsetzung des Traums fragen, oder lieber abwarten sollte, bis der Kosmos das Geheimnis des Wächters, der einst Träumen keinen Glauben schenkte, selbst vor uns enthüllt.

– Er sagt... – Ki sprach langsam und mit Nachdruck – wir dürfen mit den Forschungsarbeiten beginnen... und wenn die Untersuchungen bestätigen, was wir behaupten... dann darf auch mit den Ausgrabungen begonnen werden... er sagt, er wird zusehen... er wird mit uns zusammen sein... er wird uns helfen. Er sagt, dass die Welt eine Umwandlung nötig hat... und dass er das jetzt begreift... Er sagt... er bittet... niemandem davon weiterzuerzählen... von seinem Traum...

Ich horchte der Stimme der Priesterin und war sehr gerührt. So einen Traum hatte sie noch nie zuvor gehabt. Auf einmal wurde der Direktor der Pyramiden sehr menschlich – ein Mensch, der ebenfalls Angst verspürt. In meinen Gedanken wurde er zu **Demjenigen, Der Helfen Möchte**.

– Jetzt möchte ich den Kosmos sprechen. – bat ich.

– Ich höre. – erwiderte der Kosmos mit der Stimme der Priesterin.

– Wie soll ich diesen Traum... den Traum von Dr. Zahi Hawass deuten?

– Der Traum ist eine Reise in die Zukunft – antwortete er. – das weißt Du doch. Wenn das die Bestimmung ist, so wird es auch geschehen.

– Du erschaffst doch die Bestimmung.

– Aber Ihr Menschen verwirklicht sie und erst dann wird die Bestimmung zur Wirklichkeit.

Bisher glaubte niemand, mit dem ich sprach, dass der Wächter der Pyramiden, unnachgiebig und hart bei Gesprächen, plötzlich seine Meinung ändern könnte. „Geht denn sein Auftrag als Wächter etwa zu Ende und der Kosmos bereitet ihn auf eine völlig neue Mission vor?“ – fragte ich mich. Ich hatte Angst, dass der Traum der Priesterin nur ein bloßer Traum sein könnte.

– Träume weiter. – bat ich. – Frage den Kosmos, ob er uns die weiteren Etappen dieser Zukunft zeigen möchte.

– Kann ich machen. – antwortete der Kosmos. – Der erste Schritt werden Lucynas Untersuchungen sein. Mit ihrer Hilfe zeige ich die genaue Stelle, an der es am Einfachsten ist, ins Labyrinth zu gelangen. Ich zeige Euch einen der Eingänge. Lucyna muss mit dem Pendel an die Stelle gehen, die ich ihr zeige. Meine und ihre Energie werden vereint. Ich schalte die Abschirmung aus und sie wird das Signal empfangen.

– Was für eine Abschirmung? – fragte ich verwundert.

– Wanderer, ich sagte es bereits mehrmals – erklärte der Kosmos geduldig. – das Labyrinth und die Pyramide werden durch eine Energie geschützt, die aus dem Gürtel des Orion fließt. Niemand, aber wirklich niemand findet etwas ohne meine Erlaubnis. Das Labyrinth ist doch riesig, die Wissenschaft weiß von seiner

Existenz und doch fand es niemand bis zum heutigen Tag. Ich kann jedes Eurer Geräte stören, ich kann Fehlanzeigen bei den Messungen verursachen.

Der Kosmos hatte Recht, weder das Grab, noch das Labyrinth wurden bisher entdeckt. Herodot beschrieb das Labyrinth, seine riesigen Schätze, das dort versteckte Gold, er beschrieb auch seine Lage. Trotzdem bleibt das Labyrinth immer noch ein Großes Geheimnis.

– Was passiert, nachdem Lucyna mit Deiner Hilfe diese Stelle gezeigt hat?

– Ihre Untersuchungen muss das schlaue Gerät, das ihr den Bodenradar nennt, bestätigen. Meiner Ansicht nach sind Lucynas Messungen ausreichend und präzise, aber Ihr Menschen braucht immer „Wissenschaftliche Beweise". Die Wissenschaft betrachtet das Pendel nicht als einen Beweis, deswegen kommt nach Lucyna eine Gruppe von Forschern mit einem Bodenradar nach Ägypten, um Untersuchungen an der von Lucyna gezeigten Stelle durchzuführen. Das Bodenradar wird ihre Messungen bestätigen, so wie es auf dem Ślęża der Fall war.

Ich dachte mir im Stillen, das der Traum von Lucyna nur eine Ausführung von dem ist, was der Kosmos schon längst geplant hatte. Es ist die Erschaffung eines Werkes, das im Raum schon längst gestaltet ist. Wir beseitigen nur überflüssige Elemente an der Form, die im Universum existiert. Diese Skulptur ist die Vorsehung.

– Wie gelangt man in die Goldenen Kammern? – fragte ich weiter.

Ich war der Meinung, dass die Aussicht auf einen großen Goldfund für die Archäologen und für Dr. Zahi Hawass einen besonderen Reiz darstellen würde.

– Wenn Du an der von Lucyna genannten Stelle entsprechend tief gräbst, dann stößt Du auf den Eingang zum Labyrinth. Dort findest Du die erste Ebene des oberirdischen Labyrinths. Diese Ebene ist zugeschüttet. Du wirst weiter graben müssen und auf diese Weise erreichst Du die zweite, tiefere Ebene, wo Du Dich auf dem Weg zur Pyramide frei bewegen kannst. Auf dieser Strecke wird es einige solche Kammern geben, die ihr den Goldenen Kreis nennt.

– Du sprichst von zwei Labyrinthebenen. Verstehe ich das richtig?

– Ja, es gibt dort zwei Ebenen, – erklärte der Kosmos. – Vielleicht nicht auf der ganzen Länge, aber in dem von mir genannten Abschnitt gibt es zwei. Eine von beiden ist oberirdisch. Als die Große Pyramide erbaut wurde, war dieser Abschnitt etwa einen halben Meter über der Wüste sichtbar. Der Rest war eingegraben. Die Zeit tat das ihre. Über Tausende von Jahren wurde der oberirdische Teil vom Sand verschüttet worden. Am wichtigsten ist der unterirdische Teil des Labyrinths. Die oberirdischen Abschnitte waren nur dazu da, um Schatzsucher in die Irre zu führen.

– Und was ist mit den Pyramiden am Moeris–See?

– Eine von ihnen ist jetzt ein Haufen verwitterter Steine und scheinbar befindet sich dort nichts Interessantes. Niemand weiß, dass sich dort ein Eingang befand. Zu ihren Glanzzeiten, als die Pyramide noch ein Ganzes war, hatte sie die Funktion eines besonderen Eingangs in das Labyrinth. Diesen Eingang benutzten ausschließlich die Priester. Nur sie hatten den Plan des Labyrinths und nur sie konnten sich in ihm frei bewegen. Ein zufälliger Wagehals traute sich nicht hinein, denn das verhieß den sicheren Tod.

– Kann man an dieser Pyramide ebenfalls graben? – fragte ich.

– Ja, das geht. Wenn Du darauf bestündest und eine Genehmigung erhieltest, dann könntest Du Dich durchgraben und schon wärst Du im ersten Gang des Labyrinths. Aber meiner Ansicht nach ist eine derartige Mühe überflüssig.

Ich dachte mir, dass der Kosmos bereits sehr viel gesagt hatte, die Sitzung beendet werden sollte, damit Lucyna sich ausruhen kann.

– Was passiert weiter? – fragte ich noch. – Du hast mir doch versprochen, die Zukunft unserer Erde nach der Wiederentdeckung des Labyrinths zu zeigen.

– Die Erde wird sich in dem Moment nicht verändern, – erwiderte er. – Verändern werden sich die Menschen. Die Erde wird sich erst nach der Entdeckung des Grabes verändern.

Ich wollte mich jedoch nicht geschlagen geben. Nicht das meinte ich.

– Ich weiß, was Du meinst. – sagte der Kosmos. – Ich kann in Deinen Gedanken lesen, aber sei geduldig. In ihren nächsten Träumen wird die Priesterin mehr erkennen.

Lucyna öffnete die Augen und atmete tief auf.

– Was habe ich geträumt? – fragte sie.

– Du hast von der Vorsehung geträumt. Von einer der wahrscheinlichen Zukünfte.

– Wie sehr wahrscheinlich?

– Das hängt schon von uns ab, von Dir, von mir, von den Menschen, die uns glauben werden oder auch nicht...

KAPITEL 27

DIE MISSION ZUR RETTUNG DER ERDE

Viel, sehr viel Mühe brachten wir für unsere Aktivitäten am Ślęża, bezüglich des Labyrinths und der Vorbereitung des Weges nach Ägypten auf. Die Frage, die immer wieder bei den Gesprächen mit der Priesterin und Derjenigen, Deren Name Das Leben Ist, in meinen Gedanken auftauchte, lautete: „Was heißt es wirklich, die Große Pyramide zu öffnen?“. Schon seit längerer Zeit erwähnte der Kosmos in den Träumen der Priesterin, dass das Öffnen der Pyramide die Erde retten wird, die Menschen retten wird, die Welt verändert. Es sprach davon, dass die Weißen Brüder, Wesen vom Planeten Ashun, der Zweiten Erde, kommen und den Menschen helfen werden, besser zu leben. Das Bewusstsein der Menschen wird sich ändern. Der Prozess der Säuberung der Erde wird milder verlaufen. Vorerst verstand niemand von uns genau, was es bedeutet, wie diese „Milde“ zu verstehen ist. Die Vision von Patrick aus Belgien war sehr pessimistisch. Zwar erwähnte der Kosmos mehrmals, dass „es so schlimm gar nicht kommen muss“, aber er sagte nicht, was stattdessen passieren sollte. Auf welche Weise soll das Öffnen der Pyramide die Erde vor der Umpolung bewahren?

Was ist die wirkliche Bedeutung unserer Mission? Welche Folgen wird die Bergung der Mumie aus dem Grab und ihre Verlegen in die Pyramide haben? Warum ist es so wichtig, dass der ganze Kosmos, die Höchsten Energien, dabei behilflich sind?

Ich bat die Priesterin um einen besonderen Traum. Einen Traum, der unsere Fragen beantwortet, uns eine bessere Einsicht in das verschafft, wonach wir streben und was wir vermeiden sollten. Ich war der Meinung, dass wir einen starken Glauben haben, aber wir brauchten mehr Wissen.

– Ich wandere schon sehr lange durch die Welt – mit diesen Worten wandte ich mich über die Priesterin Ki an den Kosmos. – erzähle den Menschen von Dir, von der Priesterin, vom Ślęża, von der Pyramide und von Cheops. Viele hören mir zu, aber immer noch kann ich manche wichtige Fragen nicht beantworten. Ich bitte Dich um Hilfe. Ich selbst möchte einiges besser begreifen.

– Frage, – erwiderte der Kosmos, – ich höre Dir zu.

– Wir sprechen so viel von den Veränderungen auf der Erde, die nach 2012 eintreten sollen. Patrick behauptet, dass sie durch die zyklischen Schwankungen auf der Sonne hervorgerufen werden, andere sprechen von einem mysteriösen **Planeten X.** Sag mal bitte, von wo geht die größte Gefahr aus?

– Die Gefahr droht sowohl von der Sonne, als auch von jenem Planeten X. Deswegen braucht man eine Abschirmung um die Erde, Wanderer. Ich wiederhole, eine Abschirmung. Wenn es sie nicht geben wird, werden sich die schwärzesten Prognosen von Patrick und all den anderen bewahrheiten.

– Von welcher Abschirmung sprichst Du und was ist ei der Planet X?

– Ich beginne bei dem Planeten. Der Planet X, der Zehnte Planet, der Zwölfte oder Nibiru (es ist der gleiche Planet) ist riesig, um ein Mehrfaches größer als die Erde. Wenn der aus Meteoren bestehende Schweif des Planeten die Erde umfasst, dann wird er alles verwüsten. Der Planet selbst wird mit der Erde nicht zusammenstoßen. Das würde eine unvorstellbare Katastrophe hervorrufen und das kann ich nicht zulassen. Die Erde wird von dem Schweif umfasst. Um die Sprache der Wesen von der Zweiten Erde zu verwenden – er wird mit seinem Schweif den Nord– oder Südpol sauber fegen. Dann tritt das ein, wovon Patrick erzählte – das Eis wird schmelzen und großen Landflächen der Erde werden fast sofort überschwemmt.

– Eine Vision wie aus der Noahs Sintflut... Wie können wir uns davor schützen?

– Der Allerhöchste Gott gelobte: „Ich werde die Menschen nie wieder durch eine Flut bestrafen"... Unter der Bedingung, dass die Menschen Gott selbst helfen werden. Wenn sie nicht helfen, dann kommt die Vernichtung. Wenn eine energetische Abschirmung um die Erde herum entsteht, etwas in der Art einer Schutzglocke, dann wird der an der Erde vorbeifliegende Planet keinen Schaden anrichten und die Sonne wird auch keinen Schaden verursachen. Das alles liegt in Euren Händen. Wenn meine Worte die Menschen erreichen, wenn sie begreifen, was verkündet wird, dann können die Erde und die Menschen gerettet werden. Allen Menschen möchte ich sagen: Menschliche Wesen, vergesst nicht, die Energie der Liebe ist die größte Energie auf Erden. Setzt sie frei...setzt diese Energie doch frei. Dann wird alles Böse, das jetzt auf der Erde geschieht, sich zum Guten abwenden.

– Du sprichst wieder von der **Energie der Liebe**. Wenn alle Menschen auf der Erde begännen, diese Energie Richtung Universum, Richtung **Gott** auszustrahlen, wäre dann die Erde errettet?

– Ja, Wanderer, das wäre sie dann. Es ist eine so mächtige Energie, dass sie die Erde beschützen könnte. Dann wäre eine Säuberung auch nicht mehr notwendig.

– Ist das denn auch möglich?

– Sieh Dir die Welt mal an, Wanderer, sieh Dir mal an, was unter den Menschen geschieht und beantworte Dir die Frage selbst.

– Warum sprichst Du dann ständig von ihr, warum erinnerst Du an sie?

– Weil sie so notwendig ist, wie eine Waage des Guten und des Bösen. Zwischen denen, die abtreten müssen, und denen, die bleiben. Je mehr Menschen sie im Herzen wieder finden, umso mehr werden errettet.

Im Herzen gab ich dem Kosmos Recht. Viele andere Gedanken kamen mir in den Sinn. Ich begann zu verstehen, worin „die Hilfe der Mutter Natur" bezüglich der Säuberung der Erde besteht. Eine Flut, die durch einen vorbeifliegenden, unbekannten Planeten verursacht wird. Das meinte der Kosmos.

– Du meinst, – ich setzte fort – dass die einzige Hoffnung, die Menschheit im Angesicht der laufenden Veränderungen zu retten, darin besteht, den Pharao auszugraben und die Pyramide, das Zeittor, zu öffnen? Auf welche Weise sollen wir errettet werden? Was wird passieren?

– Höre, Wanderer, höre aufmerksam zu und teile es allen mit, die zuhören wollen. Dass die Priesterin Ki Informationen übermittelt, ist eine Tatsache. Für die Dauer des Zeitalters des Wassermanns hat sie sich diesen Körper ausgesucht. Ich kann Dir auch etwas sagen, was vor Lucyna verborgen bleibt. Die Priesterin Ki übernahm den Körper von Lucyna nach ihrem klinischen Tod. Die Priesterin Ki, die zu den Zeiten der Erbauung der Pyramide lebte, hat den Auftrag, den Menschen zu übermitteln, was geschehen könnte. Ob die Menschen von dieser Hilfe Gebrauch machen, ob sie die von der Zweiten Erde und von uns ausgestreckte Hand ergreifen, das bleibt den menschlichen Wesen selbst überlassen. Wir tun alles Mögliche, um Euch zu retten. Die Pyramide, Wanderer, ist das letzte Bindeglied, das angeschlossen werden muss. Es gibt... es gibt keinen anderen Weg.

– Was wird nach der Ausgrabung des Pharaos geschehen? Werden dann die Menschen unversehrt davon kommen und wird der Lauf der Geschehnisse einen anderen Weg einschlagen?

– Die Pyramide ist ein Tor, die Pyramide ist eine außergewöhnliche Energie. Die Pyramide, die am zentralen Punkt der Erdachse steht, war nicht das Ergebnis einer Laune des Pharaos. Menschliche Wesen, ich überbringe Euch eine Botschaft: Die Erde bleibt und Ihr, dank Eurer Hartnäckigkeit, werdet dazu führen, dass alle die Erde verlassen werden. Was soll ich noch sagen, wie soll ich es noch sagen? Den Kontakt zu den Menschen kann ich nur telepatisch aufnehmen, ich kann flehen, brüllen und verkünden: „Leute, es ist der einzige Weg. Betätigt den Schutz". Die **magnetische Energieabschirmung**, die auf dem ganzen Planeten Erde verstreut ist. Das Öffnen der Pyramide, des Haupttores, bewirkt, dass die Energien sich an allen Orten der Kraft vereinen. Sie werden Schutz schaffen. Es muss nicht zu der Katastrophe kommen, zu der enormen Tragödie im Jahre 2012.

In der Stimme der Priesterin verspürte man eine Intensität der Gefühle, die in ihren Träumen sonst kaum zu bemerken war. Es war ein Ruf an **alle Erdbewohner**, an **alle Staatsregierungen**, an

Geschäftsleute, an echte und heimliche Eliten, die über unseren Planeten herrschen. Es war der Ruf nach Vernunft und Besinnung. Ich schwieg... Auch Ki schwieg. Es war mir nicht klar, ob der Kosmos auf die nächste Frage wartete oder weiter sprechen wollte. Schließlich wagte ich eine Frage:

– Wie wird sich der Planet, der die Erde gefährdet, nach der Öffnung der Cheops Pyramide verhalten?

– Wenn sich das Zeittor öffnet, wird Energie freigesetzt, die Energo-Magnetic genannt wird. Es ist eine Art Energie, die nicht nur in der Cheops–Pyramide gespeichert ist. Sie fließt auch von der Pyramide aus zum Planeten Ashun, das heißt, sie ist mit der Zweiten Erde verbunden. Es wird eine gigantische Energiekette entstehen, die mit der Erdachse und dem Gürtel des Orion verbunden ist. Die Zentrale Erdachse befindet sich eben dort, wo die Große Pyramide steht. Wenn das Zeittor geöffnet wird, werden alle magnetischen Energiepunkte auf der Erde aktiviert. Es kommt zu einem Abschuss der Energie in die Höhe, in den Weltraum, und es wird so etwas wie eine Abschirmung entstehen. Die Erde wird sich in einer Schutzglocke befinden und wenn der Planet X an ihr vorbeifliegt, wird er keinen Schaden verursachen.

– Was meinst Du, wenn Du von „allen magnetischen Energiepunkte“ sprichst? Was ist das?

– Ich meine damit alle auf der Erde verstreuten Pyramiden und Orte der Kraft.

– Das heißt, die Verschiebung der Erdachse und die Umpolung müssen gar nicht stattfinden? Bedeutet das, dass es kein permanenter Zyklus des Universums ist, der auf unserem Planeten stattfindet, obwohl es bereits einige solche Katastrophen in der Erdgeschichte gegeben hat?

– Nein, sie müssen nicht stattfinden. Tatsächlich hat es solche

Zyklen gegeben, aber Wanderer, erinnere Dich an Atlantis, als die Götter, die die Erde verwalteten, sagten: „Solche Katastrophen wird es nicht mehr geben. Die Erde soll ein Juwel bleiben“. Das wurde in der Sitzung des Götterrats so besprochen. Es wurde beschlossen, dass die Erde Schutzeinrichtungen bekommen wird. Es ist bekannt, dass das Universum, die Sterne und die Planeten sich ständig bewegen und schwer zum Stehen zu bringen sind, aber es gibt andere Schutzmaßnahmen. Über die Zweite Erde wurde ein energetischer Schutz geschaffen. Beide Planeten wurden verbunden, um bei Bedarf diese Kraft einzuschalten und die Erde samt ihrer Bewohner zu schützen. Diese Schutzmaßnahme wird in dem Moment wirksam, wenn die Mumie des Pharaos in den Sarkophag in der Großen Pyramide verlegt wird. Dies ist Euer wirklicher Auftrag – die Menschen und die Erde zu schützen.

Die Priesterin hörte auf, zu sprechen. Es wurde mir bewusst, dass der Ślęża, das Labyrinth und die damit verbundenen archäologischen Arbeiten nur ein Schleier sind, hinter dem sich etwas dermaßen Großes verbirgt, dass mein Verstand nur mit größter Mühe den Umfang dieser Aufgabe umfasste. Ich wollte nicht glauben, dass die einigen wenigen um Lucyna versammelten Personen die Zukunft der ganzen Welt, der ganzen Erde auf ihren Schultern tragen. Keiner von uns besaß weder richtig großes Geld, war berühmt, noch verfügte er über starke Beziehungen. In dem Moment überstieg diese Aufgabe meine ganze Vorstellungskraft Der Kosmos schwieg immer noch, ich raffte mich also aus meiner Versunkenheit auf und unterbrach erneut die Stille.

– Auf welche Weise wird das Verlegen der Mumie von Cheops in den Sarkophag die Pyramide „öffnen“?

– Ganz einfach, mein Wanderer. In die Mumie ist ein besonderes Gerät eingebaut. Es wurde von den Weißen Brüdern kurz vor dem Einlegen der Mumie in das Grab eingebaut. In dem Moment, in dem die Mumie in den Sarkophag gelegt wird, wird das Gerät eine Verbindung zu dem sich in der Großen Pyramide befindenden Gegenstück aufbauen.

Das betätigt wiederum eine energetische Verbindung zur Zweiten Erde, zu den übrigen Energiepunkten, und wird eine Schutzabschirmung erstellen, von der ich gesprochen habe.

Endlich wurde alles klar. Es war eine einfache Antwort darauf, warum das Grab, die Mumie, die Große Pyramide wichtig sind und warum es jetzt, im Zeitalter des Wassermanns, getan werden musste.

– Was soll unseren irdischen Wissenschaftlern zur Vorbereitung auf die beginnende Zeit der Veränderungen übermittelt werden? Was müssen sie wissen? – fragte ich weiter.

– Es ist schwer die Wissenschaftler zu überzeugen, es ist schwer ihnen etwas bewusst zu machen. Deswegen haben wir Lucyna, einen einfachen Verstand, als Werkzeug auserkoren, um die Informationen zu übermitteln. Der Verstand eines Gelehrten ist verschlossen, eingeschränkt. Diese Leute denken nur an sich. Sie übersehen die Kleinen, aber ich sehe alle. Die Kleinsten und die Großen. Die Gelehrten sagen nichts über das drohende Unheil im Jahre 2012. Die Rede war nicht nur vom Zwölften, sondern auch vom Dritten, Sechsten, Neunten und dem Zwölften. Das Zwölfte Jahr könnte das tragischste in der gesamten Menschheitsgeschichte werden, aber wie es kommt, entscheiden die Menschen selbst.

Ich entsann mich wieder der letzten Katastrophen und der Folgen der globalen Klimaerwärmung.

– Sind die Veränderungen, die bereits beginnen, das Ergebnis der globalen Erwärmung, die auf unserem Planeten auftritt? – fragte ich.

– Das ist erst der Anfang, Wanderer. Wenn der Schweif des Planeten X die Erde erfasst, wird die Erwärmung von einer auf die andere Stunde geschehen.

– Ist das die Katastrophe, die die Maya nach ihrem Kalender für das Jahr 2012 prophezeiten? Ist das so genau berechnet?

– Es können Schwankungen von einigen Jahren auftreten, aber es ist unvermeidbar, es sei denn, der energetische Vorhang um die Erde herum wird entstehen.

Ich bedankte mich beim Kosmos und weckte Lucyna.

– Wovon träumte ich? – fragte sie wie üblich.

– Davon, dass die Blumen auf der Erde immer schön bleiben, der Himmel immer blau ist und dass die Sonne scheint und uns und alle anderen auf der Erde anlächelt.

– Das war aber ein schöner Traum.

Ja. – dachte ich mir. – Ein schöner Traum, aber wie schwer auszuführen.

KAPITEL 28

DER TRAUM VOM LABYRINTH

Die gegenwärtigen Forschungsarbeiten auf dem Ślęża waren so viel versprechend, dass die Zeit gekommen war, die künftigen Ereignisse, die Erforschung des Labyrinths, umzuplanen. Es war die nächste Stufe unserer Arbeiten, bevor wir zu dem Grab Cheops übergehen sollten. Ich war mir dessen bewusst, dass es das Wichtigste war, eine Forschungsgenehmigung für Ägypten zu erlangen. Um das zu verwirklichen, musste uns zuerst der Kosmos durch Lucyna die richtige Stelle anzeigen. Als nächstes musste ihr Hinweis durch einen Bodenradar bestätigt werden und zuletzt mussten wir bei Dr. Zahi Hawass einen Antrag auf eine Ausgrabungsgenehmigung aufgrund der erhaltenen Untersuchungsergebnisse stellen. Für die Verwirklichung dieses Plans brauchte ich wieder eine Vision. Eine Zukunftsvision bzw. eine Vision der möglichen Zukünfte. Die eine Vision, um die es uns ging, die uns zuerst zum Labyrinth und später zum Pharao führen würde.

Bisher beinhalteten die Träume der Priesterin alles, was ich mir nur erhofft hatte.

Der Kosmos beantwortete durch ihre Vermittlung jede Frage, die wichtig war und uns vorwärts bringen konnte. Ich spürte auch, dass die Geschehnisse zum richtigen Zeitpunkt, in einem für dieses Ereignis allerbesten Zeitraum stattfinden. Ich überlegte, ob es erneut möglich wäre, den Kosmos zu bitten, in die von uns erwünschte Zukunft zu blicken.

Ich bestellte bei Lucyna einen weiteren Traum über die Zukunft.

– Könntest Du mir bitte zeigen, wie unsere Arbeiten und Ausgrabungen am Labyrinth aussehen werden? – ich wandte mich mit meiner Frage an den Kosmos.

– Weißt Du, Wanderer, warum wir nach dem Labyrinth suchen? – antwortete der Kosmos mit einer Gegenfrage.

Ich war überrascht. Der Kosmos beantwortete meine Frage nicht, sondern begann wieder seine philosophischen Diskussionen. Ich wusste doch längst, warum. Das Labyrinth soll uns den Weg zu Cheops verschaffen.

– Hast Du schon mehrmals erwähnt. – antwortete ich. – Wir graben, denn es ist viel einfacher ins Labyrinth durchzustoßen, als zum Pharao. Denn das wird ein für allemal die Botschaften der Priesterin glaubhaft machen, denn dort gibt es Gold, das die Menschen motiviert, denn es ist eine Stufe, die wir überschreiten müssen, um eine Genehmigung für die Ausgrabungsarbeiten am Grab zu erlangen...

– Das alles ist wahr – erwiderte der Kosmos – aber es gibt noch eine andere Wahrheit.

– Welche?

– Die Säuberung der Erde hat bereits angefangen – erklärte er. – Es gibt Menschen, die das zu merken beginnen, dass etwa nicht in Ordnung ist

– Was meinst Du?

– Die Entscheidungsträger sehen nur ihre eigenen Interessen, das Gold, die Macht, die Popularität, ihre eigene Kraft... Stell Dir vor, was passiert, wenn sich die Weltbevölkerung verdoppelt. Stell Dir vor, um wie viel der Energiebedarf ansteigen wird!

– Auf der Erde gibt es doch genug Energie. – bemerkte ich.

– Ja, aber die Menschen nutzen die teuersten, die ineffektivsten Energiequellen wie Kohle und Erdöl, denn mit ihnen kann man das größte Geld machen. Bereits seit langem kennt die Wissenschaft äußerst preiswerte Quellen, aber die Entscheidungsträger lassen sie nicht zu. Gold... Das allgegenwärtige und allmächtige Gold... Als ob niemand von denjenigen, die so sehr nach ihm trachten, sich dessen bewusst wäre, dass man hier, auf meiner Seite, für das Leben mit Gold nicht bezahlen kann.

– Ja, das hast Du schon gesagt. – wandte ich ein.

– Ich habe es gesagt und werde es so lange sagen, bis sich Menschen finden, die mich auch hören.

– Vielleicht brauchst Du dann ein lauteres Sprachrohr...

– Das ist es eben! – freute sich der Kosmos. – Du bist selbst darauf gekommen, was der Grund für die Ausgrabung des Labyrinths ist... Es wird zu diesem Sprachrohr. Die Leute müssen wachgerüttelt werden. Das Wachrütteln mit Kriegen, Fluten und anderen Naturkatastrophen hat bereits begonnen. Erst einige wenige bemerken diese Zusammenhänge, wenige begreifen, dass die Zeichen von mir kommen. Wenige hören mein Rufen: **„Besinnt Euch, Leute, denkt um!“**

– Glaubst Du, das Labyrinth wird sie verändern?

– Wanderer, ich, der Kosmos, bin der Beschützer der Erde und lasse nicht zu, dass sie zerstört wird... Ich werde mit einer immer stärkeren, lauteren Stimme rufen, damit so viele wie möglich gerettet werden können. Ja, das Labyrinth wird ein Umdenken herbeiführen, wird allen, die sehen wollen, die Augen öffnen. Die Wahrheiten, an die sie bisher glaubten und die sie für absolut hielten, werden wie Tontafeln brechen, wenn ein Stein auf sie einschlägt. Sie werden wie ein mit Luft gefüllter Gummiballon platzen, der mit einem Nadelstich verschwindet. Das Gold des Labyrinths ist nur ein geringer Teil seines Schatzes... Der echte Schatz ist die Erkenntnis, die ans Tageslicht kommt. Diese Erkenntnis wird schockieren und wird ein so lautes Sprachrohr, dass sogar die Blinden und Tauben sie vernehmen werden.

– Woher die Sicherheit, dass nach dem Ausgraben der Goldkammern oder anderer Teile des Labyrinths irgendjemand davon erfährt? – fragte ich. – Es ist doch so, dass viele Entdeckungen, die zu den vorherrschenden Dogmen, Überzeugungen und Meinungen nicht passen, in den Schatten gerückt, vor der Welt versteckt worden sind. Sie sind lächerlich gemacht und so wirksam versteckt worden, dass niemand sie wieder finden kann.

– Du vergisst, Wanderer, dass das Projekt Labyrinth und das Projekt Cheops meine Projekte sind – erwiderte der Kosmos. – Ich beschäftige mich damit, ich führe Euch, suche mir Leute aus und ich werde mich darum kümmern, dass die Nachrichten dorthin gelangen, wo sie hingehören... Die Menschen lassen sich leicht betrügen. Ihr seid leichtgläubig, glaubt an Autoritäten, an Worte. Mich kann man nicht betrügen. Ich sehe, wer in seinem Herzen Liebe und wer Gier verbirgt.

Ich wusste nicht recht, was die Liebe mit dem Labyrinth zu tun hat, aber das war nun einmal die immer wiederkehrenden Worte des Kosmos. Anscheinend sprach er bei jeder Gelegenheit darüber, um uns Gedanken einzuflößen, die helfen, Liebe zu empfinden, sie ins Universum auszustrahlen.

Ich erinnerte mich, dass bei mir alles mit einem Lächeln begann. Als ich zum ersten Mal das lächelnde Gesicht Derjenigen, Die Jeder Morgen Anlächelt, sah, begann dieser nie enden wollende Tanz an den Rand der Liebe. Ein Tanz, der die Menschheit und die Erde retten soll.

– Zeige mir bitte, wie das Projekt Labyrinth verlaufen wird – Ich kam auf unser Hauptthema zurück.

– Einverstanden, Wanderer. – erwiderte er. – Aber diesmal zeige ich es Dir ohne die Vermittlung der Priesterin. Ich zeige es Dir direkt. Wie Du weißt, besteht meine Sprache aus Bildern, die ich in der Vorstellungskraft der Menschen hervorrufen kann. Bilder, die ihr „Vision“ nennt. Ich zeige Dir eine der vielen möglichen Zukünfte, die Euch erwartet, wenn alles nach meinem Plan verläuft.

– Was soll ich tun? – fragte ich.

– Entspanne Dich, schließe Deine Augen und sieh in Dich hinein...

Ich tat, worum er bat und einen Augenblick lang sah ich nichts außer Dunkelheit. Langsam erschienen undeutliche Bilder, der Umriss von etwas Unbestimmten. „Ist das vielleicht das Labyrinth?“ – kam mir in den Kopf.

Plötzlich sah ich Diejenige, Deren Name Das Leben Ist. Sie ging langsam mit einem **Pendel** in der Hand. Ringsherum gab es viel Sand. Ich begriff, dass wir in der Wüste sind. Auf einmal begann sich das Pendel so schnell zu drehen, dass sie ihren Ellenbogen festhalten musste, um den Arm zu stabilisieren. Es drehte sich wie ein Flugzeugpropeller und ich wunderte mich, wie sie es überhaupt schaffte, es in der Hand festzuhalten. Schließlich senkte sich ihre Hand kraftlos und Lucyna setzte sich auf einen Stein. „Es ist hier

– hörte ich in der Vorstellung ihre Stimme – hier muss gegraben werden."

Gleich danach kam das zweite Bild, die zweite Vision. Anstelle von Lucyna sah ich zwei Männer mit einem Bodenradar. Sie beugten sich über das Gerät und diskutierten über etwas. Ich begriff, dass der Bodenradar verrückt spielte und sie nicht wussten, ob es Anomalien in der Erde zeigt, oder ob es im technischen Sinne durchgedreht war, so wie es nur technische Geräte können. Sie zuckten schließlich mit den Armen, fuhren den Rechner runter und gingen weg.

Dann sah ich einen Graben. Ich sah, wie er von einem Tag auf den anderen immer tiefer wurde und je tiefer er wurde, desto schmaler wurde er auch. Niemand von den an den Ausgrabungsarbeiten beteiligten Menschen wusste, wie tief man wird graben müssen. Bekannt war nur so viel, dass mehrere Tausend Jahre vergangen waren, seit der Eingang, nach dem wir suchten, zuletzt benutzt wurde. „Das Labyrinth befindet sich so tief, wie hoch die Sphinx ist." – ich entsann mich eines Teils der Träume der Priesterin.

In der Vorstellung sah ich den Graben, der mir bereits sehr tief vorkam. „Wie viele Meter sind schon abgetragen?" – fragte ich einen der in dem Graben arbeitenden Ägypter. „Schon über 15 Meter und nichts" – erwiderte er mit einem Gesichtsausdruck, auf dem sich eine Mischung aus Angst und Hoffnung ausmalte Ich sah, dass auch Patrick aus Belgien anwesend war, der unruhig hin und her um den Graben herum marschierte und murmelte, dass das Labyrinth sich südlich des Moeris–Sees befinden würde und doch nicht hier, mitten in der Wüste, und dass das Ganze keinen Sinn ergibt. Ich sah Lucyna. Sie war ruhig und lächelte. In diesem Augenblick verschwand mein Bild.

– Warum hast Du mein Bild abgebrochen? – fragte ich leicht irritiert. – Ich möchte sehen, was weiter kommt.

– Vergiss nicht, Wanderer – sagte der Kosmos in meinen Gedanken – es ist alles gut. Diese Worte haben eine schaffende Kraft. Nicht „es wird alles gut sein“, sondern „es ist alles gut“.

„Es ist alles gut.“ – wiederholte ich in meinen Gedanken. Wir gelangen zu den Goldenen Kammern, zum Grab. Ich bedankte mich beim Kosmos und im Herzen verspürte ich eine angenehme Ruhe. „Es ist alles gut.“ – dachte ich erneut. Alles hat seine Zeit und entwickelt sich so, wie es sollte.

KAPITEL 29

DER TRAUM VON DEN ZUKÜNFTEN

Es gab bisher viele Schwarzseher auf der Welt, die das „Ende der Welt“ in jeder Form prophezeiten, von denen jedoch bis heute kein einziges Ende wirklich stattfand. Die Menschen wurden unempfindlich gegen Warnungen vor Gefahren, gegen Ermahnungen und Prophezeiungen. Diejenigen, die sich für normal halten, lächeln mitleidig, wenn sie „Gefahr für die Welt“ hören, und gehen ihres Weges. Auch ich hörte in der Kindheit Gespräche über das Weltende, über das Jüngste Gericht und die Apokalypse. Meine Großmutter erzählte darüber, die Pfarrer sprachen davon im Religionsunterricht, obwohl sie nicht erklärten, was das bedeuten sollte. Auch ich lächelte damals ironisch in der Meinung, dass der Pfarrer uns einen Schrecken einjagen will. Sind das alles wirklich nur Märchen für Kinder?

– Wenn Du Dir die gegenwärtige Welt ansiehst, – ich sprach Diejenige, Die Jeder Morgen Anlächelt, an – bekommst Du dann nicht das Gefühl, dass sie ordentlich wachgerüttelt werden muss, weil merkwürdige, unverständliche Dinge passieren? Es gibt immer mehr Aggressivität, Stress, Spannungen. Auf jedem Flughafen wird man durchsucht, als ob man ein Terrorist wäre. Spezielle Regierungsdienste wollen über alles, was man tut, Bescheid wissen, demnächst werden sie uns spezielle „Chips" in die Finger implantieren, alles „zur Sicherheit" und Kontrolle. Unsere Nachbarn kennen wir kaum. Die Welt wird immer nervöser, immer unsicherer.

– Dazu sage ich noch – erwiderte sie – dass die meisten Menschen sich immer mehr in sich verschließen und zusammen mit der offiziellen Welt der Wissenschaft all diese Signale, die uns von Außen erreichen, ignorieren...

Ich bat die Priesterin, mir das zu erklären. Die Veränderungen auf der Erde sind eindeutig sichtbar. Die Theorie von Patrick aus Belgien ist überzeugend. Es drohen die Umpolung, der mysteriöse Planet X, die Hyperaktivität der Sonne, die globale Erwärmung und weiß Gott, was sonst noch alles... Der Kosmos behauptet, dass das Öffnen der Großen Pyramide das Ganze verhindern kann, aber wie soll man den Leuten erklären, dass eine reelle Gefahr besteht?

– Ich sehe, Du möchtest wieder den Kosmos sprechen. Du möchtest, dass ich wieder einschlafe – stellte Lucyna fest.

– Du liest in meinen Gedanken – antwortete ich.

– Tja, das ist nicht schwierig. Frage.

– Wie kann man die Menschen überzeugen, dass eine Gefahr besteht? Die Zeitungen schreiben doch nicht darüber. Das Fernsehen schweigt und wenn jemand darüber spricht, dann hält man ihn für einen Esoteriker und Verrückten...

– Ähnlich war es zu Noahs Zeiten. – erwiderte der Kosmos – Noah erklärte, bat. Er schrie nicht, warnte nicht, aber er bat bis ans Ende. Die Menschen glaubten ihm nicht.

Die tragischen Ereignisse werden aufeinander folgen und wenn das keine Wirkung zeigt, dann wird bereits das zwölfte Jahr alles erfüllen. Dann beginnt – wie Ihr Menschen es sagt – die Randale auf der ganzen Welt. Dann folgt das Erwachen und Entsetzen der Menschen. Es wird ihnen einfallen, dass es jemanden gab, der erklärte, warnte, sprach, aber es wird zu spät sein.

– Warum schweigen die Presse und das Fernsehen jetzt?

– Wanderer, die Wissenschaft ist sich dessen bereits bewusst, dass etwas auf uns zukommt. Das Pentagon und die NASA haben ihre Berichte und treffen im Geheimen entsprechende Vorkehrungen. Sie sprechen nicht davon, weil sie keine Panik hervorrufen wollen. Sie wollen die Kontrolle behalten und sich selbst retten.

Es wurde mir bewusst, dass der Kosmos Recht hat. Würde die BBC, das CNN oder ein anderer Fernsehsender plötzlich die Nachricht übermitteln, dass es im Jahre 2012 eine globale Flut geben wird, dass ganze Kontinente überschwemmt werden, dann ist die Panik, die ausbrechen würde, leicht vorstellbar. Die einen würden überlegen, ob sie jetzt schon damit anfangen sollten, ihr Vermögen zu vertrinken, oder ob sie sich damit doch noch ein paar Jahre Zeit lassen sollten. Die anderen würden depressiv werden und nichts mehr tun. Wieder andere würden bestimmt beginnen, Bunker oder Boote in der Art der Arche Noah zu bauen. Es gibt jedoch einen wesentlich Unterschied zwischen dem, was Schwarzseher behaupten, und dem, was der Kosmos sagt. Der Kosmos zeigt eine konkrete, physische Lösung: den Pharao auszugraben. Wie soll man es den Menschen bewusst machen, dass es eine Lösung gibt?

– Ich möchte Dich bitten, – sagte ich zum Kosmos– dass Du die Priesterin nochmals in die Zukunft schickst und ihr die Welt nach dem Jahre 2012 zeigst. Wäre das möglich?

– Es ist möglich, aber nicht heute. Die Priesterin muss einen anderen Schlaf schlafen. Die Bilder könnten zu schwierig für sie sein, um sie im wachen Zustand zu betrachten. Du musst ihr helfen, einen besonderen, tiefen Schlaf zu schlafen, so wie anfangs. Dann und nur dann werde ich sie in die Zeit nach dem Jahr 2012 schicken können.

Ich sprach mit Lucyna also ab, dass wir diesen Traum später unternehmen werden. Es war die Zeit meiner Wanderungen durch Polen und durch Amerika. Überall berichtete ich von Cheops und – wie üblich – gingen die Menschen nach meinem Vortrag nach Hause und setzten sich mit dem Gefühl vollkommener Sicherheit vor ihre Fernseher. Die Erdbeben, die Tsunami und die anderen Katastrophen ließen sie weit hinter sich. Sie waren bereits Schnee von gestern und ein Anlass, ein paar Dollar für die Opfer des Hochwassers zu spenden.

Schließlich kam ich wieder nach Wrocław und traf mich mit Lucyna. Sie war bereit.

– Schlafe, – bat ich – einen Schlaf, der uns zeigt, wie es einmal kommen kann... Bitte Deine Engel um Hilfe, bitte den Kosmos, dass er Dir auf der Reise behilflich ist... Bitte ihn um eine Vision nach dem Jahre 2012...

Die Priesterin schwieg einen Augenblick lang, atmete ruhig und fiel in einen immer tieferen Traum. Es kam uns vor, als ob es sehr lange dauerte, obwohl es nur ein Augenblick war. Wir waren beide anwesend – ich und Diejenige, Die Jeder Morgen Anlächelt. Wir hörten ihrer Stimme zu und warteten auf den Traum, unsicher, ob er sie besuchen würde...

Nach einer Weile begann sie den Traum des Kosmos zu träumen.

– Ich werde Ki zwei Bilder zeigen, – sagte der Kosmos mit ihrer langsamen, schläfrigen Stimme – ich werde die Zeit des Jahres

2012 zeigen... Ich werde das Bild zeigen, wenn Khufu, Cheops, das Tor nicht öffnet. Danach zeige ich das Bild, wenn der Pharao die Sonne erblickt, die Pyramide geöffnet und die Abschirmung betätigt wird.

Ki begann immer schneller zu atmen, immer unruhiger. Man sah es ihr an, dass ihr Traum anders war, die Bilder ungewöhnlicher. Ihre Brust hob und senkte sich immer heftiger. Das Gesicht drückte Schmerz und Unruhe aus... Nach einer Weile begann sie mit einer angespannten Stimme und mit Unterbrechungen zu sprechen.

– Ich bin... ich bin... ich sehe das Jahr... ich weiß nicht welches... Das Jahr zwölf, vielleicht vierzehn... Stille, eine erschreckende Stille... Ich komme aus irgendeinem Keller heraus... Oh, nein... Nur Ruinen... Mein Gott... was für eine Stille... Es gibt hier niemanden, keine Menschen. Ich sehe... Bitte... warum ist es so still? Es gibt niemanden... Nicht einmal Vögel gibt es... Was ist das...? Stille... eine tiefe Stille... Wo sind die Menschen...? Es gibt keinen... es gibt keinen...

Ki rollte sich zusammen und weinte... sie schluchzte immer lauter... immer herzzerbrechender...

– Es ist nur eine Vision... nur eine Vision... Das muss gar nicht geschehen, – beruhigte ich sie.

– Holt mich hier raus... – flehte die Priesterin immer heftiger schluchzend.

– Es ist nur eine Zukunftsvision – sagte Iwona mit einer sanften Stimme zu ihr, – nur eine Illusion... es ist keine Wirklichkeit... so muss es gar nicht werden. Es ist keine Wirklichkeit. Gleich wirst Du woandershin versetzt und Du wirst sehen, was in der anderen Zeit geschieht. Du wirst eine andere Zukunft sehen...

Iwonas Stimme war herzlich und wirkte beruhigend. Der Atem der Priesterin beruhigte sich langsam. Ihr Körper entspannte sich. Nach einer Weile begann sie wieder zu sprechen.

– Fertig... ich bin bereit... Ich sehe... Bilder... Andere Bilder... Noch... noch wird es Krankheiten geben... Noch werden sie die Menschen dezimieren. Ich habe jetzt das Bild des zwölften Jahres vor Augen. Ich sehe wunderschöne Häuser... ich sehe lächelnde Menschen... Sie begrüßen sich gegenseitig... Sie lächeln sich an. Rundum kann man Liebe verspüren... auch Ruhe... Die Menschen sind glücklich... Es sind so viele... Wie schön es ist, so ein Bild zu sehen... Noch werden die Menschen sterben, aber der Tod wird nicht mehr so schrecklich sein. Die Menschen werden nun die Hoffnung haben, zurückzukehren. Die Welt wird sich von einem Jahr auf das andere verändern. Ich sehe eine schöne Erde. Die Menschen schenken ihr Achtung... lieben sie. Hier möchte ich sein... Ich verspüre so viel Gutes... So viel Liebe...

Das Lächeln auf dem Gesicht der Priesterin Ki besagte alles. Ihr Gesicht strahlte, der Körper war entspannt, die Stimme ruhig... Ihr Traum war kein Alptraum mehr und wurde zu einer wunderschönen, bunten Vision der perfekten Welt... der Traumwelt Ich entschied mich, Ki in die Gegenwart zurückzuholen. Ich überlegte, wie viele mögliche Zukünfte wohl vor der Erde, vor uns lagen. Nur diese zwei?

– Wie viele mögliche Zukünfte liegen vor der Menschheit, vor der Welt, vor jedem einzelnen Menschen? – fragte ich die Priesterin.

– Zwei. – antwortete der Kosmos durch sie hindurch. – Die, die ich Euch zeigte. Der freie Wille des Menschen, der freie Wille der Menschheit entscheidet darüber, welche wahr wird.

– Wovon hängt das ab?

– Das hängt von den Gedanken, Entscheidungen, den Taten eines jeden Menschen und im Falle der Welt von den Resultaten der Gedanken, Entscheidungen und Taten der gesamten Menschheit, aller Menschen auf der Erde ab.

– Was sollen die Menschen denken, damit die Zukunft die Beste von allen möglichen wird?

– Sie sollen glauben... an die Existenz der geistigen Welt, die uns helfen möchte. Glauben sollen sie und gute Gedanken denken, Liebe in meine Richtung ausstrahlen... in Richtung des Schöpfers. Ich wiederhole nochmals: Das Zünglein an der Waage des Guten und Bösen schwankt zurzeit zum Bösen hinüber. Deswegen hängt die Zukunft der Welt davon ab, wie viele Menschen den Glauben gewinnen, dass etwas verändert werden muss und wie viele Menschen ihre Herzen für meine Rufe öffnen.

– Was geschieht mit den Menschen, die sich nicht ändern?

– Sie werden abtreten müssen... Die Säuberung wird so oder so eintreten... Gott erschuf einen Perfekten Planeten und lässt ihn nicht zerstören... Wenn der Pharao die Sonne nicht erblickt, kommt es zu Katastrophen. Der Planet bleibt, die Menschen jedoch werden sterben...

Stille trat ein. Da mir keine weiteren Fragen in den Sinn kamen, entschied ich mich, die Priesterin zu wecken.

Als sie die Augen öffnete, schwiegen wir lange. Lucyna verstand nicht, woher der Ernst und die Stille um sie herum kamen.

– Habe ich was Böses geträumt? – fragte sie.

– Nein, Du träumtest einige Worte Wahrheit. – antwortete ich.

KAPITEL 30

UND NOCHMALS DIE ZUKUNFT

Der Traum der Priesterin von den zwei möglichen Zukünften der Welt nach dem Jahre 2012 war erschreckend und ermutigend. Ich dachte darüber sehr lange nach, was sie träumte, und darüber, was wirklich kommt. Ich wünschte mir die Zukunft aus dem zweiten Traum. Diese Vision war wunderschön, sie war der Traum eines jeden Menschen, der Traum vom Leben in einer Welt voller Liebe, Harmonie, Glück, Güte. In einer Welt, in der es keinen Stress gibt, wo jeder alles hat, was er zum glücklichen Leben braucht.

Eines Tages entschied ich mich, allein mit dem Kosmos zu sprechen. Ich wollte ihn bitten, dass er auch mir diese Zukünfte zeigt, damit ich sie sehen kann. Seit einiger Zeit fühlte ich, dass ich es auch kann. Ich schloss meine Augen, entspannte den Körper, begrüßte in Gedanken den Kosmos so herzlich, wie ich es nur konnte und unser Gespräch begann.

– Du behauptest, – sagte ich – dass die Große Pyramide das Tor ist, der Große Durchgang, der Kontakt zu Dir, *der Kanal, durch den die Wesen aus Anderen Dimensionen Kontakt zu Uns Aufnehmen* und dass der Kanal jetzt geöffnet werden muss. Wenn er geöffnet werden muss, dann muss er auch mal geschlossen werden. Wann?

– Du hast mir vorgeworfen, – sagte der Kosmos in meinen Gedanken – dass meine Antworten wenig präzise sind. Es ist unglaublich, wie Ihr Menschen es gerne habt, alles fertig serviert zu bekommen. Alles muss mit mathematischer Genauigkeit stimmen. Wenn etwas nicht stimmt, wird es verworfen. Werde ich es mit mathematischer Genauigkeit erklären? Nein, und zwar aus dem einfachen Grunde, dass auch mich das Schweigegesetz betrifft und einige Fakten können Euch nicht gegeben werden. Manchmal kann ich den Schleier des Geheimnisses nur teilweise enthüllen.

– Wenn Du nicht das ganze Fenster enthüllen kannst, dann doch wenigstens einen Spalt breit, damit die Erkenntnis durchdringen kann – stimmte ich zu.

– Ich muss auf die Geburt **Jesus** zurückkommen. – sprach der Kosmos langsam, als ob es sich jedes Wort überlegen würde. – Die Verbindung bestand vor seiner Geburt. Der Entschluss, sie zu trennen, wurde gefasst und der Zeitpunkt wurde festgelegt. Dieser Zeitpunkt war der Moment seiner Geburt. Zum Zeitpunkt der Empfängnis, als Jesus, also „das Wort" (denn so lautet sein Name in meiner Dimension), in das neugeborene Kind einstieg – damals wurde die Verbindung zwischen Dieser und der Zweiten Erde getrennt.

Ich war völlig überrascht. Zwar hatte ich nicht die Gewissheit, ob das, was meinen Gedanken entsprang, der Kosmos war oder ob es nur die Erzeugnisse meiner Vorstellungskraft waren, aber was auch immer es sein mochte, die Informationen waren interessant. Der Kosmos erwähnte oft Jesus in Lucynas Gedanken. Es sprach immer mit großer Liebe und Hochachtung von ihm und nannte ihn den Fürsten des Friedens. Und nun die Verbindung der Geburt Jesus mit der Sache des Außerirdischen Kommunikationskanals.

– Im **Alten Testament** – sprach weiter der Kosmos – wurde es mehrmals erwähnt, dass es einen Kanal gibt, der die Erde mit dem Jenseits verbindet. Die Menschen verstanden es nicht so richtig. Was heißt das „mit dem Jenseits" und mit welchem „Jenseits"? Warum wurde der Kanal geschlossen? Der Grund dafür war die Tatsache, dass in Wirklichkeit die Reinigung einsetzte, als Das Wort zur Welt kam. Jesus sollte die Botschaft verkünden und darüber sprechen, dass er die Menschen lehren will, wie sie zu leben haben. Deswegen wurde die direkte Verbindung geschlossen. Für den Zeitraum von 2000 Jahren wurden die Menschen sich selbst überlassen, damit niemand, wirklich niemand sie dabei stört, ihr eigenes Schicksal zu gestalten. Wann sie wieder geöffnet werden soll, weißt du bereits.

– Soll das heißen, dass zwischen unseren Dimensionen keine Kommunikation mehr stattfindet? – fragte ich.

– Der Kanal bleibt geschlossen, aber die Kommunikation besteht. Wenn es notwendig ist, bin ich imstande, mit Euch zu kommunizieren. Ein Beispiel sind Deine Träume, Deine Gedanken, wenn Du Dich entspannst und mir deine Aufmerksamkeit schenkst. Dann spreche ich mit Dir und nicht Deine Vorstellungskraft. Ein Beispiel sind die Träume der Priesterin und unsere Gespräche unter ihrer Vermittlung. Du weißt doch, dass sie mich nicht mehr ausschließlich in ihren Träumen hört. Sie hört mich im Wachzustand, sie ist imstande, mich jederzeit zu empfangen. Menschen, die mich empfangen, gibt es viele auf der Erde und es werde noch mehr. Die Zeit wird kommen, dass wir uns gegenseitig Frei und ohne Einschränkungen Verständigen werden können.

Tausende Fragen schossen mir in den Kopf, aber ich wusste, dass jede Information vom Kosmos ihre Zeit hat und ich nichts früher und auch nicht später erfahren werde als zu dem Zeitpunkt, der irgendwo dort oben bestimmt und bewilligt wurde.

– Erzähle mir noch etwas von der Zukunft der Erde – bat ich schließlich.

In dem Moment, anstatt Worte zu hören, sah ich ein Bild. Meine Vorstellungskraft übertrug mir eine Vision. Ich spürte, dass ich nicht auf einem festen Boden stand, sondern irgendwo im Weltraum, oberhalb unseres Planeten schwebte und ihn mir von oben ansah. Ich sah Wolken unter mir vorbeiziehen und hatte das Gefühl einer außerordentlichen Kraft. Ich fühlte, dass ich mich in Zeit und Raum frei bewegen konnte. Ein Gedanke reicht aus, um Wirklichkeit zu werden.

Ich entschloss mich, in der Zeit vorwärts zu gehen und mir die Erde in der Zukunft anzusehen. Mein Gedanke erwiderte:

– Die Zukunft ist noch nicht festgelegt.

– Zeige mir die wahrscheinlichsten Zukünfte, – bat ich.

– Es gibt nur zwei Zukünfte, – antwortete meine Erkenntnis, die in dem Moment von nichts eingeschränkt war.

– Ich möchte alle beide sehen, – befahl ich den Gedanken.

Auf einmal sah ich ein Bild, das der surrealistischen Welt von Salvador Dali ähnelte, allerdings sah es so aus, als ob Dali dieses Bild in einer tiefen Depression und an einem Kater leidend gemalt hätte. Ich wusste nicht, welches Jahr war, aber ich wusste, dass an dem Ort, an dem ich war, die Zeit ein unbekannter Begriff ist.. Es war die Darstellung einer vollkommenen Zerstörung. Die Erde war ein riesiger, vom Skelett abgerissener Totenkopf. Ein Friedhof ohne Anfang und Ende... Ich befand mich an einem Ort, an dem es früher bestimmt eine Stadt gegeben hatte, aber jetzt ähnelte er einem Müllberg von durcheinander geworfenen Formen –

verschlammt und entstellt, die einst Gebäude, Fahrzeuge und etwas, was ich nicht erkennen konnte, gewesen waren. Ich schwebte einige Meter über der Erde und starrte voll Entsetzen auf dieses verzerrte, verbogene, versumpfte Bild der völligen Auslöschung von Spuren der menschlichen Existenz.

Ich kam mir wie Superman vor, der auf der Suche nach irgendwelchen Lebenszeichen nach vielen Jahren von seinem Planeten Krypton auf die Erde zurückkam. Ich umkreiste die Erde ohne irgendjemand oder irgendetwas zu finden. Wo ich auch hinschwebte, erstreckte sich vor mir ein Bild der Leere – ein Gefühl entsetzlicher Stille überkam mich. Es war eine eisige Leere, die mir mit dem Schweigen der toten Welt ohne Menschen, ohne Tiere, ohne Vögel, Insekten entgegenkam... Es gab keine Städte, nur ihre Schatten, es gab keine Häuser, nur die Umrisse ihrer Ruinen. Ich glitt immer schneller über diese Welt, ohne zu wissen wohin, um Lebenszeichen zu finden. Es war so, als ob der Kosmos mir eine Ergänzung des ersten Traumes – der Präkognition der Priesterin – zeigte. Noch entsetzlicher... noch bedrückender.

– Was ist das? – fragte ich meine Gedanken. – Auf welchem Planeten bin ich? Das kann doch nicht die Erde sein.

– Du bist auf der Erde, – erwiderten meine Gedanken. – Ich zeigte dir das Bildes der Welt, wie sie nach 2012 sein könnte, wenn die Energie der Liebe zum Allerhöchsten Gott nicht ausgestrahlt wird, wenn das Grab nicht gefunden wird und die Abschirmung der Erde nicht rechtzeitig eingeschaltet wird.

– Werden alle umkommen? – fragte ich.

– Nicht alle. Die menschliche Rasse muss überleben, sie kann nicht endgültig ausgelöscht werden. In der Zukunft, die ich Dir zeigte, sterben sowohl die Guten als auch die Bösen.

– Du sagtest doch, es muss gar nicht so weit kommen, – erinnerte ich den Kosmos an sein Versprechen.

– Die Säuberung muss kommen. – antwortete er. – Ich verlange doch nicht zu viel. Ich will keine neue Religion, keine neuen Sekten erschaffen, ich will keine neuen Priester weihen, damit sie mich anbeten oder zur meiner Ehre Hymnen und neue Liturgien erstellen. Ich bitte nur, ich spreche durch die Fakten von Naturerscheinungen. Ich zeige, dass ein paar Meter Sand bei der Großen Pyramide ausgegraben werden müssen. Ist das so viel, um die Menschen zu retten? Noch ist es nicht zu spät. Noch ist Zeit, aber sie wird von einem Tag auf den anderen immer knapper. Wenn die Menschen meine Botschaft nicht begreifen, dann werde sogar ich nicht mehr helfen können.

– Den Menschen wurde schon so oft mit dem Weltuntergang gedroht, der bis heute nicht eintrat, – dachte ich mir im Stillen. – Es gibt religiöse Gruppen, die es schon seit langem verkunden.

– Diejenigen, die vom „Ende der Welt" sprechen, sagen die Wahrheit, es kann jedoch – wie du es bereits weißt – das Ende der alten und der Anfang einer neuen Welt gemeint sein. Aber die Lösungen, die sie anbieten, sprechen nur wenige Menschen an. Außerdem trachten manche von ihnen nur nach Einzigartigkeit, andere nach Ruhm und wieder andere nach Gold – denn Ihr Menschen liebt es, Beifall zu bekommen und im Rampenlicht zu stehen. Deswegen bilden sich unterschiedliche Sekten, Religionen, die den Anspruch auf die „einzige" Lösung erheben – nach dem Motto: „Wenn du uns beitrittst, wirst du erlöst", „Bete mit uns und wir beschützen dich schon". Ich zeige einfache Lösungen, die Einfachsten von allen.

– Du hast mir die eine Zukunft gezeigt, – sagte ich nach einer Weile Leere im Kopf – aber ich weiß, es ist nicht die Zukunft, die Du für uns schaffen möchtest.

– Nicht ich schaffe eure Zukunft – meine Gedanken schossen wie Blitze durch mein Gehirn. – Ihr schafft diese Zukunft selbst. Ihr schafft eure Bestimmung. Ich kann Euch nur die Wahlmöglichkeiten zeigen, Ideen vorschlagen, durch Zufälle und Ereignisse zu Euch sprechen. Ich liebe Euch, menschliche Wesen. Gäbe es meine Liebe nicht, so würde es die menschliche Rasse auf der Erde längst nicht mehr geben.

– Zeige mir die andere Zukunft, die die Wahl des Allerhöchsten ist – bat ich den Kosmos.

Ich spürte wieder, dass ich hoch über der Erde glitt und diesmal sah ich unter mir die Erdkugel so wunderbar blau und ruhig. Ich hatte wieder einmal das merkwürdige und unbekannte Gefühl der inneren Kraft. Ich hatte die Möglichkeit, mich in Raum und Zeit frei zu bewegen, konnte überallhin, wohin und wann ich wollte. Jeder Gedanke hatte schaffende Kraft. Alles, woran ich dachte, passierte sofort.

– Ich möchte die andere mögliche Zukunft sehen, – erteilte ich meinen Gedanken eine Anweisung, obwohl mir immer noch die vorherige, furchtbare Vision vor Augen stand.

Diesmal stand ich auf der Straße einer unbekannten Stadt. Die Häuser, hoch und weiß, hatten wunderbar verzierte Balkons. Es war Abend und es erklang Musik. Es war ein Gemisch von Glöckchen, Flöten und weiblichen Stimmen, die mich sofort an Engelstimmen erinnerten. Ich hatte zwar Engel nie singen hören, aber ich glaubte, dass wenn die Engel überhaupt singen können, dann muss es sich eben so anhören. Ich wusste, dass die Musik den Tag verabschiedete, der sich gerade seinem Ende näherte. Auf den Balkons standen Menschen. Auf manchen einzeln, auf anderen zu zweit oder in Gruppen.

Sie lächelten sich an und tauschten das Friedenszeichen, das Liebeszeichen, aus. Es war einfach ein herzliches „Gute Nacht“, das man sich gegenseitig wünschte. Ich hatte den Eindruck, dass alles ohne Worte geschieht, obwohl die Worte immer wieder in meinem Kopf auftauchten. Wenn ich meine Aufmerksamkeit auf eine konkrete Person oder eine Personengruppe richtete, dann hörte ich, wie sie sich schöne Träume wünschten... Ich verspürte ihr Lächeln und die Harmonie, die jeder von ihnen ausstrahlte. Sogar als ich ein älteres Paar, wahrscheinlich ein Ehepaar, ansah, das auf dem entferntesten Balkon am Ende der Straße stand, vernahm ich deutlich ihre Worte: „Schlaf ruhig, die Liebe sei mit dir. Träume was Schönes“. Ich wünschte ihnen das Gleiche und merkte, dass sie mir zuwinkten.

– Wie kann ich sie bloß hören? – überlegte ich. – Sie sind doch mindestens 400 Meter von mir entfernt.

– Das ist eine andere Art der Kommunikation, – hörte ich in meinem Kopf die Stimme des Kosmos. – Jetzt verständigen sie sich in der Art, wie Du Dich mit mir verständigst. Es ist die **telepathische Verständigung**. Es gibt keine sprachlichen Grenzen mehr. Es gibt nur noch fliegende Gedanken, die dorthin gelangen, wo sie es möchten.

– Welches Jahr ist das? – fragte ich.

– Du siehst jetzt die Erde nach der Bereinigung, es ist eine mögliche Zukunft nach 2012 – erwiderte der Kosmos.

– Ist es so überall? Du hast mir einen Ausschnitt einer unbekannten Stadt in einem unbekannten Land gezeigt. Und was ist mit den armen Ländern in Afrika? In Asien? Was ist mit den Spannungen in Irak, was ist mit dem Terrorismus? Wie ging das alles aus? Du willst mir doch nicht im Ernst einreden, dass überall auf der ganzen Welt Menschen wohnen werden, die sich telepathisch einen liebevollen Gute-Nacht-Gruß wünschen, um sich vergnügt in einem Schlafzimmer in ihrem weißen Häuschen im Wert von einer Million Dollar und einer Einrichtung im Wert von einer weiteren Million Dollar schlafen zu legen. Wer wird sich das alles leisten können? Warum hast du mir die Indios aus Peru oder Schwarze aus Äthiopien vorenthalten, die heutzutage bei Dürre vor Hunger sterben?

– Deine Vorstellungskraft, Wanderer, unterliegt immer noch Einschränkungen, – bemerkte der Kosmos sarkastisch. – Du bist dadurch eingeschränkt, was Du in Deiner Zeit auf der Erde erlebst. Ich zeigte Dir die Welt nach der Bereinigung. Ich zeigte Dir eine mögliche Zukunft, die sich verwirklichen kann, unter der Voraussetzung, dass der Pharao die Sonne vor dem Jahre 2012 erblickt und das Grab von einer auserwählten Gruppe von Menschen mit reinen Herzen und reinen Absichten geöffnet wird. Ich zeigte Dir den Zustand des Geistes und des Verstandes der Menschen nach 2012 und Du fragst nach den materiellen Dingen. Wanderer, Schmuckstücke wie Häuser, Balkons, Straßen und Fahrzeuge sind nur Zusätze. Sie sind nicht die Bauelemente der Harmonie, sie entscheiden nicht darüber, was der Mensch in seinem Herzen fühlt. Ja, es wird reiche und arme Menschen geben, aber sowohl die einen, als auch die anderen werden von der gleichen Lebensfreude erfüllt sein. Sogar jetzt, in Deiner Gegenwart, gibt es doch Menschen die keinen Besitz haben und trotzdem glücklich sind. Und es gibt solche, die alles haben, und ständig zwischen einer Depression und dem Alkohol, zwischen Selbstmordgedanken und Drogen pendeln. Wenn eines Tages einen Menschen der Todesengel besucht, dann zählt nur noch, wie viel Gutes er im Leben schuf und mit wie viel Liebe sein Herz erfüllt ist. Für einen Menschen, der zu seinen Lebzeiten Liebe verschenkte und empfang, ist der Tod nichts Furchtbares. Er ist nur ein

Übergang zu mir, er ist nur eine Befreiung aus dem Gefängnis des Körpers. Deswegen wird es nach der Bereinigung nichts mehr zu befürchten geben... Die Erde wird jenem Planeten immer ähnlicher, den wir als die Zweite Erde bezeichnen... Sie wird zum Paradiesischen Planeten...

In meiner Vorstellung sah ich das Bild, das sich immer noch vor meinen Augen befand. „Ich möchte nach Äthiopien" – war mein Gedanke und sofort sah ich schwarze Kinder, die freudig spielten und ihre Eltern anlächelten. „Ich möchte nach Irak" – war mein Gedanke und ich sah Moscheen, die mit ruhig betenden Menschen gefüllt waren, auf den Straßen sah ich Frauen und Männer, die sich anlächelten. „Ich möchte nach Polen" – und bei der Ortschaft Wylatowo erblickte ich einen riesigen Turm, der zur Erinnerung an die Kontaktaufnahme zwischen den Menschen und den Ankömmlingen aus anderen Dimensionen erbaut wurde...

Überall verspürte ich eine außerordentliche Güte der Gedanken, ich empfand eine Harmonie und hohe Erdvibrationen.

„Ja, – dachte ich – in so einer Zukunft möchte ich auch leben und... ich erwachte aus meinem Traum.

KAPITEL 31

DIE ERWECKUNG DES PHARAO

Was ich jetzt beschreiben werde, ist ein gemeinsamer Traum all derer, die am Projekt Cheops teilnehmen, der Mission zur Rettung von Menschen und der Erde. Wir träumten zur selben Zeit, alle auf einmal und alle das Gleiche. Alle Details waren übereinstimmend. Diesen Traum träumten sowohl diejenigen, die einen tiefen Glauben an die Mission hatten, als auch diejenigen die ihre Bedenken und Zweifel hegten. Den Traum hatten Patrick aus Belgien, sowie Basia und Slawa aus Chicago. Den Traum hatten Derjenige, Der Lieber Im Schatten Bleibt, und Andrzej – Derjenige, Der Es Wagte Weise Zu Sein. Den Traum träumte der Wächter der Pyramiden, Dr. Zahi Hawass, höchst persönlich. Ihn träumten ebenfalls Lucyna, Iwona, Łucja, also Diejenige, Die In Der Zeit Rückwärts Bewegen Kann. Den Traum träumte ich, der Wanderer, deswegen kann ich ihn beschreiben. Der Traum handelt vom Öffnen des Grabs von Pharao Cheops.

Wir waren in Ägypten und im Herzen verspürten wir Freude, Aufregung, Neugier und ein Gefühl der Erfüllung... Das, worauf wir so lange warteten, wurde verwirklicht. Unser Traum wurde in unserem Traum zur Wirklichkeit. Das, was von oben bestimmt wurde, erfüllte sich hier unten. Die geistige Welt vereinte sich mit der körperlichen Welt in der gigantischen Aufgabe, die Menschheit und die Erde zu retten. Das, was so vielen unmöglich erschien, entpuppte sich nur als eine Barriere des freien Willens. Es war ein Wunder, das in der außerirdischen Dimension eine Erfüllung der Prophezeiung war, eine Erfüllung der Entscheidungen, die wir Menschen nicht imstande sind zu begreifen. Alles wurde so klar und einfach, dass es fast merkwürdig erschien. Ich entsann mich eines vom Kosmos oft wiederholten Satzes: „Das Einfache ist für Euch Menschen doch so schwierig".

Wir standen unweit der Großen Pyramide an einer Stelle, an der 6500 Jahre nach Cheops Beisetzung die Ausgrabung seines Grabs beginnen sollte. Lucyna, Diejenige, Deren Name Das Leben Ist, die Priesterin Ki, die als erste diese Stelle wies und den Weg zur Erweckung von Cheops ebnete, war nun die zentrale Gestalt der ungewöhnlichen Zeremonie. Sie war von einer Gruppe von Forschern, Archäologen, Vertretern der ägyptischen Regierung und des Pentagons umgeben. Anwesend waren Vertreter aus Russland, Japan, China, Korea und von vielen anderen Staaten. Anwesend war eine Reihe von bedeutenden Geschäftsleuten und von Allen Anderen Sehr Wichtigen Und Noch Wichtigeren Personen... Gleich neben Lucyna stand Don Severiano, ein bescheidener Schamane aus Peru, der Betreuer und Beschützer des Heiligen Berges Marcahuasi, den der Kosmos als Verkörperung des Priesters Juno bezeichnete.

Seine Begegnung mit der Priesterin Ki war ein ungewöhnliches Ereignis.

Es begegneten sich zwei einander liebende geistige Wesen, die verschiedene Körper bewohnten, sie erkannten einander sofort und verliebten sich erneut ineinander. „Und alles begann mit einem Lächeln“ – dachte ich im Stillen und erinnerte mich der ungewöhnlichen Kette von Zufällen, die von Derjenigen, Deren Name Das Leben Ist, begonnen wurde. Eine Kette, die uns bis zum heutigen Tag, bis zur Ruhestätte des Pharaos Cheops, geleitete.

Die Priesterin, ich und Diejenige, Deren Name Das Leben Ist, standen in einiger Entfernung vom Rest der Gruppe und beobachteten die Menschen, die anfangs so skeptisch, sogar feindselig das ganze Unternehmen betrachtet hatten und nun gespannt die Worte der Priesterin, einer einfachen Frau aus Polen, aus der Stadt Wrocław verfolgten, der Masseuse ohne wissenschaftlichen Grad, ohne Titel, dafür aber mit einem großem Herzen. Alle wurden zuerst von den Ereignissen auf dem Ślęża, anschließend von der Entdeckung des Labyrinths und zuletzt von der Entdeckung der Goldenen Kammern überzeugt... Überzeugt hatten sie auch die Ereignisse, die auf der Welt stattfanden...

Sogar Blinde mussten zugeben, dass die globale Erwärmung keine Theorie einiger verrückter Forscher ist, sondern ein echtes Problem darstellt, das man mit bloßem Schulterzucken nicht abfertigen kann. Die Menschen begannen zu merken, dass die immer häufiger auftretenden Katastrophen nicht nur ein bloßer Zufall sind, sondern ein sich wiederholendes Muster bilden. Sie begannen zu verstehen, dass die Theorie von Patrick aus Belgien, die von den Maya–Schriften und dem Jahr 2012 handelte, kein Hirngespinst eines Wahnsinnigen und Verrückten ist, sondern eine reelle Gefahr der Vernichtung beschrieb. Endlich begriffen die Weisen dieser Welt, dass man etwas unternehmen muss, um sich selbst und den Planeten Erde zu retten.

Die einfachste, logischste und, was am Wichtigsten ist, die einzige Lösung, die kein Risiko barg, war es, zum Grab des Pharaos zu gelangen. Das begriff der Wächter der Pyramiden, Dr. Zahi Hawass, das begriff die ägyptische Regierung, das begriffen einflussreiche Leute vom Pentagon. Dadurch erwiesen sich die Formalitäten, die noch bis vor kurzem ein eiserner Vorhang zu sein schienen, als ein leichter Holzzaun, der unter einem einzigen klugen Gedanken zusammenbrach.

Es kam mir der Gedanke, dass dies der Moment war, von dem an die neue Zukunft beginnen sollte. Diese gute Zukunft aus meinen Träumen, aus den Träumen der Priesterin...

Der Kosmos legte die Prozeduren genau fest, die bei der Ausgrabung des Grabes eingehalten werden mussten. Die Stelle des Grabes wurde von der Priesterin bis auf einen Meter genau festgelegt. Sie wurde durch radiästhetische Untersuchungen und den Bodenradar bestätigt. Es war bereits klar, dass dort, unter der Erde, unweit der Pyramide, sich „etwas" befindet.

Die ganze **Sehr Wichtige Gruppe** stand jetzt in der Nähe der festgelegten Stelle und wartete auf Lucynas Worte. Sie hatte die ganze Zeit über den Kontakt zum Kosmos aufrechterhalten, konnte sich mit ihm telepatisch unterhalten, konnte Rat einholen und um Hinweise bitten. Dank ihrer Gaben zeigte ihr der Kosmos den Eingang ins Labyrinth. Alle Augen waren auf sie gerichtet.

– Das Grab verfügt über einige aktive, energetische Abschirmungen, die alle nacheinander durchtrennt und neutralisiert werden müssen – sagte Lucyna. – Um die erste Abschirmung zu durchtrennen, müssen drei Personen ein Dreieck bilden.

Das alles war uns längst bekannt, aber wir wussten nicht, wer diese drei Personen sein werden, die die energetische Abschirmung durchtrennen sollen.

Wir wussten, dass sie ein Dreieck an eindeutig vorgeschriebenen Stellen bilden mussten. Die erste Person sollte sich dort hinstellen, wo sich das Grab befand. Die zweite Person sollte sich zwischen die Pfoten der Sphinx hinstellen. Die Dritte mitten vor die Wand der Großen Pyramide, vom Nil aus gesehen. Ein so gebildetes Dreieck sollte die von der Zweiten Erde ausgestrahlte Abschirmung deaktivieren. Ich wusste, dass der Kosmos die Personen zur Bildung des Dreiecks unter denen auswählen wird, die nach Ägypten zur Eröffnungszeremonie der Ausgrabungen gekommen waren und sich nun um die Priesterin versammelten. Er musste aussuchen, Er war der Einzige, der in die Herzen der um Ki versammelten Menschen sehen konnte, Er konnte unsere Absichten erkennen, sah das, was für uns unsichtbar war. Wer wird der Erste sein, überlegte ich. „An die Spitzen des Dreiecks kann sich jeder hinstellen, aber die auserkorene Person muss Mut und ein reines Herz aufweisen“ – sagte der Kosmos einmal.

– Warum sollte sich diese Person fürchten? – fragte ich damals.

– Wanderer, ihr alle fürchtet euch vor dem Tod.

– Du hast doch selbst gesagt, dass die Mission ungefährlich ist.

– Für die Auserwählten – ja. Aber wenn zum Grab Personen gelangten, die nur nach Ruhm und Gewinn trachten, dann würden sie alle sterben.

– Können sich dann nicht zum Beispiel Lucyna, Iwona und ich selbst an die Spitzen des Dreiecks stellen? – fragte ich aus Neugierde.

– Ja, das könnt ihr. Aber wenn ich nur die leiseste Angst verspüre, dann wird diese Person ausgetauscht.

– Und wie willst du das Zeichen geben, dass diese Person ausgetauscht werden soll?

– Sie wird sich selbst ausschalten. Vor Angst.

Ich begriff, dass der Kosmos die Angst vor dem Unbekannten einschätzen wird. Die kleinste Spur von ihr wird dermaßen verstärkt, dass diese Person einfach Flucht ergreift und sich somit selbst ausschaltet... Ich prüfte bei mir den Grad der Angst. In dem Moment verspürte ich keine – ich verspürte nur die freudige Aufregung über die getroffenen Entscheidungen, die Freude, bis hierher gelangt zu sein, die Neugierde, was weiter geschehen wird, und Stolz. Einen großen Stolz darüber, dass wir es geschafft haben und dass wir an einem für die Menschheit so wichtigen Ereignis teilnehmen durften. Es kam mir der Gedanke, dass der Kosmos vielleicht jemand von uns wählen wird. Vielleicht Lucyna... Iwona... mich? Andererseits wusste ich, dass wir bereits so viel getan hatten, wir dermaßen ausgezeichnet worden waren, dass diese besondere Auszeichnung jemand anderem zufallen konnte. Jemand, der bisher im Schatten stand... „Es gibt die Regel, Wanderer, – sagte einmal der Kosmos – dass derjenige, der sich erniedrigen ließ, erhöht wird“.

– An die erste Dreiecksspitze wird sich Priester Juno stellen, – sagte leise Lucyna – der heutige Don Severiano.

Sie sprach Polnisch, deswegen übersetzte der neben dem Schamanen stehende Dolmetscher und polnisch sprechende Peruaner, ein Freund von Severiano, dass er sich an die Spitze des Dreiecks stellen sollte, dort, wo sich das Grab befand. Ich war von dieser Wahl nicht überrascht. Ich hatte so etwas erwartet. Er war derjenige, der als Priester Juno Cheops bestattete, das Grab abschirmte und nun sollte seine Energie diese Abschirmung wieder außer Kraft setzten.

Severiano ging zu der angewiesenen Stelle. Indessen schwieg die Priesterin und konzentrierte sich auf ihre Gedanken. Vielleicht unterhielt sie sich telepathisch mit dem Kosmos, vielleicht wartete sie nur auf seine Worte.

– Zwischen den Pfoten der Sphinx wird der Wächter der Pyramiden stehen. – sagte schließlich Ki. Ihre Stimme war deutlicher, kräftiger und ohne Zweifel.

Die Augen von Dr. Zahi Hawass erleuchteten vor Freude. Er ging sofort auf die majestätische Sphinx zu, um sich an die angewiesene Stelle zu stellen. Im Stillen freute ich mich über diese Entscheidung des Kosmos. Dr. Zahi Hawass glaubte sehr lange nicht an die Träume der Priesterin und – ähnlich wie eine ganze Reihe anerkannter Wissenschaftler – war er sehr lange nicht damit einverstanden, nach dem Großen Labyrinth an der von ihr genannten Stelle zu suchen. Er entschied sich jedoch, unsere Handlungen heimlich zu unterstützen. Er war der Erste aus eine ganzen Reihe von Sehr Wichtigen Personen, die die Stimme des Kosmos nicht nur vernahmen, sondern seine Anweisungen auch befolgten.
So viele andere Menschen waren so lange nicht imstande, die Worte von Lucyna, einer im 21. Jahrhundert auf der Erde lebenden Frau, von den Träumen der Priesterin, die ihre Informationen direkt aus der Anderen Dimension erhielt, zu trennen.

– Ja – dachte ich – der Kosmos sieht wirklich in unsere Herzen hinein...

Zwei Dreiecksspitzen waren bereits besetzt. Wir warteten weiter. Lucyna schwieg eine Minute... zwei... drei Minuten lang... Diese Zeit kam uns ewig vor. Wir wussten, dass Lucyna auf die Stimme des Kosmos hörte und seine Anweisungen erwartete, aber in dem versammelten Kreis dominierte eine gewöhnliche, menschliche Neugierde... Wer wird „der Dritte"? Als ich ihr Gesicht ansah, bemerkte ich eine hohe Konzentration, obwohl ich einen kurzen Augenblick lang, ein seltsames Lächeln vernahm. So, als ob sie sich in ihren Gedanken mit dem Kosmos neckte.

– An der Großen Pyramide – sagte sie schließlich – wird Geza Kisteleki stehen.

Ich glaube, dass viele von den um sie versammelten Personen enttäuscht, vielleicht sogar neidisch, vielleicht traurig darüber waren, dass „ich es nicht bin“. Für mich war die Wahl die größte Überraschung. Geza, ein Forscher aus Ungarn, der erst kürzlich zu uns gestoßen war, schien mir auf meiner persönlichen Liste der Kandidaten so entfernt von dieser Auszeichnung, dass ich ihn niemals berücksichtigt hätte. Sicher, dank seiner Anstrengungen lernten wir den Ägypter Khaled kennen, der uns half, einen direkten Kontakt zu den ägyptischen Behörden aufzunehmen, aber so viele andere schienen „mehr Verdienste“ zu haben. Ich dachte mir, dass es vielleicht eine Verbeugung des Kosmos vor dem Sirius war. Geza war überzeugt davon, dass an diesem Werk auch Wesen vom Sirius beteiligt waren, dass sie ihre Energie hinzufügten, um die Erde zu retten.

Es tat mir um Lucyna leid. Ich erinnerte mich des ganzen Weges, den sie vom Augenblick ihres klinischen Todes bis zu den ersten Traumen mit Łucja, mit mir und mit Iwona durchschreiten musste. Ich erinnerte mich der ganzen Erniedrigung, der Verspottung, der Anschuldigungen, psychisch krank zu sein, der schwarzen Visionen vieler Sehr Berühmten Hellseher (die ich Schwarzseher“ nannte), die sie alle mit Demut einstecken musste, ohne ihren Glauben an die Weisheit und Führung des Kosmos zu verlieren. Ich glaubte, dass der Kosmos sie für ihren Glauben, ihre Entschiedenheit und dafür belohnen sollte, dass sie den „Leidensweg“ betrat und uns zum Pharao geführt hatte. Er hätte sie als die Priesterin Ki an eine der Dreiecksspitzen stellen sollen.

– Sie wird die Erste sein, die das Grab betritt. – sagten in dem Moment meine Gedanken. – Keinem anderen wird diese Ehre zuteil. Ich lächelte im Geiste den Kosmos an.

„Es ist doch offensichtlich, sie ist die Auserwählte“.

Das Dreieck wurde gebildet. Niemand von uns wusste, was wir eigentlich zu erwarten hatten. Wie wird es sich „offenbaren“? Was geschieht? Ich dachte mir, dass die Personen an den Dreiecksspitzen Funken sprühen würden, was bewiesen hätte, dass tatsächlich etwas passierte. Vielleicht würden sie von einer sichtbaren Energie durchströmt und alle drei geschüttelt worden werden –.das wäre das Zeichen gewesen.

Ich wusste, dass jede der ausgesuchten Personen die beste war, sich am besten eignete, diese Aufgabe in diesem Moment zu erfüllen. Ich sah, dass Don Severianos Augen halb geistesabwesend waren. Vielleicht war sein Geist noch vor der Entscheidung in der Zeit zurückgegangen, um wieder der Große Priester, der Freund des Pharaos zu werden. Er erlebte wieder den Augenblick, als er die Mumie seines Meisters im Sand der Wüste begraben musste, im Bewusstsein, dass sie erst in 6.500 Jahren wieder ausgegraben wird. Er war einer der wenigen damals, die die wirkliche Bedeutung des Grabes und der Pyramide kannten.

Wir erwarteten jetzt ein Wort, ein Zeichen, eine Information, dass es bereits vollbracht wäre, dass die das Grab beschützenden Energien neutralisiert worden wären. Es war spät am Nachmittag und unsere Schatten in der Sonne wurden immer länger. Auf einmal kam eine leichte, erfrischende Brise vom Nil. „Ist es das vielleicht?“ – überlegte ich. Ich schloss meine Augen und stellte mir vor, dass ich die ganze Szene von oben, aus der Vogelperspektive beobachte, dass ich das von Severiano, Dr. Zahi Hawass und Kisteleki gebildete Dreieck sehe. In meiner Vorstellung sah ich Energien, die sie verbanden, die wogten, ihre Farben veränderten, das Innere des Dreiecks mit vibrierender Luft erfüllten, mal grün, dann wieder purpurfarben. Die Vision wurde immer deutlicher, die Farben immer intensiver... Ich bemühte mich, das Bild so lange wie möglich festzuhalten.

Ich entsann mich eines Experiments, das in den achtziger Jahren von einem italienischen Professor namens Ferlini an einem Modell der Großen Pyramide im Maßstab 1:100 durchgeführt worden war. Der Professor näherte dem Modell paarweise geschaltete, riesige Elektromagneten. Einmal entstand ein seltsames Energiefeld und der Professor, der sich aus Neugierde tiefer über die Pyramide beugte, verschwand aus dem Sichtfeld seiner Assistenten. Er erschien wieder, als das Feld panikartig abgeschaltet wurde. Die Visionen, die er im kurzen Zeitraum von einigen Sekunden seiner „Abwesenheit“ hatte, waren so außergewöhnlich, dass die ganze Sache unter den Teppich gekehrt wurde und nicht an die Öffentlichkeit gelangte. „Ich bin gespannt, ob einer von uns aus dem Sichtfeld verschwindet“ – kam es mir in den Sinn und ich öffnete schnell meine Augen, um nachzusehen, ob alle noch da waren.

Das waren sie. Niemand verschwand und es passierte auch sonst nichts Außergewöhnliches. Nur einen Augenblick lang schien es mir, dass ich in der Nähe des von Menschen gebildeten Dreiecks eine leichte Lichtbrechung sehe, die nach oben zum Himmel aufstieg. Ich wollte den neben mir stehenden Patrick aus Belgien fragen, ob er ebenfalls etwas gesehen hätte, aber seine Augen waren geschlossen und mit Sicherheit erschuf er seine eigenen Visionen. Vielleicht freute er sich darüber, dass der Dezember 2012 gar nicht das Ende der menschlichen Existenz bedeuten muss, wie es die alten Mayas prophezeiten.

– Wir können mit den Ausgrabungen beginnen, – sprach plötzlich Lucyna. – der Weg steht offen.

Wir sahen uns an. Keine Donner, keine energetischen Stürme... alles schon vorbei? Einfach: „man kann mit den Ausgrabungen beginnen"... Ich war gespannt, ob sich jemand davon enttäuscht fühlte, dass es an ungewöhnlichen Erscheinungen gefehlt hatte.

Was soll's, – dachte ich mir – wir haben den Ritus aus dem Traum der Priesterin vollführt.

* * *

Den ersten Spaten stieß Dr. Zahi Hawass in den Sand. Ihm wurde diese Ehre zuteil, er war doch so viele Jahre der getreue Wächter der Pyramide. Dank seiner Person gelangte kein Unbefugter nicht mal in die Nähe des „unseren" Ortes. Niemandem war es genehmigt auf der Hochebene von Gizeh Ausgrabungsarbeiten durchzuführen, obwohl es viele Bereitwillige gegeben hatte. Dr. Zahi Hawass war sich dessen nicht bewusst, warum er verbietet, er wusste nicht, dass der Kosmos ihm diese undankbare Rolle auferlegt hatte. Durch seine Hartnäckigkeit setzte er sich der Wut und dem Neid von Archäologen und Suchern unterschiedlicher Art aus, die Lust auf die Pyramiden, auf die Sphinx, auf Schätze hatten, die dort hätten versteckt sein können. Diesmal war er derjenige, der den Anstoß zu den wichtigsten aller Ausgrabungen gab, die der Mensch je durchgeführt hatte.

Wir wussten genau, was uns während des ganzen Vorgangs der Ausgrabung des Pharaos erwartete. Ich entsann mich eines Traums der Priesterin, als wir uns 2002 über das Grab unterhielten.

Worauf stoßen wir beim Graben auf das Pharaograb zu? – fragte ich damals den Kosmos.

Wanderer, ich sage dir, was euch erwartet, welche Überraschungen auf euch zukommen. – erwiderte er. – Die Befugten, die Auserwählten erwartet die Abschirmung, denn, wie du es bereits weißt, das Gelände und das Grab werden geschützt. Es ist eine Abschirmung, die auf dem Weg von Wellen direkt von Orion kommt.

Die erste Abschirmung war neutralisiert und wir wussten, dass unsere Gruppe diejenige war, die Ausgraben sollte. Wir sind die vom Kosmos auserwählte und akzeptierte Gruppe.

Nachdem ihr euch durch die Steinschicht und die Schicht vom harten Sand durchgearbeitet habt, – träumte damals die Priesterin – gelangt ihr zu den Gräbern. Die Menschen haben dort unbewusst einen Friedhof angelegt. Ihr werdet Skelette vorfinden. Einige von ihnen sind wenig von Bedeutung, es sind aber auch Würdeträger unter ihnen. Es ist nicht das, wonach wir suchen, also müssen wir weitergraben. Die Friedhofsschicht muss abgetragen werden und danach könnt ihr möglicherweise auf Insektenhöhlen stoßen. Es ist die nächste Falle. Zur eigenen Sicherheit sollte man Feuer dabei haben, um das Wegzubrennen. Vielleicht weicht das Ungeziefer beim Graben, denn meine Energie wird es töten. Wenn ihr auch dieses Hindernis beseitigt, muss nur noch gegraben werden. Bis zum Grab des Pharaos gibt es nur noch Sand.

Und so war es. Der Graben wurde von einem Tag auf den anderen immer tiefer. Wir wussten, dass das Grab in einer Tiefe von etwa 15 Metern verborgen war, also von Anfang an wurde der Graben entsprechend breit angelegt, der beim Tiefergehen unter Einhaltung der notwendigen Sicherheitsmaßnahmen stufenweise schmaler wurde. In einer Tiefe von 10 Metern stießen die Archäologen auf den vorhergesagten Friedhof. Er rief bei allen eine helle

Begeisterung aus. Es war der nächste Beweis dafür, wie präzise die Anweisungen des Kosmos waren. Zum ersten Mal sah ich bei Dr. Zahi Hawass Tränen in den Augen, als er davon erfuhr, dass der alte Friedhof erreicht wurde. Ich ahnte nicht, dass der „harte“ Wissenschaftler, der sein ganzes Leben lang den Gedanken an sich nicht heranließ, dass die Pyramide etwas anderes als ein zu Ehren des Pharaos erbautes Denkmal sein könnte, sich dadurch gerührt fühlen kann, dass sich Träume einer unbekannten Frau aus dem entfernten Polen bewahrheiteten.

Die Entdeckung des Friedhofs verlangsamte die Ausgrabungsarbeiten. Die Archäologie hat ihre Rechte und die Archäologen haben ihre Verfahren. Jeder Knochen musste ausgepinselt und katalogisiert werden. Jedes Grab musste genau untersucht, jeder gefundene Topf sorgfältig beschrieben werden.

Wir warteten geduldig, da wir wussten, dass sich in einigen Tagen, vielleicht in einigen Wochen vor der Menschheit das größte Geheimnis aller Zeiten enthüllen wird. Auf diese Weise erretten wir die Erde vor etwas Unbekanntem, vor dem kosmischen Schicksal, das von den Götter vorgesehen wurde. Wir wussten, dass die den Menschen geschenkte Abschirmung in Betrieb gesetzt wird und viele, viele Millionen menschlicher Wesen dem Tod und die Erde einem Kataklysmus entrinnen. Es waren außergewöhnliche Augenblicke... Augenblicke voll Hoffnung, Spannung, Unsicherheit. Viele stellten sich die Frage: Und vielleicht gibt es dort doch nichts? Vielleicht ist das Ganze ein politisches Spiel, ein Schleier, der die brennenden Fragen der Welt bedecken soll? Es gab auch einige, die vorhersagten, dass das Öffnen der Cheops Pyramide den „Weltuntergang“ herbeiführt. Sie warnten vor „schwarzen Mächten, welche Besitz über die Erde ergreifen“... Die Antwort war nur noch einige Meter unter der Erde entfernt.

Langsam vertiefte sich der Graben auf die richtige Tiefe. Der Bodenradar, die Sonden und die senkrechten Bohrungen erwiesen das Auftreten einer konkreten, großen Formation, die in unseren Köpfen nichts anderes als das gesuchte Grab sein wollte. Ein Raum, der aus Steinblöcken erbaut war, die den der Pyramide ähnlich waren. Das, was es verbarg, sollte viel mehr wert sein als alles Gold der ganzen Welt. Es enthielt die Menschheitsgeschichte, die von Priestern auf Tontafeln während der 20 Jahre dauernden Erbauung der Großen Pyramide niedergeschrieben wurde. Es enthielt die Mumie des Pharaos, des Großen Erbauers, des Sohn der Sonne, der seit Jahrhunderten ungeduldig darauf wartete, seinem Vater in die Augen zu sehen. Es enthielt den Schlüssel für das Zeittor.

Ich überlegte, ob die geistigen Wesen ähnlich wie wir Aufregung verspüren, die besondere Art der Erregung vor einem Ereignis, auf das sie schon längere Zeit warteten. Ich wusste zwar, dass im Weltraum die Zeit ganz anders läuft, aber die Tatsache der eintretenden Veränderung, der Erfüllung einer Prophezeiung, der Erfüllung des Willens des Allerhöchstem muss auch für sie etwas besonderes sein. Ich wusste, dass der Geist von **KHUFU** unter uns weilte und auf diesen Augenblick wartete. Ich stellte mir vor, dass, wenn er ein körperliches Wesen wäre, dann würde er jetzt mit seinen Händen und Füssen vor lauter Aufregung zappeln.

Was können in solchen Augenblicken die geistigen Wesen tun? – überlegte ich. – Vielleicht empfinden sie eine besondere, uns, den Sterblichen, unbekannte Art von Gefühlen. Vielleicht sind das die Gefühle, die nur wenigen Menschen bekannt sind, ähnlich dem, was die Auserwählten als „Blendung" bezeichnen...

Das Graben schritt nur langsam voran, denn wegen der vorhergesagten Falle mit dem Ungeziefer war Vorsicht geboten. Die Grabenden hatten „Flammenwerfer" für den Fall bei sich, wenn die Insekten ausgebrannt werden mussten. In einer Tiefe von 14 Metern entdeckte man etwas, was an Rohre oder Öffnungen in der Erde erinnerte. Sie waren leer. Der Kosmos hatte sein Versprechen eingehalten. Wenn sich dort irgendwann Insekten befunden hatten, dann wurde sie von der Energie getötet. Zur Sicherheit bliesen die Arbeiter die Rohre mit Feuer durch und das Ausgraben ging weiter.

Der lange erwartete Augenblick kam bei Abenddämmerung eines weiteren Ausgrabungstages. Der Spaten schlug gegen den Stein.

Die darauf folgenden Tage waren damit gefüllt, den Grabblock frei zu graben. Alle waren sich dessen bewusst, dass gleich nach dem Öffnen des Eingangs die letzte energetische Abschirmung neutralisiert werden musste. Dazu brauchten wir die Energie der Priesterin Ki, der heutigen Lucyna.

– Was sollen wir nach dem Öffnen des Grabes tun? – fragte ich den Kosmos bei einem der ersten ihrer Träume von Cheops.

– Es ist eine sehr wichtige Frage – erwiderte er ernst. – Reinkommen werden diejenigen, die wirklich reine Absichten haben. Als erste geht die dem Pharao geweihte Priesterin Ki hinein. Sie wird die letzte Sperre der energetischen Abschirmung durchbrechen und nachher wird keine Gefahr mehr bestehen.

Der zur Ruhestätte hinabführende Graben schien riesig. Auf der Seite der Großen Pyramide entdeckte man ebenfalls einen zugeschütteten Teil des Labyrinths, eines Ganges, der wahrscheinlich direkt zur Pyramide führte und den die Priester benutzten, als sie im Leichenzug den verstorbenen Pharao zum Ort seiner Beisetzung brachten. Jetzt führte von der Oberfläche bis zum ausgegrabenen, aber noch verschlossenen Grab, eine Reihe von Leitern, die man hinabsteigen musste, um auf die Eingangsebene zu gelangen.

Man muss die Wand auf der Seite der Pyramide öffnen. – sagte Lucyna, als die ganze Struktur freigelegt wurde.

Es war für uns offensichtlich, dass der Felsen von der Seite der Pyramide aus gesehen derjenige war, der den Eingang bildete. Die Archäologen überlegten, wie sie ihn bewegen sollten. Sollte man ihn etwa mit einem Kran heben oder ihn einfach durchbohren... Der Felsen wurde seit Tausenden von Jahren nicht bewegt. Man befürchtete das Grab bei zu unvorsichtigen Arbeiten innen zu beschädigen. Man entschied sich schließlich für sehr langsame Bohrungen im Stein, um rein zu gelangen.

Wie groß war die Überraschung der Arbeiter, als gleich nach den ersten Bohrungen die Außenschicht abbröckelte, welche die Arbeiter leicht von der eigentlichen Wand abrissen, und der Eingang zum Vorschein kam – eine Nische, mit einem Steinblock verstellt. Die Beseitigung des Steinblocks war schon kinderleicht. Der Eingang zum Grab war geöffnet. Wir standen kurz vor dem Ende der alten und dem Beginn der neuen Ära in der Entwicklung der Menschheit...

Gibt es eine weitere Vorgehensweise nach dem Herausnehmen des Pharaos aus dem Grab? – war eine weitere Frage aus den Träumen der Priesterin.

Ja, Wanderer, es gibt ein solches Verfahren, - antwortete damals der Kosmos. – Die Mumie wird sich zusammen mit dem Zug, das heißt mit euch, Richtung der Sphinx bewegen. Dort wird sie sich vor ihr verbeugen. Danach geht ihr in die Pyramide und legt die Leiche in ihren Sarkophag.

Wie ich richtig verstehe, dient das ganze Verfahren dem Öffnen der Pyramide, dem Öffnen des Weges zur außerirdischen Kommunikation. Was kommt weiter? – fragte ich damals.

Richtig, hier hast du vollkommen Recht, aber was nachher folgt, Wanderer, wirst du zu einem späteren Zeitpunkt erfahren. Ich darf auch nicht alles erzählen. Und das, was nach Erwachen des Pharaos geschieht, wird euch alle direkt betreffen.

Du meinst alle Erdbewohner?

Ja, Menschen, die die Erde bewohnen...

Dieser Traum der Priesterin war sehr alt, aber er prägte sich sehr stark in mein Gedächtnis. Damals verstand ich noch nicht seine richtige Bedeutung, er kam mir irreal und weit entfernt vor. Jetzt, als ihre Träume begannen, sich zu erfüllen – bekamen die vor Jahrhunderten ausgesprochenen Prophezeiungen die Kraft eines Befehls. „So soll es geschehen" – sagten damals die Götter und alle wussten, so wird es kommen.

Lucyna stieg mit Hilfe von Dr. Zahi Hawass die Leitern runter und stellte sich vor den dunklen, noch nicht beleuchteten Eingang hin. Sie verschloss ihre Augen, als ob sie noch beten oder meditieren wollte. Ich wusste, dass sie in ihren Gedanken mit dem Kosmos spricht, der sie beruhigt, vielleicht die weitere Vorgehensweise erklärt.

Nach einigem Zögern machte sie einen Schritt nach vorne. Sie ging in die dunkle Eingangsöffnung hinein und hielt innen an. In dem Augenblick wurde der letzte Schutz beseitigt. Der Schlüssel zur Großen Pyramide war in Reichweite einer menschlichen Hand... Es war bereits kurz nach Mittag. Die Sonne schien hell und wartete auf das Kommen ihres Sohnes.

EPILOG

Im April des Jahres 2005 starb **Papst Johannes Paul II.** und die Menschen begannen sich plötzlich zu verändern, die Welt sah sich mit den Augen der Liebe an, den Augen des Verständnisses.

– Sieh Dir die Welt in diesen Tagen der Trauer an – bat ich den Kosmos durch die Priesterin. – Von so einer Energie sprichst Du doch die ganze Zeit, um solche bittest Du die Menschen, und eine solche Energie bekommst Du jetzt. Die Menschen sind zu solchen Gefühlen fähig. Wenn eine solche Notwendigkeit besteht, dann können sie sowohl die Erde, wie auch sich selbst ohne Cheops retten.

Diejenige, Deren Name Das Leben Ist, schwieg einen Moment und begann danach traurig, die Worte des Kosmos zu wiederholen.

– Ich habe nie verschwiegen, dass der Papst für uns, die geistigen Wesen, so etwas wie eine Schwalbe, ein Bote ist... Ein Bote des heraufziehenden, symbolischen Frühlings. Er flog überall hin und hielt seine Reden. Aber sag mir, Wanderer, wie viel haben die Menschen von diesen Reden verstanden? **Der Papst, Euer Weißer Vater**, war das letzte Glied in der Kette. Der Kette, die noch die himmlischen Heerscharen aufhielt, die nur noch auf das Zeichen des Großen Anführers warten, um auf die Erde zu kommen. Das letzte Glied ist gebrochen und die Kette hält nicht mehr...

Ich dachte mir, dass der Kosmos nicht auf meine Fragen antwortet, aber ich wusste, dass dies sein Stil war, sich mit mir zu unterhalten, dass er Früher oder Später konkrete Fakten nennen wird. Augenscheinlich musste er mir erst all das sagen, was ihm auf dem Herzen lag und den gestorbenen Papst betraf.

– Oh, Ihr menschlichen Wesen – fuhr der Kosmos mit seinem Gedanken fort – weint nicht nach dem Abtritt dieser letzten Schwalbe. Weint über Euch selbst. Jetzt weint Ihr bereits über Euch selbst. Damit der Große Fürst, der Große Anführer auf die Erde kommen kann und das neue Leben in der neuen Ordnung einleiten kann, muss erst einmal aufgeräumt werden. Die Menschen haben aus dem Papst bereits einen Heiligen gemacht. Er wird heilig sein, aber er wird erst dann eingreifen können, wenn die Erde gereinigt und gesäubert wurde. Heute zeigt sich Trauer auf Euren Gesichtern, menschliche Wesen, aber ich frage: Wo wart Ihr, als diese Schwalbe jahrelang geredet und gebeten hat, damit Ihr Euch auf Gott besinnt und gut seit zu den anderen Menschen? Ich kann an den Fingern einer Eurer Hand die Menschen abzählen, die die Worte dieser Schwalbe verstanden haben. Jetzt hilft kein Weinen, jetzt heißt es abzuwägen, was aus der jetzigen Situation gemacht werden kann.

– Mir geht es um Energie – fügte ich schüchtern ein. – Die Energie, welche die Menschen gegen den Himmel schicken in diesen denkwürdigen Apriltagen, als Johannes Paul II. verschied. Alle Fernsehsender der Welt beschrieben sein Leben, Millionen von Menschen kamen nach Rom, um Ihm die letzte Ehre zu erweisen. Das war eine riesige Menge Energie der Liebe.

Der Kosmos aber blieb weiter bei seinem Thema.

– Die Menschen wollen sich nicht bewusst werden, dass etwas anderes existiert, als ihr Hochmut. Es müssen die aufgeklärten Menschen überzeugt werden, die sich für klug und allwissend halten. Es muss diesen Menschen gezeigt werden, wie wichtig die Rettung der Erde ist, nicht nur für ihre eigene Haut. Diejenigen, die sich retten wollen, sind in der Unterzahl, die Mehrzahl der Menschen müsste abtreten. Wanderer, die Menschen sind mir wirklich sehr nahe. Man kann sagen, dass jedes menschliche Wesen mein Element in sich trägt, das Göttliche Element. Auf ihrem Weg haben die Menschen allein ihren Instinkt verloren, den Instinkt der Liebe. Deshalb reicht die Energie der Liebe allein nicht mehr aus. Es müssen all diese Anlagen eingeschaltet werden, die sich auf der ganzen Erde befinden, erst dann können wir über die Rettung der Menschen reden.

– Mir geht es aber gerade um die Energie der Liebe. Die Energie, die der Weiße Vater durch sein Ableben freigesetzt hat.

– Die Erde, Wanderer, wird bleiben – führte der Kosmos fort, noch einmal meine Frage ignorierend. – Wenn die Menschen in ihrer Phantasie die leere Erde sehen könnten, dann würde sich ihr Denken garantiert ändern. Du fragst nach dem Weißen Vater...

Endlich – dachte ich.

– Einige Menschen glauben nicht daran, dass die Liebe Energie ist. In der Zeit, als Euer Weißer Vater hinweggenommen wurde, als er in das Haus seines Vaters zurückkehrte, in dieser Zeit verstanden es die Menschen, sich zu vereinen. Sie verstanden es, gut zueinander zu sein, sich Liebe zu zeigen. Aber als der Weiße Vater begraben wurde, kam alles an seinen angestammten Platz zurück und in den Kosmos wird wieder nur soviel Energie entsendet, wie gewöhnlich. Kann eine solche Energie die Menschen retten? Ich wiederhole, was ich bereits einmal gesagt habe. Die Erde... Die Erde wird überdauern, aber ihre Bewohner dürfen nicht überdauern, Die Erde wird ihre Wunden heilen, um dann vollständig geheilt von einer anderen Zivilisation besiedelt zu werden. Ich sage Dir, dass ich mit Schmerz im Herzen ansehen müsste, wenn meine Wesen die Erde verlassen müssten. Und das nur durch die eigene Dummheit, die eigene Halsstarrigkeit. Was predigte der Weiße Vater, als er um die Erde reiste? Er verkündete Liebe, Nächstenliebe, er bat um Bekehrung. Als er dahinging, schaffte er es noch zu sagen, dass Ihr Euch nicht ängstigen sollt. Der Weiße Vater wusste von der Rettung der Erde. Deshalb wollte er so lange auf ihr weilen.

– Die Gebete für Johannes Paul II schufen eine Energie. Ist diese Energie ein Schutz für die Erde? – konkretisierte ich meine Frage.

– Das ist eine Tatsache – bestätigte der Kosmos. – Die Energie wurde erschaffen, aber so muss es die ganze Zeit weitergehen. In diesem Moment wird die gesamte schöne Energie, die von den Menschen erzeugt wurde, wieder zerrissen. Sie benötigt Reparaturen. Seid Ihr in der Lage, noch einmal eine solch starke Energie zu schaffen, die in der Lage wäre, die Welt zu schützen, wenn der fremde Planet an ihr vorbeifliegt? Glaube mir, Wanderer, dazu seid ihr nicht in der Lage. Deshalb haben die Wesen vom Orion die Botschaft errichtet, welche die Pyramide oder das Zeittor darstellen. Diese Botschaft ist ebenfalls auf der ganzen Erde verteilt, überall sind gesicherte Energien versteckt, die bis zum Jahre 2012 in Betrieb genommen werden müssen. Anders gesagt – Ihr müsst es zeitlich schaffen.

Ich erhielt meine Antwort und im Geiste musste ich dem Kosmos Recht geben. Natürlich, bereits ein paar Tage nach dem Begräbnis kehrte die Welt zur Alltäglichkeit zurück, zu den Konflikten, den Reibereien und all dem, woraus unser tägliches Leben besteht. Die Energie, diese herrliche, wunderschöne Energie, wurde zerrissen.

Noch eine Frage steckte seit langem in meinem Kopf und ich kam zu der Überzeugung, dass jetzt ein guter Moment gekommen war, um sie zu stellen.

– Du hast die Formulierung verwendet: „Wir, die geistigen Wesen“. Wenn Dir die Erde zur Aufsicht übertragen wurde, wer bist Du dann wirklich? Wie ist Dein wahrer Name? Kannst Du mir auf diese Frage antworten?

Ich war nicht sicher, ob der Kosmos etwas zu diesem Thema sagen wollte. Schon einige Male hatte er eine Antwort verweigert, aber schließlich riskierte ich nichts. Ich erfahre höchstens, dass die Zeit noch nicht reif ist.“ Zu meiner Freude war die Antwort jedoch sehr konkret.

– Das bewegt Dich also, Wanderer – ich fühlte das Lächeln in den Worten der Priesterin. – Jetzt kann ich Dir antworten, jetzt bin ich bereit, denn die Antwort ist nicht einfach.

– Warum? – wunderte ich mich.

– Meine Zeit ist die Ewigkeit. Mein Name änderte sich mit der auf der Erde ablaufenden Zeit.

– Wie war er also am Anfang?

– Mein wahrer Name ist **EA**. Anschließend verliehen mir die Menschen verschiedene andere Namen in Abhängigkeit von der Zeit, in der sie lebten. Ich bin Derjenige, Der Die Menschliche Rasse Schuf, ich bin **EN-KI**. Als ich auf die Erde kam, waren die Menschen noch sehr primitiv. Meine Rolle, war es, sie zur Vollkommenheit zu führen, deshalb existiert in jedem Menschen ein Element von mir, ein Göttliches Element. Ein Element, das ich selbst vom **Höchsten Gott** erhielt. In vergangenen, schweren Zeiten kämpfte ich um die Erhaltung der menschlichen Rasse und deshalb sind mir die Menschen so nah. Ich hatte auch andere Namen. Ich wurde **PTAH, OANES** und **RA** genannt. In verschiedenen

Zeiträumen und bei verschiedenen Zivilisationen wurde ich noch anders bezeichnet. Bei Euch, auf der slawischen Erde, nannte man mich **ŚWIATOWID**. Ich wurde als Gott von den Urslawen verehrt, so wie in vielen anderen Zivilisationen auch. Ich stehe auf der höchsten Stufe der **Geistigen Hierarchie**, ich bin einer der ersten Söhne des Allmächtigen Gottes. Deshalb erhielt ich die Erde als Beschützer.

Ich schwieg, die Priesterin auch. **EA, EN-KI** wartete augenscheinlich auf die nächsten Fragen, aber mir viel nichts Kluges ein. Obwohl ich all das erwartet hatte, war ich von der Wichtigkeit des Geistigen Wesens, mit dem ich mich unterhielt, schockiert. „Wie heißt Du heute in unserer Zivilisation?“ – wollte ich fragen, aber im Unterbewusstsein fürchtete ich mich davor.

– Wie soll ich Dich jetzt nennen? – fragte ich endlich.

– Nenne mich weiter **Kosmos**. Ich mag diesen Namen. Niemand hat mich bisher so genannt.

– Ich weiß nicht, worüber ich Dich noch fragen könnte – erklärte ich ehrlich. – Gibt es noch etwas, was ich wissen sollte, was uns beim Cheopsprojekt helfen kann?

– Ja, es gibt so etwas. – antwortete der Kosmos. – Die Wissenschaftler werden Dir vorwerfen, dass Cheops die Große Pyramide gar nicht vor 6500 Jahren bauen konnte, weil er in einer anderen Zeit lebte, viel später.

– Ich weiß. Viele haben mir das bereits gesagt. Andrzej sagte es mir, Derjenige, Der Den Mut Hatte, Weise Zu Sein.

– Du musst wissen, dass Cheops und Khufu nicht dieselbe Person ist, nicht derselbe Pharao.

Ich schwieg wieder und hörte überrascht seine Worte. Tatsächlich, seit ich von Lucyna wusste, dass der Bau der Pyramide 2000 Jahre vor dem offiziellen Datum des Baus stattfand, passte dies nicht zur Pharaonendynastie, die von der Wissenschaft aufgestellt wurde. Cheops war ein Pharao der IV. Dynastie und lebte der Wissenschaft zufolge 2.500 Jahre vor unserer Zeitrechnung, also ungefähr vor 4500 Jahren. Er konnte die Große Pyramide also nicht erbaut haben. Ki beschrieb ihn die ganze Zeit über als „Cheops". Warum?

– Wenn **KHUFU** und Cheops nicht die gleiche Person sind, warum nannte Ki den Pharao dann Cheops? – wollte ich wissen.

– Das habe ich bereits gesagt. Den Menschen fällt es schwer, etwas zu verstehen, was sehr kompliziert ist. Deshalb habe ich erlaubt, dass der Verstand der Priesterin den Pharao als Cheops versteht.

– Wer hat dann also die Große Pyramide erbaut?

– Die Wissenschaft meint, dass Cheops die Pyramide 2500 Jahre vor dem Zeitalter der Fische erbaut hat – antwortete der Kosmos. – Es gibt hier eine gewisse Ungenauigkeit, denn zu dieser Zeit stand die Pyramide bereits. Sie war stark beschädigt, deshalb erhielt Cheops, zur Vereinfachung nennen wir ihn **„Cheops den Zweiten"** die Aufgabe, sie zu reparieren. Dieses Werk führte er aus und dabei arbeiteten allein die Menschen.

– Aber wer hat sie gebaut? – fragte ich erneut.

– Das, was ich jetzt sage, wird Dich überraschen. Den Bau der Großen Pyramide beaufsichtigte **Derjenige, Der Vom Himmel Kam**. So wurde er genannt. Ich erläutere Dir, wie es zu den Widersprüchen mit dem Namen kam. Wie Du bereits weißt, kamen herausragende Wesen aus Atlantis, um das einfache Volk zu lehren. Nach der Evakuierung verteilten sich alle, die überlebt hatten, über die gesamte Welt. Auf der ganzen Welt gab es die gleiche Sprache, die gleichen Sitten und den gleichen Glauben.

Es gab keine Einteilung in Länder und Kontinente. Erst nach der zweiten Sintflut kam es zu Veränderungen.

– Der Name **KHUFU** – fuhr der Kosmos fort – war schon auf Atlantis bekannt. Derjenige, Der Vom Himmel Kam, war außergewöhnlich talentiert. Das Volk nahm an, dass ihn die Götter gesandt hatten. Als der Bau der Pyramide begann, musste der Oberaufseher einen Namen besitzen. Die Erinnerung an Atlantis war noch sehr lebendig, also erhielt er den Namen **KHUFU**. In Wahrheit lebte Cheops der Zweite 2000 Jahre später und er war es, der die beschädigte Pyramide ausbesserte. Wahr ist zudem, dass Cheops der Zweite nicht in das Innere der Pyramide hinein ging. Er war sich sicher, dass die Gebeine dessen, der die Pyramide erbaut hatte, sich im Inneren befinden. Er achtete die Pyramide.

– Weiterhin wahr ist – sprach der Kosmos durch die Priesterin weiter – dass sowohl die Gebeine des einen, wie auch des anderen Pharaos nie gefunden wurden. **Wenn Ihr das Grab des KHUFU öffnet, werdet Ihr sehen, wer sich darin befindet.** Die Begräbnisstätte von Cheops dem Zweiten wird Euch auch gezeigt werden. Keiner von ihnen ruht im Tal der Könige.

Ich dachte mir, dass wenn an meiner Stelle ein Archäologe oder jemand, der sich mit der Geschichte Ägyptens beschäftigt, gewesen wären, dann hätte er sicher Tausende von Fragen gehabt. Mein Wissen in diesem Bereich war jedoch so gering, dass ich nicht in der Lage war, dass Thema zu vertiefen.

– Dass der Name Cheops für die Übertragungen genutzt wurde, war bewusst gewählt – Der Kosmos kam selbst auf die Angelegenheit des Namens zurück. – Dies geschah, um einfacher in den menschlichen Verstand einzudringen und um das Interesse der Wissenschaft zu wecken. Der Name Khufu bedeutet Großer. Öffnet das Labyrinth oder das Grab und Ihr werdet den Namen dessen kennen lernen, der dort begraben liegt. Ihr lernt die Geheimnisse des Universums und die Zukunft der Erde kennen. Wenn Ihr über den Pharao sprecht, der den Bau der **Großen Pyramide, des Zeittors, des Codes der Menschheit** beaufsichtigte und ihn **„Derjenige, Der Vom Himmel Kam“** genannt hättet, wer hätte Euch geglaubt? Wenn Ihr aber den Namen Cheops verwendet, dann weckt das sowohl Interesse, wie auch Widerspruch. Und so ist es geschehen.

– Warum hat sich Cheops der Zweite dann des gleichen Namens bemächtigt? Warum nannte er sich ebenfalls **„KHUFU“**?

– Wird in Eurer heutigen Zeit nicht auch der Name Jesus vergeben? Gibt es den Nachnamen Mickiewicz nicht mehr? Cheops war ein Nachkomme von **KHUFU** in direkter Linie. Auf den Steinen waren seine Namen eingeritzt, die Daten und die wichtigen Botschaften. Cheops befahl dies alles zu beseitigen. Die Wahrheit wird erst nach dem Auffinden des Grabes ans Licht kommen.

* * *

Im Juni des Jahres 2005 fuhr eine aus 6 Personen bestehende Equipe nach Ägypten zu ersten Untersuchungen. Neben Lucyna waren das Andrzej, also Derjenige, Der Den Mut Hatte, Weise Zu Sein, der Georadar-Spezialist Adam, also Derjenige, Der Die Sprache Der Erde Versteht, Iwona – Diejenige, Die Jeder Morgen Anlächelt, Patrick aus Belgien –.Derjenige, Der Das Schicksal Der Welt In Schwarzen Farben Sieht, und ich – der Wanderer.

Lucyna bestimmte den genauen Ort des Begräbnisses von **KHUFU** sowie zwei Eingänge zum Großen Labyrinth. Ein Eingang liegt an der Pyramide aus Schlammziegeln in Hawara, der Andere – an der dritten Pyramide in Gizeh. Der Kosmos führte sie ebenfalls an die

Stelle des Grabes von Cheops dem Zweiten. Beide Gräber befinden sich unweit der Großen Pyramide

Im Januar 2006 genehmigte das Kulturministerium von Kairo der Universität für Geophysikalische Wissenschaften Bodenradaruntersuchungen (GPR) auf dem Gizeh-Plateau bei den Pyramiden. An den von Lucyna angezeigten Stellen, wurden die Untersuchungen im Februar 2006 in einer Tiefe von zwölf bis sechzig Meter durchgeführt. Die polnische Fundation für die Unterstützung Archäologischer Untersuchungen **"Dar Swiatowida"** und die Amerikanische Fundation **"The Mysteries of the World"** in Chicago finanzierten diese Untersuchungen. Die Daten wurden analysiert von den Wissenschaftlern des **Nationalen Instituts für Astronomie und Geophysik in Kairo**, und vom **Institut für Geologische Wissenschaften der Universität von Wroclaw** in Polen.

Im Juni 2006 hat in Wroclaw (Breslau) ein internationales Symposium mit Archäologen, Geophysiker, Astronomen und anderen Wissenschaftler aus Polen, Ägypten, USA und Belgien stattgefunden. Sie berichteten über die Ergebnisse ihrer Studien bezüglich der Messungen und Untersuchungen des gesamten Gizeh-Plateau

Die Resultate bestätigen übereinstimmend die von Lucyna gezeigten Plätze.

Weitere Informationen und Updates unter:

www.projekt-cheops.com (Polnisch, Russisch)

www.missionpharaoh.com (Englisch, Polisch)

www.vitages-verlag.de

Diejenigen, bei denen ich mich bedanke und sie vor Vergessenheit bewahren möchte

Die Welt verändert sich mit jeder Minute und Sekunde wie das menschliche Gedächtnis. Aus diesem Grunde möchte ich an dieser Stelle all diejenigen ehren, die – als die Ersten – das Projekt Cheops ins Leben gerufen haben und sich auf eine Wanderung Richtung des Neuen und Unbekannten gewagt haben. Dieses „Unbekannte“ bleibt immer noch ein Großes Geheimnis, aber es überrascht mit immer kräftigeren Beweisen seines Daseins.

Deswegen möchte ich die **Priesterin Ki, Lucyna Lobos, vor Vergessenheit bewahren, denn dank ihr entstand dieses Projekt.** Man muss über einen außerordentlichen Mut verfügen, um sich nicht zu fürchten, anders als all die anderen zu sein. Ich danke Dir, **Lucyna**, für Deine Bescheidenheit, Deine Geduld und die innere Kraft und dafür, dass Du es uns allen bewusst gemacht hast, dass wir etwas Wichtiges für die Menschen und die Erde tun können.

Ich möchte Diejenige, Welche Jeder Morgen Anlächelt, **Iwona Stankiewicz**, vor Vergessenheit bewahren. Dank ihr war die Begegnung der Priesterin mit dem Wanderer möglich. **Iwona** wurde zu einem Funken, der die Lichter aufflammen ließ, die den Weg nach Ägypten beleuchteten, und zum Faden, der alle Elemente dieses Puzzles miteinander verband.
Ich danke Dir dafür, dass Du auf meinem Weg erschienst.

Ich möchte Diejenige, Die In Der Zeit Rückwärts Bewegen Kann, **Lucja Szajda**, vor Vergessenheit bewahren. Als klinische Psychologin war sie imstande den Zustand des Verstandes von Lucyna zu begutachten und hatte keine Zweifel, sie in die Zeit zu versetzen, von der sie doch nichts wusste. **Lucja**, habe vielen Dank dafür, dass Du Deine Autorität als Psychologin aufs Spiel gesetzt hast und die Hypnosesitzungen mit Lucyna glaubhaft gemacht hast.

Ich möchte Diejenige, Die Den Mut Hat Zu Reden, **Barbara Choroszy** aus Chicago, vor der Vergessenheit bewahren. Sie hatte den Mut durch das Radio über außergewöhnliche Dinge zu sprechen, welche sich von den offiziellen Theorien sehr unterscheiden. Danke Dir Barbara für Deinen Mut und Deine Hilfe.

Ich möchte Denjenigen, Der Das Schicksal der Welt In Schwarzen Farben Sieht, **Patrick Geryl** aus Belgien, vor Vergessenheit bewahren. Dank seiner Leidenschaft entstand das Projekt Labyrinth, als ein Zwischenschritt auf dem Weg zur Entdeckung des Grabes des Pharaos. Habe vielen Dank, **Patrick**, dafür, dass Du nicht schwanktest, nach Brüssel zum ersten Treffen mit mir zu kommen und dass Du uns immer noch geduldig mit Deinen Beziehungen hilfst.

Ich möchte Denjenigen, Der Es Wagte Weise Zu Sein, den Ingenieur und Geologen, **Andrzej Kaplanek**, vor Vergessenheit bewahren. Dank ihm entstand das Projekt Ślęża (Zobten), der erste Schritt auf dem Weg zur Entdeckung des Grabes des Pharaos. Habe vielen Dank, **Andrzej**, für Deine Eindringlichkeit und Kenntnis, die so behilflich bei unserem Projekt sind.

Ich möchte Denjenigen, Der Ein Überzeugter Skeptiker War und sich in Denjenigen, Der Aus Der Bewunderung Nicht Heraus Kam, verwandelte, den Doktor der Archäologie, **Aleksander Limisiewicz**, vor Vergessenheit bewahren. Dank ihm begannen die Ausgrabungen auf dem Ślęża (Zobten), welche noch immer andauernden und dem der mysteriöseste Berg Polens seine Geheimnisse enthüllt. Habe vielen Dank, **Olek**, dass Du trotz massiver Zweifel mit den Forschungsarbeiten auf dem Ślęża begonnen hast.

Ich möchte Denjenigen, Der Die Sprache Der Erde Versteht, den Doktor der Geologie, den Spezialisten für den Bodenradar, **Adam Szynkiewicz**, vor Vergessenheit bewahren, dank dem das Projekt Cheops nicht nur ein Traum blieb, sondern zur wissenschaftlichen Wirklichkeit wurde. Habe vielen Dank, **Adam**, für Deine Liebe zur Erde und für Deine Engagiertheit in das Projekt, von dem Du so wenig wusstest.

Ich möchte mich bei all den bedanken, die bei dem Projekt Cheops körperlich, finanziell und geistig – durch die Ausstrahlung von guten Gedanken und Unterstützung durch Hoffnung, Zuversicht und Mut – mitwirkten und uns immer noch unter die Arme greifen.

Ich möchte mich auch bei **Lidia und Cezary Tousty** aus Darłowo, den Stiftern der Stiftung Fundacja Wspierania Badań Archeologicznych DAR ŚWIATOWIDA, der ersten Organisation in Polen, deren Ziel die Entdeckung des Grabes von Pharao Cheops ist, herzlichst bedanken.

Ich bedanke mich bei Euch allen und verneige meinen Kopf vor Eurer Engagiertheit und Eurem Mut, den manchmal unebenen aber auch interessanten Weg zu betreten.

PROPHEZEIUNGEN FÜR DAS WASSERMANNZEITALTER

Die Prophezeiung der großen Pyramide beinhaltet Informationen über Katastrophen, d.h. Überschwemmungen von Kontinenten. Das wird der Anfang eines neuen Bewusstseins und einer neuen Welt sein. Die große Pyramide zeigt die Richtung für die ganze Menschheit, denn sie birgt in sich versteckte Überlieferungen. Auf die Erde kommen die Erbauer der Pyramiden, welche die Menschheit hilft bei dem Gestalten und Bauen einer neuen, besseren Welt. Laut Experten leben wir gerade jetzt in der so genannten Endzeit.

Prophezeiung der großen Pyramide

Wenn der Fisch übergeht zum Wassermann und der Wassermann den Platz übernimmt, finden die Menschen den Schlüssel für die Tür und die Tür wird geöffnet.

Nostradamus

Polen ist das Land aus welchem das Signal kommt, das die ganze Welt verändert.

Pater Czeslaw Klimuszko

Polen wird eine große Rolle im Prozess der geistigen Welterneuerung haben. Polen wird ein Beispiel sein für die anderen Länder.

Stefan Ossowiecki

Die Meere und Ozeane werden sich aus ihrem Bett erheben. Verschiedene Kataklysmen werden die Erde heimsuchen. Millionen werden sterben. Die Öffnung der großen Pyramide wird das größte Ereignis aller Zeiten sein. Danach kommt eine goldene Zeit für die Menschen

Edgar Caysey